ERDKUNDLICHES WISSEN

SCHRIFTENFOLGE FÜR FORSCHUNG UND PRAXIS
HERAUSGEGEBEN VON EMIL MEYNEN UND ERNST PLEWE

HEFT 42

GEOGRAPHISCHE ZEITSCHRIFT · BEIHEFTE

FRANZ STEINER VERLAG GMBH · WIESBADEN

1976

LANDFLUCHT UND VERSTÄDTERUNG IN CHILE
EXODO RURAL Y URBANIZACION EN CHILE

HERAUSGEGEBEN VON / EDITADO POR

WILHELM LAUER

BEITRÄGE VON / CONTRIBUCIONES DE

JÜRGEN BÄHR, WINFRIED GOLTE UND WILHELM LAUER

MIT 41 FIGUREN, 24 PHOTOS UND 3 FALTKARTEN

FRANZ STEINER VERLAG GMBH · WIESBADEN
1976

Zuschriften, die die Schriftenreihe „Erdkundliches Wissen" betreffen, erbeten an:
Prof. Dr. E. Meynen, 532 Bad Godesberg-Mehlem, Langenbergweg 82
oder
Prof. Dr. E. Plewe, 69 Heidelberg, Roonstraße 16

CIP-Kurztitelaufnahme der Deutschen Bibliothek

Landflucht und Verstädterung in Chile

= Exodo rural y urbanizacion en Chile / hrsg. von Wilhelm Lauer. Beitr. von Jürgen Bähr ...
  (Erdkundliches Wissen; H. 42) (Geographische Zeitschrift: Beih.)
  ISBN 3-515-02159-0
NE: Lauer, Wilhelm [Hrsg.]; Bähr, Jürgen [Mitarb.]; PT

Alle Rechte vorbehalten
Ohne ausdrückliche Genehmigung des Verlages ist es auch nicht gestattet, das Werk oder einzelne Teile daraus nachzudrucken oder auf photomechanischem Wege (Photokopie, Mikrokopie usw.) zu vervielfältigen.
Gedruckt mit Unterstützung der Stiftung Volkswagenwerk.
© 1976 by Franz Steiner Verlag GmbH, Wiesbaden. Gesamtherstellung:
Limburger Vereinsdruckerei GmbH, 625 Limburg, Diezer Straße 17–19
Printed in Germany

INHALTSVERZEICHNIS — INDICE

W. Lauer: Landflucht und Verstädterung in Lateinamerika — eine Einführung XI

J. Bähr y W. Golte: Una regionalización demográfica y económica de Chile 1

J. Bähr: Migration in Lateinamerika unter besonderer Berücksichtigung des chilenischen Norte Grande 34

La migración en América Latina con especial consideración del Norte Grande de Chile

W. Golte: Isleños-Briones. Ein Beitrag zum Problem des Minifundio in Mittelchile 59

Isleños-Briones. Una contribución al problema del minifundio en la Zona Central de Chile

J. Bähr und W. Golte: Entwicklung und Stand der Agrarkolonisation in Aysén unter dem Einfluß der Verstädterung 88

Desarrollo y estado actual de la colonización agraria en Aysén bajo la influencia de la urbanización

J. Bähr, W. Golte y W. Lauer: La urbanización en Chile. Resumen y conclusiones 119

VERZEICHNIS DER FIGUREN IM TEXT UND DER BEILAGEN
Indice de figuras gráficas en el texto y suplementos

Zum Beitrag J. BÄHR und W. GOLTE: Una regionalización demográfica y económica de Chile
Fig. 1   Provincias con los valores más altos para factor 2 (industria y urbanización)
Fig. 2   Pirámide de población del Gran Santiago en 1970
Fig. 3   Porcentaje de personas ocupadas en los tres sectores económicos en 1970
Fig. 4   Provincias con los valores más altos para factor 1 (dinámica económica)
Fig. 5   Pirámide de población de la provincia de Magallanes en 1970
Fig. 6   Provincias con los valores más altos para factor 4 (alta proporción de personas de avanzada edad)
Fig. 7   Pirámide de población de la provincia de Chiloé en 1970
Fig. 8   Provincias con los valores más altos para factor 5 (situación ocupacional)
Fig. 9   Provincias con los valores más altos para factor 3 (minería)
Fig. 10 „Arbol genealógico" de la clasificación de las provincias
Fig. 11 Clasificación de las provincias chilenas

Zum Beitrag J. BÄHR: Migration in Lateinamerika unter besonderer Berücksichtigung des chilenischen Norte Grande
Fig. 1   Durchschnittliche Kinderzahl bei Wanderern und Nichtwanderern in der Provinz Antofagasta
Fig. 2   Bevölkerungspyramide der Oasen Putre, San Pedro de Atacama und Toconao
Fig. 3   Wohnverhältnisse für Wanderer und Nichtwanderer im Großen Norden Chiles
Fig. 4   Funktionale Gliederung von Ovalle (Provinz Coquimbo)
Fig. 5   Bevölkerungspyramide der *callampa*-Siedlung „Miramar" in Antofagasta

Zum Beitrag W. GOLTE: Isleños-Briones. Ein Beitrag zum Problem des Minifundio in Mittelchile
Fig. 1   Lage des Untersuchungsgebietes
Fig. 2   Mittlere monatliche Abflußmengen des Río Tinguiririca an der Meßstelle Bajo de Briones (ENDESA)
Fig. 3   Seit 1933 durch Kauf erworbene Parzellen bzw. Ländereien
Fig. 4   In Pacht oder Nießbrauch befindliche Parzellen
Fig. 5   Parzellen im Eigentum von Erbengemeinschaften (*sucesiones*)
Fig. 6   Mittels Ernteteilhabe (*a medias*) bewirtschaftete Flächen
Fig. 7   Bevölkerungspyramide des untersuchten Minifundio-Gebietes Isla de Briones

Beilage 1   Landnutzung im Kleinbesitzergebiet der Isla de Briones
Beilage 2   Die sozial-ökonomische Funktion der Parzellennutzung auf der Isla de Briones

Zum Beitrag J. BÄHR und W. GOLTE: Entwicklung und Stand der Agrarkolonisation in Aysén unter dem Einfluß der Verstädterung
Fig. 1   Siedlungsräume und Verkehrswege in Aysén
Fig. 2   An Kolonisationsgesellschaften vergebene Ländereien
Fig. 3   Grundriß der Estancia Río Cisnes

Fig. 4 Konzentrationsdiagramm der Verteilung von Betrieben und Betriebsflächen in Aysén
Fig. 5 Funktionale Gliederung von Puerto Chacabuco
Fig. 6 Chacra eines stadtnahen Kleinbauern bei Coyhaique
Fig. 7 Gehöft eines Kolonisten am Lago Frío
Fig. 8 Bevölkerungspyramiden der Provinz Aysén und von Coyhaique

Beilage 3 Funktionale Gliederung von Coyhaique

Zum Beitrag J. Bähr, W. Golte und W. Lauer: Urbanización en Chile
Fig. 1 Regiones naturales de Chile
Fig. 2 Estructura de edad de los inmigrantes en el Gran Santiago 1952—1962
Fig. 3 Estructura de edad de los inmigrantes en el Gran Santiago 1952—1962 según tamaño del lugar de procedencia
Fig. 4 Estructura de edad de la población del Gran Santiago en 1970
Fig. 5 a) Estructura de edad de la población del barrio residencial de Providencia en 1970
b) Estructura de edad de la comuna La Florida en 1970
Fig. 6 Estructura de edad de la zona de minifundio Isla de Briones
Fig. 7 Estructura de edad de la población inmigrante de Antofagasta y Chuquicamata
Fig. 8 Estructura de edad en el oasis de Toconao
Fig. 9 Desarrollo de la población en la Región de los Lagos 1865—1970
Fig. 10 Desarrollo de la ciudad de Puerto Montt

VERZEICHNIS DER TABELLEN IM TEXT
Indice de cuadros en el texto

Zum Beitrag J. Bähr und W. Golte: Una regionalización demográfica y económica de Chile
Cuadro 1 Cargas de factores
Cuadro 2 Valores de factores
Cuadro 3 Cuadro comparativo de la estructura de edad de provincias escogidas
Cuadro 4 Minería en Chile

Zum Beitrag J. Bähr: Migration in Lateinamerika unter besonderer Berücksichtigung des chilenischen Norte Grande
Tab. 1 Bildungsstand der aus den Oasen abgewanderten Bevölkerung im Vergleich zum Durchschnitt aller Wanderer im Großen Norden Chiles

Zum Beitrag W. Golte: Isleños-Briones. Ein Beitrag zum Problem des Minifundio in Mittelchile
Tab. 1 Besitzgrößenklassen im Untersuchungsgebiet Isla de Briones
Tab. 2 Größe der Haushalte im Untersuchungsgebiet Isla de Briones
Tab. 3 Ausbildungsgrad der über 15 jährigen (insgesamt 239 Personen) nach der bis 1968 gültigen Gliederung des Ausbildungsganges im Untersuchungsgebiet

Zum Beitrag J. Bähr und W. Golte: Entwicklung und Stand der Agrarkolonisation in Aysén unter dem Einfluß der Verstädterung
Tab. 1 Herkunft der Bewohner der Provinz Aysén nach Geburtsprovinzen
Tab. 2 Geburtsorte der Bewohner der Siedlungseinheit Lago Elizalde
Tab. 3 Größenklassen der landwirtschaftlichen Betriebe in der Provinz Aysén 1964/65
Tab. 4 Bevölkerungsentwicklung in der Provinz Aysén (1907—1970)

Tab. 5 Anbauflächen in der Provinz Aysén (1930—1964/65)
Tab. 6 Entwicklung des Viehbestandes in Aysén (1936—1972)
Tab. 7 Milchanlieferung in der Molkerei von Coyhaique (*temporada* 1971/72)
Tab. 8 Transport vieh- und waldwirtschaftlicher Produkte aus Häfen der Provinz Aysén nach Puerto Montt im Jahre 1967
Tab. 9 Bevölkerungsentwicklung ausgewählter Siedlungen in Aysén (1930—1970)
Tab. 10 Herkunftsprovinzen der nach Coyhaique Zugewanderten (1965—1970)
Tab. 11 Die Beschäftigten nach Wirtschaftszweigen in der Provinz Aysén bzw. der Comuna Coyhaique

Zum Beitrag J. Bähr, W. Golte und W. Lauer: Urbanización en Chile
Cuadro 1 Desarrollo poblacional del Gran Santiago
Cuadro 2 Población de la provincia de Santiago (1970) según provincia de nacimiento
Cuadro 3 Clasificación de los migrantes que viven en callampas según barrios residenciales a su llegada
Cuadro 4 Tamaño de las propiedades en la Isla de Briones
Cuadro 5 Desarrollo del número de habitantes de Valdivia, Osorno y Puerto Montt 1952—1970
Cuadro 6 Desarrollo de la población en la provincia de Aysén

VERZEICHNIS DER PHOTOS IM ANHANG
Indice de fotos en el anexo

Zum Beitrag J. Bähr und W. Golte: Una regionalización demográfica y económica de Chile
Foto 1 Vista de Santiago tomada desde el Cerro Santa Lucía
Foto 2 Minifundio en la Cordillera de la Costa de la provincia de Valdivia
Foto 3 Callampa y población Corvi en el margen norte del Gran Santiago (Recoleta)
Foto 4 Vista aérea de Chuquicamata, la mina de cobre a tajo abierto más grande del mundo

Zum Beitrag J. Bähr: Migration in Lateinamerika mit besonderer Berücksichtigung des chilenischen Norte Grande
Photo 5 *Callampas* am Abfall der Küstenkordillere in Antofagasta (Barackensiedlung „Miramar")
Photo 6 *Conventillo*-artige Wohnungen am Südrand des Zentrums von Santiago
Photo 7 Schlecht erhaltene Wohnhäuser unmittelbar westlich der Plaza de Armas in Santiago
Photo 8 Einfache *población* in Ovalle (Provinz Coquimbo)

Zum Beitrag W. Golte: Isleños-Briones. Ein Beitrag zum Problem des Minifundio in Mittelchile
Photo 9 Senkrechtluftbild der Isla de Briones im Maßstab von etwa 1 : 20 000
Photo 10 Der Río Tinguiririca zur Zeit des Abflußmaximums im Januar bei Puente Negro, Isla de Briones
Photo 11 Hof eines Kleinbauern auf dem von *espino* (Acacia caven) bestandenen Llano de Briones
Photo 12 Blick in den Bajo de Briones
Photo 13 Wohnhaus (Adobe mit Wellblechdach) eines Kleinbesitzers auf der Isla de Briones
Photo 14 Backofen *(horno campesino)* auf der Isla de Briones

Photo 15 In den zwanziger Jahren von den Isleños-Briones in gemeinschaftlicher Arbeit errichtete Kapelle
Photo 16 Mit Bohnen *(porotos)* bestelltes Feld und Bewässerungskanal im Bajo de Briones
Photo 17 Kinder beim Schöpfen von Trinkwasser aus dem Hauptbewässerungskanal (La Porcura) auf dem Llano de Briones

Zum Beitrag J. BÄHR und W. GOLTE: Entwicklung und Stand der Agrarkolonisation in Aysén unter dem Einfluß der Verstädterung
Photo 18 *Lenga*-Wald am Lago Polux südöstlich von Coyhaique
Photo 19 Die Molkerei von Coyhaique („Calaysén")
Photo 20 Extensive Weidewirtschaft in Aysén (Nähe Lago Atravesado)
Photo 21 Der *matadero frigorífico* in Puerto Chacabuco
Photo 22 Hof eines Kleinbauern bei Coyhaique
Photo 23 Hof eines Kleinbauern am Lago Frío
Photo 24 Wohnhaus des in Photo 23 gezeigten Kleinbauernhofes
Photo 25 Wohnhäuser in Coyhaique

LANDFLUCHT UND VERSTÄDTERUNG IN LATEINAMERIKA

EINE EINFÜHRUNG

Wilhelm Lauer

In Lateinamerika stehen sich Stadt und Land in scharfem Kontrast gegenüber. Ein Stadt-Land-Kontinuum mitteleuropäischer Prägung ist mangelhaft ausgebildet oder fehlt ganz. Zahlreiche Städte liegen als isolierte Inseln in einem um mehrere Entwicklungsstufen zurückgebliebenen Umland. Viele von ihnen wenden ihr Gesicht eher nach Übersee, als daß sie wirkliche Mittelpunkte eines auf sie bezogenen Hinterlandes wären.

Verdichtungsräume und Ballungsgebiete wachsen unaufhaltsam und dringen mit jeweils scharfer Grenze in leere Räume vor. Die Städte werden übermächtig, die Tiefe des ländlichen Hinterlandes aber bleibt mangelhaft organisiert. Das städtische Leben entfaltet sich rascher, als der ländliche Raum sich entwickelt.

Die Ursachen dieses Phänomens sind vielfältig. Schon die Mannigfaltigkeit der physischen Umwelt trägt dazu bei. Die riesigen Entfernungen verhindern eine vollständige Durchdringung. Die Agrarreformen ordnen den ländlichen Raum zwar neu, doch meist zugunsten einer rationellen Landaufteilung und weniger im Sinne einer stärkeren Bindung der Menschen an den agraren Raum. Südamerikanische Agrarreformen haben in der Praxis die Landflucht und die Verstädterung eher gefördert als gebremst.

Die Wurzeln dieser Entwicklung reichen bis in die Kolonialzeit zurück; denn schon in den ersten Jahrhunderten der spanischen Eroberung wurden von der zentralistischen Verwaltung nur die Hauptstadt oder einige Regionalzentren bevorzugt und in ein Verkehrs- und Versorgungsnetz eingebunden. Landstädte, die vornehmlich den Charakter von Ackerbürgerstädten trugen, waren benachteiligt. Die bedeutenden Kolonialstädte waren politisch und ökonomisch auf das überseeische Mutterland gerichtet und weniger in ihrer Umgebung verwurzelt. Weniger der altansässige Landadel als eingewanderte Kaufleute, Unternehmer und Handwerker bestimmten das wirtschaftliche Leben in den Städten. Die Lieferung von Welthandelsprodukten aus Bergbau und Landwirtschaft stand im Vordergrund. Der Ausbau des eigenen Hinterlandes wurde vernachlässigt. Erschwert wurde seine Erschließung durch die riesigen Distanzen in dem im ganzen auch heute noch menschenleeren Kontinent.

Ohne Zweifel jedoch hängt die unaufhaltsame Verstädterungstendenz heute mit der explosiven Bevölkerungsentwicklung zusammen. Neben die natürliche Bevölkerungszunahme tritt in verstärktem Maße eine Bevölkerungsumverteilung. Das flache Land kann seine Bevölkerung nicht mehr ernähren. Der Zug in die Ballungszentren wird so stark, daß das dortige Wirtschaftswachstum damit nicht Schritt halten kann. Dieser Prozeß hat sich seit 1930 exponentiell verstärkt, ohne daß eine Änderung in Aussicht wäre. Der riesige Bevölkerungsstrom trägt die Unterbeschäftigung vom Land in die Stadt. Die Schere zwischen Bevölkerungswachstum und Steigerung der Wirtschaftskraft öffnet sich immer weiter.

Einwohnerzahl in Lateinamerika

Jahr	Mio
1900	63
1925	100
1970	283
1972	300*)
1980	377**)
2000	652**)

Der Anteil Lateinamerikas an der Weltbevölkerung betrug 1975 7,8 %, er wird bis zum Jahre 2000 auf 10,1 % steigen. Der jährliche Bevölkerungszuwachs hat in den letzten Jahren ebenfalls ständig zugenommen. Er bezifferte sich in den 20er Jahren noch auf 1,8 %, lag für die Periode 1963 bis 1972 bereits bei 2,9 % und damit beträchtlich über dem Weltdurchschnitt (2 %). Das bedeutet, daß die Einwohnerzahl Lateinamerikas, die zwischen 1920 und 1930 nur um 17 Mio. zunahm, zwischen 1970 und 1980 um 94 Mio. steigen wird.

Die Binnenwanderung leitete einen Verstädterungsprozeß größten Ausmaßes ein. Während 1950 noch 60 % der Bewohner Lateinamerikas auf dem Lande lebten, und sich 1960 die städtische und ländliche Bevölkerung etwa die Waage hielten, übertraf nach Angaben der UNO 1970 die städtische Bevölkerung mit 56 % erstmals die ländliche. Für den Zeitraum von 1970 bis 1980 rechnet man mit einem Bevölkerungszuwachs von 80 Mio. im städtischen Sektor, in dem dann fast zwei Drittel aller Lateinamerikaner wohnen werden. Am Ende des Jahrhunderts wird die Hälfte schließlich in Großstädten mit 100 000 Einwohnern leben. Damit vergrößert sich das Gefälle zwischen Stadt und Land unaufhaltsam. An der jüngeren Verstädterungswelle ist fast nur noch die Binnenwanderung beteiligt. Landstädte nehmen die Agrarbevölkerung des Hinterlandes auf, große Städte und die Metropolen erhalten Zuzug sowohl aus dem Hinterland als auch von kleineren Zentren. Durch diese Bevölkerungsumverteilung steigt die Einwohnerzahl der kleineren Städte geringer als die in den Ballungen, wobei die Hauptstadt wiederum eine Sonderstellung einnimmt. Darin unterscheidet sich die Entwicklung Lateinamerikas von der in Europa, wo während der industriellen Entwicklungsphase auch kleinere Städte am Wachstum stark beteiligt waren.

Freilich gibt es starke Unterschiede von Land zu Land. In Argentinien, Chile, Uruguay und auch Venezuela ist die Verstädterung am stärksten fortgeschritten.

*) Schätzung der UNO
**) Trendberechnung der UNO

Der Anteil der städtischen Bevölkerung beträgt hier um 70 %. Die permanente Landflucht hat in den genannten Ländern sogar zu einer absoluten Verringerung der Landbevölkerung geführt.

In Mexiko, Brasilien, Peru und Kolumbien begann der Verstädterungsprozeß erst während des zweiten Weltkrieges. Der Verstädterungsgrad liegt zwischen 50 und 60 %.

In einer dritten Gruppe, zu der die Andenstaaten und Zentralamerika gehören, zählt noch über die Hälfte der Bewohner zur ländlichen Bevölkerung. Aber auch hier schreitet die Urbanisierung rasch fort.

Der Verstädterungsprozeß wird im allgemeinen durch einen Strukturwandel im städtisch-ländlichen Beziehungsgefüge erklärt. In Mitteleuropa hat im 19. Jh. die Industrialisierung der Städte eine Land-Stadtwanderung ausgelöst. Sie war verbunden mit einer Strukturänderung in der Landwirtschaft. In Lateinamerika setzte jedoch eine starke Migration ein, ohne daß sich ein Strukturwandel auf dem Lande anbahnte oder die Städte einen namhaften Bevölkerungsbedarf aus Mangel an Arbeitskräften präsentierten. Sie wuchsen und wachsen ohne Bindung an eine Regel im Sinne von push- und pull-Faktoren. Die Frage, warum dennoch eine Massenwanderung in die Städte eingesetzt hat, läßt sich nicht eindeutig beantworten.

Es wurde längst erkannt, daß sich das überproportionale Wachstum einiger weniger Ballungszentren nicht einfach durch die ungenügende wirtschaftliche Entwicklung des ländlichen Raumes und die wirtschaftliche Aktivität der Stadt erklären läßt. Es sind nur zwei Komponenten eines viel komplexeren Geschehens. Nirgends in Lateinamerika hat es bisher eine nennenswerte Rückwanderung in Agrargebiete gegeben, nachdem entsprechende Strukturveränderungen und damit eine erhöhte Aktivität des ländlichen Milieus erzielt wurden. Die meisten empirischen Untersuchungen zur Klärung der Wanderungsmotive ergaben bisher die überragende Bedeutung wirtschaftlicher Bestimmungsgründe. Die Suche nach einem ersten oder besseren Arbeitsplatz liegt bei allen Befragungen mit 60 bis 80 % weitaus an der Spitze der genannten Wanderungsgründe. Es folgen soziale Motivationen in 25 bis 10 % der Antworten (Ausbildungsanliegen für die Kinder, bessere Wohnverhältnisse, sozialer Aufstieg).

Viele Autoren (Matos 1967, Germani 1971, Browning und Feindt 1971, Elizaga 1970, Critto 1969, Bähr 1973) heben aber hervor, daß die vordergründig genannten wirtschaftlichen Faktoren die eigentlichen, mehr psychologischen Erwägungen oft überdecken können. In Wirklichkeit bleibt das Motiv einer Wanderung also verschleiert. Trotz Wissens um die Schwierigkeiten, die eine Zuwanderung in die Stadt mit sich bringt, wird der Schritt dennoch vollzogen. Häufig sind es unwägbare, noch nicht voll geklärte Wanderungsmotive, die einem Leben in der Stadt die größeren Vorzüge einräumen, gegenüber einem Verharren im ländlichen Milieu, eine Erscheinung, die auch als Modernisierung des Lebens umschrieben wird. Selbstverständlich trifft die Modernität nicht nur auf die Stadt zu, auch der ländliche Raum ist davon erfaßt. Die Stadt behält aber immer den Vorsprung. Die Verbesserung der Infrastruktur (Eisenbahnlinien, Autostraßen und Flugverkehr), die Intensivierung der Kommunikation (Rundfunk, Fernsehen, Zeitschriften und Zeitungen) schaffen Kontakte und einen immer wieder neuen Anreiz, in die attraktiv erscheinenden städtischen Räume zu ziehen. Der Rückgang des Analphabetentums auf dem Lande und die allgemeine Förderung der Bildung (Schulwesen) haben dazu beigetragen, daß die urbanen Lebensformen in der Wertskala der ländlichen Bevölkerung ständig an Bedeutung zunehmen. Der Schulbesuch führt auch dazu, daß man einen Beruf anstrebt, der nur in der Stadt ausgeübt werden kann. Die überproportional gestiegenen Studentenzahlen lateinamerikanischer Großstädte weisen in die gleiche Richtung. Hier werden ähnliche Zuwachsraten wie in Europa erreicht. Arbeitsplätze für akademische Berufe aber gibt es vornehmlich nur in den großen Städten, meist nur in der Landeshauptstadt. In der Vorstellung der Landbewohner sind Aufbruch in die Stadt und sozialer Aufstieg untrennbar miteinander verbunden. Nach den oben bereits genannten Studien zeigt sich, daß sich die Gruppe der Migranten von der übrigen Bevölkerung durch folgende Merkmale auszeichnet:

1. Die Wanderung wird in den mittleren Altersgruppen vorwiegend vom weiblichen Bevölkerungsanteil getragen. Hier unterscheidet sich Lateinamerika von den Entwicklungsländern Afrikas und Asiens, wo der männliche Teil im Wanderungsangebot überwiegt.

2. Die Bevölkerungspyramiden aller großen lateinamerikanischen Städte zeigen ein Übergewicht der Einwohner von 15 bis 39 Jahren, weil hier das Maximum der Zuwanderer liegt.

3. Der Anteil von Nichtverheirateten ist überdurchschnittlich hoch.

4. Die Migranten weisen im statistischen Mittel eine geringere Qualifikation auf als die am Ort Geborenen. Das physiognomisch-soziale Bild der Stadt wird durch ungelernte, mittellose Zuwanderer neu orientiert.

5. Die Zuwanderer konzentrieren sich auf einige wenige Berufsgruppen. Ihre Arbeitsplätze sind sehr instabil. Da nur der tertiäre Sektor größere Beschäftigungsmöglichkeiten bietet, ist er entsprechend aufgebläht.

In der prozentualen Zusammensetzung der Beschäftigungssektoren sind lateinamerikanische Städte den europäischen sehr ähnlich. Allerdings lassen sich ihre Wertschöpfungsanteile nicht miteinander vergleichen. Hier aber liegt der Kern des Problems.

Das Land Chile eignet sich als Beispiel besonders gut, da es historische und geographische Eigentümlichkeiten besitzt, die die Breite und Vielschichtigkeit des Problems dokumentieren können. Chile hat eine merkwürdige Ländergestalt, die sich über 3000 km fast durch alle Klimazonen hindurchzieht und sich für eine räumliche Studie besonders eignet. Die Einwohnerzahl beträgt bei 742 000 km² nur 10 Mio. (1974). Dennoch gibt es ein großes Ballungsgebiet um Santiago und Valparaiso. Die peripheren Räume sind fast menschenleer. Trotzdem nahm die Landflucht in den letzten Jahren stark zu. Die Natur hat die Lebensräume allerdings von vornherein stark spezialisiert. Im wüstenhaften Norden liegt der Reichtum des Landes: die Kupfer- und Salpeterminen. Größere Städte haben sich deswegen mitten in der Wüste oder an der Küste entwickelt. Im regenreichen Süden

Chiles gibt es junge Kolonisationsgebiete, deren Bedeutung für die Entwicklung des Gesamtlandes in jüngerer Zeit immer wichtiger wird. Der städtische Ballungsraum liegt in einem mediterran geprägten Gunstklima. Von vornherein ist also das einmalige räumliche Gefüge die Vorgabe für ein Verflechtungssystem, das riesige Dimensionen zu überwinden hat. Räumliche Aspekte gewinnen bei einer Studie wie der vorliegenden einen hohen Stellenwert und spielen für politische Entscheidungsprozesse eine herausragende Rolle.

Es sollte hier aber nicht verhehlt werden, daß die langjährige Beschäftigung der Bonner Geographie mit diesem Land ebenfalls ein Anlaß war, mit Studien dieser Art gerade dort zu beginnen.

Die hier vorgelegten Beiträge beleuchten verschiedene Aspekte der mit „Landflucht und Verstädterung" umschriebenen Thematik. Im ersten Beitrag machen J. Bähr und W. Golte den Versuch einer kulturgeographischen Raumgliederung unter Anwendung von Faktorenanalyse und Distanzgruppierung. Sie können mit demographischen wie sozioökonomischen statistischen Merkmalen nachweisen, daß die übliche naturräumliche Gliederung in fünf Großraumeinheiten (Großer Norden, Kleiner Norden, Zentralzone, Kleiner Süden, Großer Süden) das Grundmuster auch für eine demographisch-sozioökonomische Gliederung abgibt. Sie können mit Hilfe dieses objektivierten statistischen Verfahrens zeigen, daß die heutigen Ballungsgebiete um Santiago und Valparaiso sowie Concepción in der mediterran geprägten Zentralzone durch besondere sozio-ökonomische Faktoren geprägte Räume darstellen und daß andererseits die Provinz Chiloé mit ihrer betonten Kleinbesitzstruktur sich von den benachbarten Zonen ähnlicher Naturausstattung stark unterscheidet. Die Analyse zeigt aber nicht nur die großräumigen Gegensätze sozio-ökonomischer Muster, sondern auch die Nuancen wirtschaftlicher Dynamik, so z. B. die feinen Unterschiede, die sonst nur dem intimen Kenner der Provinzen Valdivia und Osorno oder Llanquihue und Aysén bewußt werden.

Der Beitrag von J. Bähr zur Binnenwanderung am Beispiel des Großen Nordens will zeigen, wie die Bergbaugebiete dieses wüstenhaften Landstrichs und ihre großen Küstenstädte große Wanderbewegungen auslösen. In Anwendung der bekannten Migrationstheorien und -modelle erkennt der Autor Vorgänge einerseits von etappenweiser (stepwise migration) und andererseits fluktuierender Migration (floating migration). Mit Hilfe der Faktorenanalyse gelangt er auch zu indirekten Aussagen über das Wanderungsverhalten und zur Wanderungsmotivation. Er diskutiert darüber hinaus die Zusammenhänge zwischen der Migration und den Veränderungen in den Städten, wobei besonders die Zuwanderung und das Wachstum in den Stadtrand-Siedlungen sowie die Integration der neuen Bevölkerung in die Stadt erörtert werden. Das Beispiel des Großen Nordens stellt er in den Gesamtzusammenhang des Verstädterungsprozesses in ganz Lateinamerika anhand ausgewählter Literatur.

W. Golte untersucht am Beispiel die Rolle des Kleinbesitzes für die Landflucht. Er wählte dazu ein Gebiet in relativer Nähe der Stadtballung Santiago aus (140 km entfernt). Es ist viel zu wenig bekannt, daß die chilenische Agrarreform an der Kleinbesitzsanierung fast völlig vorübergegangen ist. Obwohl gerade die Minifundio-Gebiete dringend einer Strukturverbesserung bedürften. Aus den Kleinbesitzgebieten ist die Abwanderung in die Großstädte besonders stark, da die agrare Substanz dieser Gebiete die Bevölkerung nicht mehr ernährt. Die Überalterung des verbliebenen Bevölkerungsteiles sowie die geringe soziokulturelle Entwicklung sind die unmittelbare Folge.

Bähr und Golte legen schließlich einen weiteren Beitrag zur Entwicklung der Agrarkolonisation in Westpatagonien im Bereich von Aysén vor. Seit 1960 etwa stagniert sie in diesem Gebiet, die Verstädterung der Provinzstadt Coyhaique hingegen schreitet rasch voran. Die Zuwanderer kommen aber nicht ausschließlich aus der ländlichen Umgebung, sondern rekrutieren sich zunehmend aus der mittelständischen Einwandererschicht von Santiago, die vor allem als Beamte und Angestellte den Dienstleistungssektor aufblähen, ohne daß ein rechtes Verhältnis zur agraren Umgebung dieses zentralen Ortes gegeben wäre.

So trägt denn überhaupt die Urbanisierung — abgesehen von dem unproportionalen Wachstum städtischer Armenviertel — den Charakter einer „Tertiarisierung", einer Hypertrophie des Dienstleistungssektors. Diese allgemeine Tendenz in ganz Chile wie auch in Lateinamerika ist zwar auch Kennzeichen des Wachstums in den Industrieländern, doch verläuft sie in den Entwicklungsländern keineswegs in Abhängigkeit oder im Gleichklang mit der Industrialisierung und stellt daher eine fatale Entwicklungstendenz dar.

Der spanisch geschriebene Schlußbeitrag von Bähr, Golte und Lauer resümiert die Ergebnisse aller Beiträge. Die dargelegten regionalen Beispiele geben einen Aufriß von der Vielfalt chilenischer Verstädterungsproblematik. Die Auswahl der Studienobjekte ergab sich aus den für die Entwicklung dieses Raumes besonders maßgeblichen Vorgängen. Der Große Norden, die Bergbauzone, ist noch immer der Lebensnerv Chiles. Staatshaushalt und damit weitgehend die wirtschaftliche Prosperität hängen noch immer vom Kupfer ab. Das andere Extrem, der Kleinbesitz, ist ein ebenso wichtiges Merkmal des Verstädterungsprozesses und ein Desiderat, an dem die in den letzten Jahren forcierte Agrarreform bislang völlig vorübergegangen ist. Der Beitrag über Aysén, ein peripheres Gebiet des Landes also, zeigt mit aller Eindringlichkeit, daß der Zeitgeist auch an den Neukolonisationsgebieten nicht vorübergeht. Noch ohne daß der Kolonisationsvorgang in sich abgeschlossen ist, zieht bereits die Verstädterung als Ausdruck der allgemeinen „Modernisierung" des Lebens und fast unabhängig von den Aktivitäten ländlicher Erschließungstätigkeit in diesen Raum ein.

Bewußt wurden die Beiträge in spanischer Sprache aufgenommen, um die Studienergebnisse auch den lateinamerikanischen Partnern zugänglich zu machen. Ohne ihre Mitarbeit, ohne die Absprache und das wohlwollende Verständnis auch über die politischen Systeme hinaus wären alle diese Untersuchungen nicht möglich gewesen.

*

Wir danken dem Instituto Nacional de Estadísticas, den Direktoren Gaston Ormeño Toledo, Sergio Chaparro Ruiz, Frau Eliana Carrasco sowie Frau Odette Tacla Chamy. Mit dem Instituto Nacional de Estadísticas wurde am 11. 4. 1974 auch ein Kontrakt über eine Sonderauszählung des Bevölkerungszensus von 1970 für Santiago abgeschlossen. Zusammenarbeit und Hilfe gewährten uns auch das Instituto de Geografía de la Universidad de Chile (Professor Eusebio Flores), das Departamento de Ciencias Sociales de la Universidad del Norte in Antofagasta (Proff. Muñiz und Misetic). Bei unseren Untersuchungen im Süden waren wir auf die Hilfe der Universidad Austral de Chile in Valdivia und der Universidad de Chile, sede Temuco, angewiesen. Hier konnte in der Person von Frau Ursula Friebel de Eilers eine tatkräftige Mitarbeiterin gewonnen werden. Frau Eilers hat selbständig und mit ihren Studenten der Universität Erhebungen durchgeführt. Sie war während der Jahre 1972/73 als Stipendiatin am Geographischen Institut der Universität Bonn tätig.

Die hier vorgelegten Studien sind Teilergebnisse eines Forschungsschwerpunktes der Arbeitsgemeinschaft Deutsche Lateinamerikaforschung (ADLAF). Dieser ist aus langen Vorbereitungen und wissenschaftlichen Aussprachen im Rahmen des Arbeitsausschusses und der Vollversammlung der ADLAF hervorgegangen. Schließlich konnte nach Genehmigung eines bei der Stiftung Volkswagenwerk gestellten Antrags das Schwerpunktprojekt unter der Thematik „Entwicklungsprobleme im außertropischen Südamerika in historischer, geographischer und regionalpolitischer Sicht – Modellstudie Chile" 1971 beginnen. Das Projekt wurde wissenschaftlich getragen von der Lateinamerikanischen Abteilung des Historischen Seminars der Universität Köln (Professor Kahle), dem Forschungsinstitut der Friedrich-Ebert-Stiftung (Dr. Heidermann) und dem Geographischen Institut der Universität Bonn (Professor Lauer). Nach eingehenden Beratungen und wechselseitiger Abstimmung wurde das Projekt unter den Zusammenhang „Stadt-Landgefälle im außertropischen Südamerika" gestellt. Während die regionalpolitische Analyse der Arbeitsgruppe der Friedrich-Ebert-Stiftung den Interaktionsprozeß von steuernden Elementen und Mechanismen wie Kapital, Arbeit, Verkehr, Nachrichten- und Bankwesen der einzelnen Regionen und untereinander zum Gegenstand hatte, suchte die Geographie das Problem des Stadt-Landgefälles durch Untersuchungen der sozio-ökonomischen Verhältnisse und der Bevölkerungsbewegungen innerhalb einzelner Regionen zu erfassen. Neben den hier vorgelegten Studien sind weitere Untersuchungen an ausgewählten Beispielen der Großstadt Santiago im Gange, außerdem werden z. Z. noch die Sozial- und Siedlungsstruktur im südchilenischen Seengebiet am Beispiel der Städte Puerto Montt, Osorno, Valdivia und Temuco und ihrer entsprechenden Umländer bearbeitet. Der Arbeitsgemeinschaft Deutsche Lateinamerikaforschung (ADLAF) und der Stiftung Volkswagenwerk sei für die Förderung der Arbeiten gedankt.

UNA REGIONALIZACION DEMOGRAFICA Y ECONOMICA DE CHILE

Jürgen Bähr y Winfried Golte*

I. PLANTEAMIENTO DEL PROBLEMA

Por su extraordinaria extensión de 4.300 km en sentido N-S, Chile participa como ningún otro país del mundo de las zonas climáticas más diversas. Con la sucesión latitudinal, que va desde el desierto tropical en el norte, pasando por la zona mediterránea, y alcanzando hasta la tierra siempre húmeda del sur, Chile, como país, ofrece un excelente ejemplo del cambio planetario de formas en el sentido de H. Lautensach.

Para la división en regiones naturales se han generalizado en Chile las siguientes denominaciones (ver Schmithüsen 1956):
1. La región desértica del Norte Grande, con sólo pocos oasis (18°—28° latitud S.)
2. El Norte Chico, con una escasa capa vegetacional y oasis de ríos ya más grandes (28°—32° latitud S.)
3. La Zona Central, con un clima subtropical de lluvias invernales (32°—37° latitud S.)
4. La región de roce de Chile Sur, con precipitaciones en todas las estaciones del año (37°—42° latitud S.)
5. La región poco poblada y extremadamente húmeda y boscosa de Chile Austral (42°—56° latitud S.)

Esta división adquiere su importancia, sin embargo, recién por el hecho de que el Norte Grande y Norte Chico, así como la Zona Central, Chile Sur y Chile Austral no sólo se entienden como regiones naturales, simo también como unidades geográfico-culturales. A continuación se pretende llegar a una división del país, partiendo de datos geográficos, tanto demográficos como económicos, para comprobar en qué medida es posible constatar una congruencia con la zonificación geográfico-física.

Precisamente porque Chile ha hecho grandes esfuerzos para desarrollar una industria manufacturera a partir de los años 30 originada por la ruina del monopolio del salitre y la crisis económica mundial — y que Chile se cuenta hoy al lado de Brasil y Argentina entre los países industrialmente avanzados de

---

* Traducción de Ursula Friebel de Eilers

América del Sur, se puede suponer de que la clásica división ha sido modificada por las áreas ya más fuertemente industrializadas, ya que por experiencia se sabe que la localización de industrias acarrea otros cambios estructurales consigo, como ser mayor densidad de la población, movimientos migratorios, más alto nivel de vida, fortalecimiento del sector terciario, mejores posibilidades de educación y ampliación de la red de comunicaciones entre otros.

Una distribución espacial desigual de industrias nacientes, así como la encontramos en Chile, debe manifestarse en forma clara y fácil de captar en un país de una forma tan extraña. Con ello el planteamiento teórico del siguiente ensayo puede precisarse del siguiente modo: ¿Cómo se manifiesta la división del país al utilizar datos geográfico-poblacionales y económicos? ¿Dónde se encuentran espacios caracterizados por la industria o espacios que, por otros motivos, se adelantan, y dónde hayamos espacios que permanecen en la fase de desarrollo rural, es decir, convertidos en espacios que tienden a desocuparse? ¿En qué medida las unidades así obtenidas se interfieren con la división en regiones naturales de Chile?

II. PROCEDIMIENTO METODOLOGICO

Para la siguiente investigación se utilizaron datos de la Estadística chilena oficial (generalmente valores porcentuales; cuadro 1) es decir 29 características demográficas, sociales y económicas especialmente significativas a nivel provincial (en relación con la problemática del procedimiento de selección ver KILCHENMANN 1971).

La relativamente buena confiabilidad de los censos chilenos se debe fundamentalmente al hecho, de que Chile ya sea un país totalmente explorado y de que no contenga grupos de población mayormente grandes que no mantuvieran relación con el estado, y que por ello serían difíciles de captar.

En lo fundamental se utilizaron los Censos de Población de 1960 y 1970, la Geografía Económica de Chile 1965, así como diversos años de la Síntesis Estadística. Los datos de Geografía poblacional para el análisis de factores tuvieron que ser los del censo del 1960, ya que el Instituto Nacional de Estadísticas a mediados del año de 1975 no había concluido todavía la evaluación del censo de 1970. Junto a material aún no publicado, que los autores tuvieron la oportunidad de conocer en el citado Instituto en Santiago, se utilizaron sobre todo los resultadosde una muestra preliminar del 5% del Censo de Población 1970. Desgraciadamente los resultados preliminares se clasificaron insuficientemente desde un punto de vista regional y se publicaron sólo sobre la base de regiones de planificación, que sólo aisladamente coinciden con las provincias. En la medida de lo posible, se utilizaron fuera de los datos del año 1960, también aquellos de 1970, para poder seguir el desarrollo geográfico — poblacional y económico del país hasta el presente.

Comparando las cifras de 1970 con las de 1960, ya estamos en condiciones de afirmar, de que el desarrollo de los últimos años no ha significado cambios sustanciales, que pudieran afectar la división geográfico — poblacional y económica que aquí se presenta. Las diferencias regionales y las discrepancias existentes, no pudieron equilibrarse, a pesar de numerosos esfuerzos en este sentido, y más bien se han acentuado.

Recién una observación simultánea de estas características, ofrecería una imagen estructural amplia. No es posible, sin embargo, en una comparación de varias regiones, tomar en cuenta todas estas características, ya que entonces casi no se encontrarían los valores umbrales para la delimitación de distintas regiones; por otra parte tampoco es recomendable limitarse sólo a algunas pocas características, ya que en este caso se podría tomar en cuenta siempre un aspecto solamente (por ejemplo la clasificación de los activos en distintos rubros económicos). Se buscó por consiguiente la manera de hacer más fácilmente visibles las correlaciones entre las diversas características geográfico — poblacionales y geográfico — económicas, así como de lograr el cálculo de algunos pocos valores estructurales de gran significado entre la gran cantidad de datos.

El objetivo así fijado se puede lograr con la ayuda de procedimientos matemático-estadísticos, en especial del análisis de factores (una extensa exposición del análisis de factores la encontramos en la excelente obra de ÜBERLA 1968; síntesis más breves y ejemplos de aplicación se encuentran en idioma alemán en STEINER 1965; KILCHENMANN y GÄCHTER 1969; BÄHR 1971 b). El análisis de factores parte de la simple consideración, de que entre muchas características (variables) socio-económicas existen interdependencias. Si entre toda una serie de variables se presentan estas dependencias mutuas — las que se expresan en elevados coeficientes de correlación — se puede decir, de que existen magnitudes nuevas, que ya no se pueden medir directamente (variables de categoría superior), y que de algún modo se encuentran tras las dependencias observadas, es decir, las originan. Cuando enseguida se logran captar numéricamente estas magnitudes, por de pronto desconocidas (los factores), se habrán obtenido con ello valores estructurales de gran relevancia, y se podrá llegar a una reducción del caudal de datos. Una interpretación de los factores ortogonales obtenidos, realizada a continuación de la rotación (criterio de VARIMAX), lleva a la formulación de indicadores complejos para la estructura observada (KLEMMER 1971).

También se intentó obtener eventualmente factores mejor interpretables a través de una rotación de ángulo oblicuo (Programa OBLIMIN del Centro Alemán de Computación en Darmstadt). Hemos preferido emplear los factores ortogonales, ya que los coeficientes de correlación que se presentan con la rotación oblicua (solución biquartimin) son muy bajos y, por consiguiente, no se prestan para profundizar la interpretación.

Para los cálculos necesarios se recurrió principalmente a los programas del Centro Alemán de Computación en Darmstadt (PAFA para la extracción de los factores y FAKS para el cálculo de los valores de los factores). Los cálculos matemáticos pudieron realizarse en el Instituto de Matemática Aplicada de la Universidad de Bonn. En el análisis de factores realizado (con "Kommunalitätenschätzung") se extrajeron en total 5 factores (valores inherentes mayores de 1,0; en total 91,8% de la varianza) y se rotan en la estructura simple.

Una interpretación de los factores es posible a través de la llamada carga de factores (es decir valores de correlación entre los factores y las variables originales; cuadro 1). La carga de factores es pues una medida para la relación entre una determinada variable y el factor. Precisamente para interrogantes en relación con la regionalización es además de suma importancia el conocimiento del grado de intensidad con que las distintas unidades espaciales — en este caso las provincias — sean determinadas por los distintos factores extraídos. Una indicación sobre la magnitud de ésta, puede obtenerse de los llamados valores de factores (cuadro 2). Estos se calculan con ayuda de la regresión múltiple sobre la base de los valores de las variables dadas para las diversas unidades espaciales.

Cuadro 1: Las cargas de factores

Factor 1: dinámica económica (29,8% de la varianza explicada)

+		−	
0.94	económicamente activos (%)		
0.85	35—49 años (%)		
		−0.84	menos de 10 años (%)
0.77	20—34 años (%)		
		−0.74	10—19 años (%)
0.71	vehículos por habitante		
0.68	ocupados en la rama de servicios sin comercio (%)		
		−0.66	solteros (%)
		−0.65	personas por vivienda
		−0.61	analfabetos (%)
		−0.58	mortalidad infantil

Factor 2: industria y urbanización (29,7% de la varianza explicada)

+		−	
0.87	ocupados en la industria (%)		
0.85	empleados en servicios personales		
0.83	ocupados con enseñanza profesional terminada (%)		
0.82	ocupados en el comercio (%)		
0.76	ocupados en el servicio público (%)		
0.75	participación de mujeres en los ocupados (%)		
0.70	cesantes (%)		
0.66	población urbana según definición del censo (%)		
0.64	ocupados en el sector servicios sin comercio		
		−0.63	ocupados en la agricultura (%)
0.58	vehículos por habitante		
		−0.59	analfabetos (%)

Factor 3: minería (15,7% de la varianza explicada)

+	−
0.89 ocupados en la minería (%)	
	−0.79 crecimiento de la población rural (%)
0.75 entradas promedio	
	−0.60 personas por vivienda
	−0.57 ocupados en la agricultura (%)

Factor 4: envejecimiento (12,7% de la varianza explicada)

+	−
	−0.92 sobre 65 años (%)
	−0.88 50—64 años (%)
0.59 balance migratorio	
0.43 masculinidad (%)	

Factor 5: trabajo familiar y femenino independiente (11,9% de la varianza explicada)

+	−
	−0.91 independientes (%)
	−0.87 miembros familiares que ayudan (%)
0.59 porcentaje de hombres (%)	
	−0.50 porcentaje de mujeres en los ocupados (%)

Cuadro 2: Los valores de factores

Provincia	Factor 1	Factor 2	Factor 3	Factor 4	Factor 5
1 Tarapacá	+ 0.744	+ 0.571	+ 1.482	− 0.795	+ 0.161
2 Antofagasta	+ 0.427	+ 0.389	+ 2.525	+ 0.053	+ 0.452
3 Atacama	+ 0.241	− 0.703	+ 2.603	+ 1.087	+ 0.156
4 Coquimbo	− 1.413	+ 0.516	+ 0.885	− 0.414	− 0.129
5 Aconcagua	+ 0.084	− 0.179	− 0.036	− 0.960	+ 0.587
6 Valparaíso	+ 0.553	+ 2.175	− 0.089	− 1.160	+ 0.239
7 Santiago	+ 0.406	+ 3.152	− 0.852	− 0.095	+ 0.037
8 O'Higgins	− 0.490	− 0.480	+ 0.307	− 0.452	+ 1.126
9 Colchagua	− 0.457	− 1.002	− 0.593	− 0.739	+ 1.318
10 Curicó	− 0.517	− 0.208	− 0.955	− 0.429	+ 1.057
11 Talca	− 0.449	+ 0.023	− 0.701	− 0.262	+ 0.804
12 Maule	+ 0.110	− 0.953	− 0.053	− 1.819	− 0.162
13 Linares	− 0.221	− 0.719	− 0.646	− 0.423	+ 0.831
14 Ñuble	− 0.110	− 0.658	− 0.559	− 0.688	− 0.056
15 Concepción	− 0.795	+ 1.483	+ 0.516	+ 1.267	− 0.002
16 Arauco	− 1.008	− 0.917	+ 0.562	+ 0.920	+ 0.063
17 Bío-Bío	− 0.278	− 0.583	− 0.854	+ 0.805	+ 0.215
18 Malleco	− 0.683	− 0.133	− 0.484	+ 0.187	− 0.131
19 Cautín	− 0.124	− 0.369	− 0.441	+ 0.295	− 1.466

20 Valdivia	− 0.483	− 0.023	− 0.372	+ 0.692	+ 0.181
21 Osorno	+ 0.355	+ 0.081	− 1.079	+ 1.093	− 0.299
22 Llanquihue	− 0.248	− 0.090	− 0.350	+ 0.994	− 1.083
23 Chiloé	− 0.106	− 0.428	+ 0.128	− 1.706	− 3.568
24 Aysén	+ 0.412	− 0.243	− 0.593	+ 2.274	− 0.680
25 Magallanes	+ 4.050	− 0.704	− 0.351	+ 0.276	+ 0.348

III. CARACTERISTICAS BÁSICAS DE LA ESTRUCTURA POBLACIONAL Y ECONOMICA DE CHILE

1. *Industria y urbanización* (Factor 2; las cargas de factores más altas están contenidas en el cuadro 1, el cuadro 2 indica los valores de los factores).

El factor 2 se puede interpretar como una escala a través de las variables que lo determinan, y en la que se pueden medir la manera y la proporción de la urbanización a la que Chile, así como todos los países latinoamericanos, está sometido en la actualidad (WILHELMY 1970). La variable "población urbana", utilizada por la estadística oficial, puede hacerlo sólo parcialmente, debido a que no existe una definición precisa de ella y ni siquiera se puede indicar un tamaño mínimo para el número de sus habitantes. Decidor para la inclusión en la categoría de "urbano", son más bien ciertas características fisionómicas y una implementación mínima en cuanto a infraestructura administrativa; así por ejemplo, se consideran siempre como urbanas, las principales localidades de una comuna, aún cuando tengan un carácter eminentemente rural.

Las provincias identificadas por altos valores de los factores, se pueden agrupar espacialmente en tres grupos (fig. 1):
1. Santiago y Valparaíso
2. Concepción
3. Tarapacá y en forma algo más débil también Coquimbo y Antofagasta.

Al observar las concentraciones poblacionales por ellas representadas, se ve que Santiago y Valparaíso (Zona Metropolitana) representan juntas el 44,7% de la población en 1970, contra 41,4% en 1960, y que Concepción también significa una importante concentración de la población, pero que Tarapacá, Antofagasta y Coquimbo no pertenecen de ninguna manera a las provincias de mayor población del país. El elemento común en estas provincias está sin embargo en la concentración de su población en algunas pocas ciudades de importancia sobresaliente. Esto se expresa por ejemplo para las provincias del N., en el hecho de que los habitantes se concentren aquí en los puertos y en una o dos localidades mineras más grandes, mientras que el resto de la superficie de las provincias se presenta o como anecúmene absoluta o se encuentra sólo muy poco poblada. La comparación de algunas cifras del año 1960 con las de 1970, muestra que la redistribución de la población a favor de las grandes ciudades, se ha acentuado aún más. Mientras que en 1960 por ejemplo, el 76,4% de la población de la provincia de Tarapacá vivía en las dos ciudades costeras de Iquique y Arica, en 1970, ya lo era el 86,9%. En la provincia de Antofagasta, el 64,5% de la población correspondió en 1960 a la ciudad del mismo nombre y la gran mina de Chuquicamata (incluyendo Calama), en 1970 en cambio, lo era el 77,0%. También ha crecido la proporción de la metrópoli (foto 1) dentro de la población provincial del 78,3% al 84,6% (Santiago Ciudad, corresponde al sector edificado continuamente) y del 84,6% al 87,3% (Gran Santiago) respectivamente, aunque al mismo tiempo la población residente en el centro (comuna de Santiago) bajó en un 20%.

Debido a que la variable "ocupados en la industria" participa en alto grado en la formación del factor urbano, es interesante considerar la distribución espacial de la industria (en especial de productos alimenticios y textiles) en forma separada. La posición sobresaliente de aquellas 5 a 6 provincias, de un total de 25 provincias chilenas, se manifiesta así aún más claramente. La comprobación, de que el 85% del total de la industria manufacturera se concentre entre los 32° y los 37° de latitud S., requiere aún de otra limitación, en el sentido de que este 85% se encuentra prácticamente en su totalidad (95%) en 3 regiones muy limitadas (URIBE ORTEGA 1967):

1. el Gran Santiago
2. la aglomeración urbana de Valparaíso-Viña del Mar
3. la aglomeración urbana de Talcahuano — Concepción.

El resto de este total de 85% de la industria manufacturera en la Zona Central, se ubica en un "corredor industrial" de 6 centros más pequeños a lo largo del ferrocarril Sur y la Panamericana (Rancagua, San Fernando, Curicó, Talca, Linares, Chillán). Del 15% de la industria manufacturera restante, que está localizada fuera de la Zona Central, el 7% corresponde al N. del país, fundamentalmente a la provincia de Tarapacá, que se destaca especialmente por el factor urbano con sus puertos de Arica e Iquique. Arica (1970: 87.718 habitantes contra 43.344 en 1960), el puerto más septentrional de Chile, posee entre otras, 8 industrias de montaje de automóviles (1968: 13.900 unidades). El 8% restante de la industria manufacturera se ubica, por último, en las provincias de Chile Sur, desde Bío-Bío hasta Llanquihue. Aquí se elaboran en primer lugar productos agropecuarios y de explotación forestal. Junto a las pocas provincias fuertemente urbanizadas, con su concentración de industria, comercio y administración, la imagen de Chile está configurada por aquellas, que aún son específicamente rurales y que no presentan casi indicios de una industrialización. No es casualidad, de que las provincias caracterizadas por valores extremadamente bajos en el factor 2, representen al mismo tiempo aquellas con el mayor porcentaje de minifundios (INDAP 1970). Bajo minifundio (foto 2) se entiende toda propiedad agrícola que no alcanza el tamaño necesario para una llamada unidad familiar. La unidad familiar varía según ubicación del mercado, clima, suelo, etc. En todo Chile hay 123.000 minifundios, que constituyen el 48% del total de explotaciones agrícolas, mientras que las provincias de Colchagua, Arauco y Maule registran respectivamente el 70%, 65% y 67% de minifundios (1965).

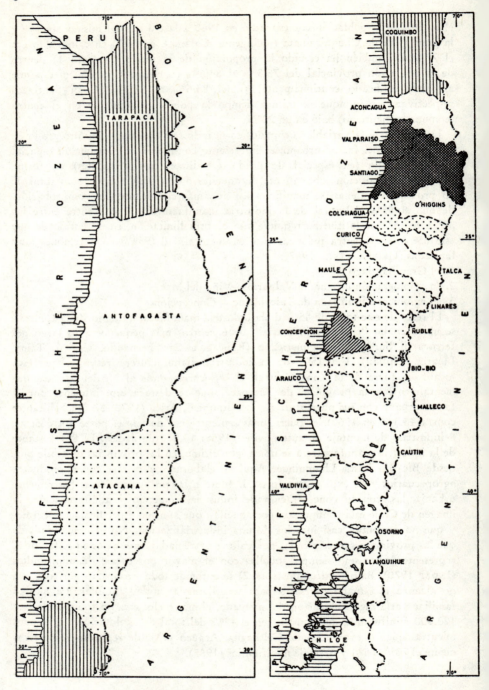

Fig. 1: Provincias con los valores más altos para factor 2 (industria y urbanización).

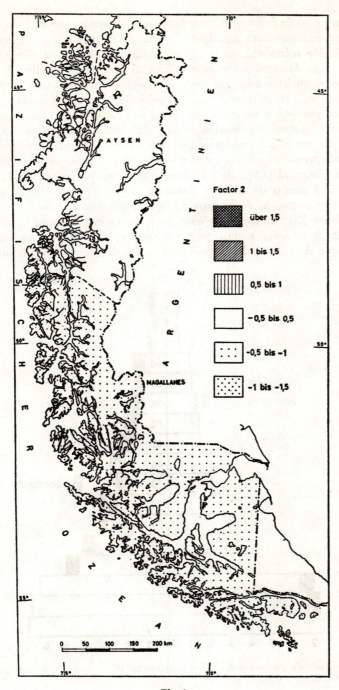

Fig. 1

Entre regiones de fuerte a extremadamente urbanizadas por un lado, y regiones rurales con una estructura agraria desfavorable por otro, existe una polarización, cuya expresión más visible es la migración interna. Por ahora su magnitud sólo puede ser captada numéricamente en Chile, al restársele a la cifra de población que se espera en base a la tasa media de crecimiento vegetativo (19,69% en el último decenio), la diferencia real de población entre dos censos. Los saldos migratorios positivos y negativos calculados en base a los resultados recientemente publicados del censo de población de 1970 (El Mercurio, Santiago, 13. 9. 1970), muestran, de que sólo 5 provincias registran un aumento real, mientras que todas las demás representan en grado más o menos alto, regiones de disminución de la población. Tarapacá (7,9% de los saldos migratorios positivos), por la fuerza de atracción del puerto de Arica y Atacama (3,8%), que se vincula a las altas pérdidas por migración de la provincia de Coquimbo, así como Aysén (1,7%) y Magallanes (0,1%), como regiones de colonización recientes (véase Bähr y Golte en el presente tomo), presentan un crecimiento relativamente escaso, mientras que el macrocéfalo, la provincia de Santiago con la metrópoli, absorbió

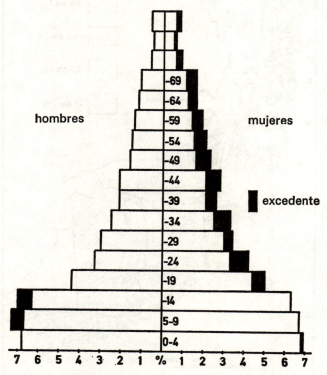

Fig. 2: Pirámide de población del Gran Santiago en 1970 (fuente: Instituto Nacional de Estadísticas 1971).

ella sola casi el 87% de las personas que emigraron de otras provincias (fig. 2). La suma de 348.619 personas emigradas, da sin embargo sólo un cuadro incompleto del verdadero alcance de la migración interna. También dentro de las provincias, las ciudades crecen a costa de sus alrededores. Con mucho el primer lugar en esta migración regional interna, y que para muchos constituye el primer paso hacia una migración interregional con meta a Santiago, lo ocupa la provincia de Santiago. Si se suma el resultado de este movimiento migratorio dentro de la provincia de Santiago, con los 301.981 habitantes que llegaron del resto de las provincias, se obtiene como primera aproximación un número de 643.589 personas, que en Chile en los años 60 cambiaron su lugar de residencia en dirección a la capital (ver Berry 1969, Elizaga 1970). La reserva del éxodo rural se alimenta en lo fundamental de dos fuentes. En el área de la propiedad mediana y grande, la agricultura se ha mecanizado fuertemente a partir de 1940, lo que llevó a una disminución más acentuada de fuerza de trabajo. Aunque se ha tratado de manejarla a través de la Ley de Inamovilidad, muchas personas abandonan voluntariamente su lugar de residencia en el campo, en la esperanza de mejorar sus condiciones de vida. Esto vale tanto más para los innumerables pequeños propietarios y minifundistas, que como consecuencia de la subdivisión creciente de la propiedad (Alaluf 1961; Cida 1966) deben sacrificar su base de subsistencia. En Santiago, pero también en la mayoría de las otras ciudades, ni la creación de lugares de trabajo, ni la construcción de viviendas, ni las instituciones de beneficencia, han podido mantenerse al ritmo de la inmigración. En el segundo trimestre de 1975 el porcentaje de cesantes en relación al total de personas ocupadas

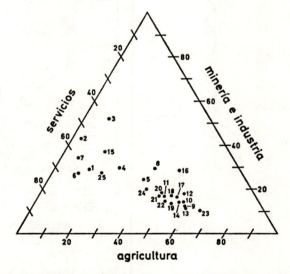

Fig. 3: Porcentaje de personas ocupadas en los tres sectores económicos en 1970 (fuente: Instituto Nacional de Estadísticas 1974; para la numeración de las provincias véase cuadro 2).

12

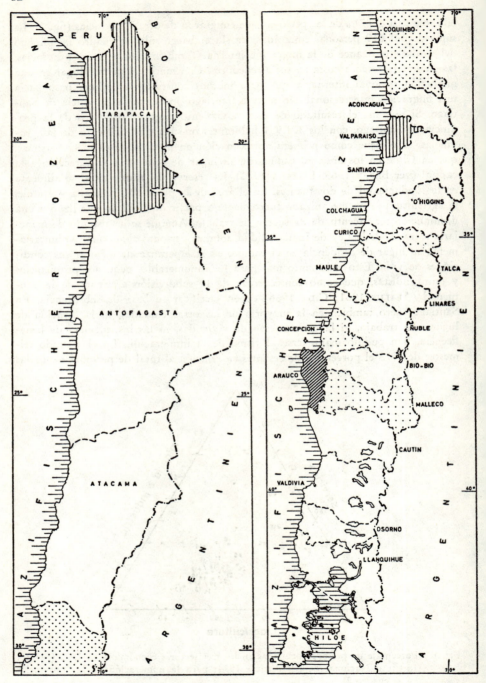

Fig. 4: Provincias con los valores más altos para factor 1 (dinámica económica).

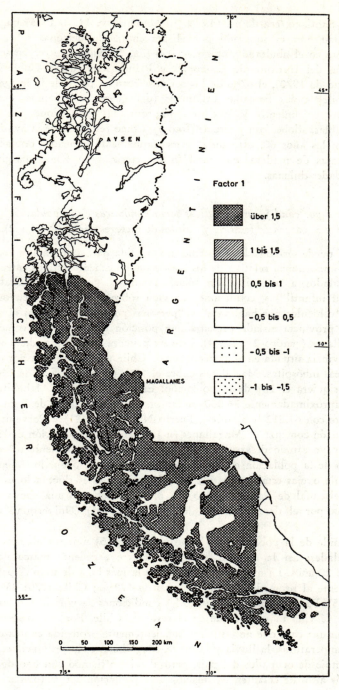

Fig. 4

en el Gran Santiago, era de un 14,8% (El Mercurio v. 14. 8. 1975) número que con seguridad aún es superado por el porcentaje de personas subempleadas, especialmente en el abultado sector terciario (fig. 3), en el que recaen según una investigación del Instituto de Economía y Planificación de la Universidad de Chile (marzo de 1970), el 67% de los activos. Forman parte de la imagen de las ciudades chilenas, las llamadas callampas (del quechua: kallampa = hongo), en continuo crecimiento y que son improvisadas poblaciones de miseria, hechas de tablas, adobe, lata y esteras (foto 3). Como resultado de la ayuda estatal surgieron en los años 60, extendidas y monótonamente alineadas poblaciones de pequeñas casas de madera, que también caracterizan las zonas marginales de muchas ciudades chilenas.

2. *Estructura por edad y características socioeconómicas de la población* (Factores 1,4 y 5; cargas de factores y valores de factores ver cuadro 1 y 2).

El factor 1 puede ser considerado como una medida para la dinámica económica. Expresa la importancia relativa de los años económicamente activos entre 20 y 49 años, vinculados a una situación social avanzada (variable "analfabetos" y "mortalidad infantil") y condiciones de vida sobre el promedio (cuyos indicadores son "vehículos por habitante" y "personas por vivienda"). En ningún otro factor una provincia aislada presenta una posición tan particular como en este caso Magallanes (cuadro 2 y fig. 4). Esto en primera instancia pudiera asombrar en esta provincia situada en el extremo sur de Chile y caracterizada por condiciones climáticas inhóspitas. Magallanes cubre el 18% de la superficie de Chile, pero no abarca siquiera el 1% de su población. En 1970 tenía 88.244 habitantes, de los cuales aproximadamente 76.000 vivían en las tres ciudades de Punta Arenas (puerto libre con 61.812 habitantes), Puerto Natales (11.481) y Porvenir (2.618). La colonización comenzó en Magallanes en 1878 con la introducción de la crianza de ovejas, cuyo rápido desarrollo posibilitó en el período siguiente un acelerado crecimiento de la población en este espacio antes casi desocupado. Mientras que la crianza de ovejas estaba sometida de primera a fuertes fluctuaciones desde la apertura del canal de Panamá (1915), la provincia obtuvo una nueva corriente inmigratoria por el descubrimiento del petróleo (1945) (Universidad de Chile 1967).

La pirámide de la población de la provincia (fig. 5) muestra algunas notorias particularidades: así la angosta base y el fuerte excedente masculino en los mayores de 20 años. La mortalidad infantil es la más baja de todo es país (78%0 en 1960 frente al promedio del país, que es de 128%0; Chile 1970: 65%0 según TACLA 1975). Paradojalmente son justo las condiciones de vida duras, las obligan a un nivel de vida más alto, que en el resto de Chile. Por ej. no sería posible vivir allá en una casa que no estuviera suficientemente protegida contra el viento, las bajas temperaturas, la lluvia y la nieve. Magallanes es la provincia con el más alto porcentaje de ocupados del país, pero al mismo tiempo con uno de los porcentajes más altos de cesantes, en relación a la población activa (oscilación anual

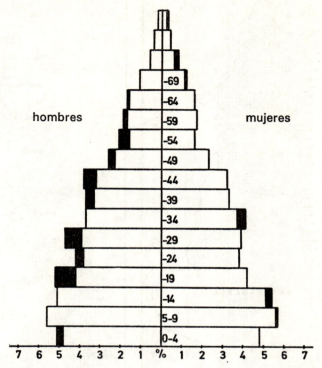

Fig. 5: Pirámide de población de la provincia de Magallanes en 1970 (fuente: Instituto Nacional de Estadísticas 1972).

de los ocupados en la ganadería). En todo caso, el alto porcentaje de personas económicamente activas permite suponer de que gran parte de la población puede hacer uso de la ayuda médica y social. Los datos del Servicio de Seguro Social indican para Magallanes un 23,3% de asegurados en relación a la población (Chile 16,1%).

El balance migratorio de Magallanes aún es positivo, aunque muy débil, comparado con antes. Con ello se indica que la provincia se ha salido del estadio de colonización después de aproximadamente 100 años.

Esto último no vale para la provincia vecina de Aysén, que con gran distancia sigue a Magallanes en lo que respecta al factor 1. Ella se encuentra hasta el día de hoy en el estadio de colonización (OVALLE 1958) y sigue registrando saldos migratorios positivos. A comienzos de siglo vivían en el área apenas 200 habitantes. A pesar de que hoy en día es fundamentalmente la agricultura, junto a la explotación maderera y la pesca, la que constituye la base económica, más de la mitad de la población de Aysén vive en las pocas ciudades dedicadas a la artesanía o como empleados públicos y particulares. Con la ayuda de medidas estructurales de envergadura y altas inversiones, el gobierno chileno se esfuerza por obtener

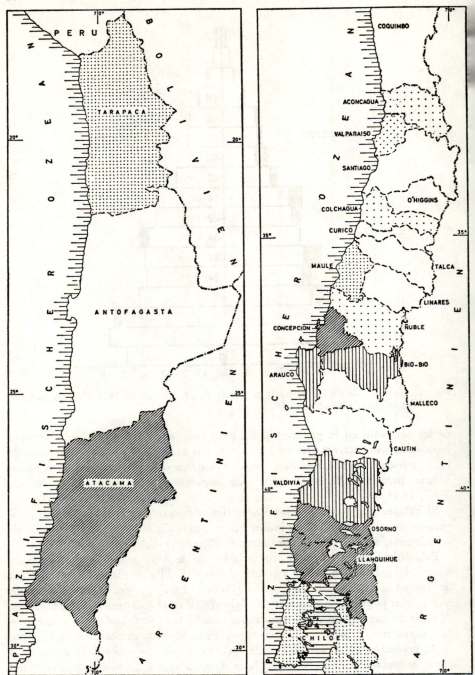

Fig. 6: Provincias con los valores más altos para factor 4 (alta proporción de personas de avanzada edad).

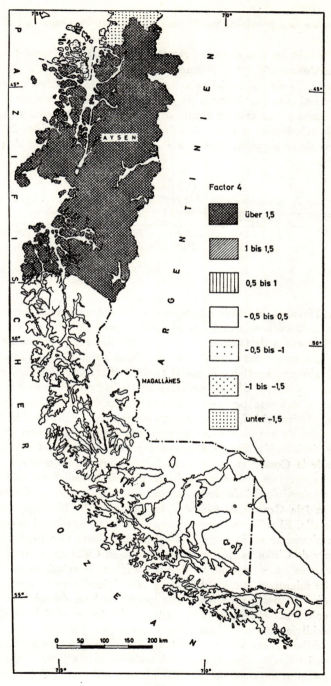

Fig. 6

la integración de esta provincia periférica (véase BÄHR y GOLTE en el presente tomo).

Entre las provincias con elevados valores negativos en el factor 1 se destaca especialmente Concepción, ya que junto a Santiago y Valparaíso, se cuenta entre las provincias industrializadas del país. Se puede ver que la inclusión de Concepción está determinada por características divergentes de su estructura de edad (cuadro 3). Junto a una tasa de natalidad desproporcionadamente alta, muestra un porcentaje relativamente escaso de años económicamente activos 20—50, y al mismo tiempo sin embargo, una ocupación comparativamente escasa de grupos de edades mayores.

Cuadro 3:
Comparación de la estructura de edad (1970) de algunas provincias seleccionadas

	bajo 10 años	11—19	20—34	35—49	50—64	sobre 65
Concepción	28,2	24,2	21,5	14,4	7,9	3,8
Santiago	25,6	21,9	23,3	15,6	9,1	4,5
Magallanes	21,9	19,1	25,3	18,6	10,3	4,8
Chile (total)	27,1	22,8	21,4	14,9	9,0	4,8

Al revés del factor 1, el factor 4 hace resaltar la importancia relativa de habitantes viejos como consecuencia de la emigración de personas activas, sobre todo de hombres (ver la carga de factores en la variable "porcentaje masculino"). Puede considerarse así como una medida del envejecimiento. Como ejemplo de un espacio especialmente determinado por el factor 4 (fig. 6), se analizará con mayor detención la provincia de Chiloé, que sufre una fuerte presión demográfica, y que podría llegar a definirse por este deseo de migración de sus habitantes. Esta pronunciada particularidad, conocida ampliamente en Chile, también se manifiesta en el hecho de que no aparece junto a ninguna otra provincia en el procedimiento de clasificación final. Como única provincia al S. del río Bío-Bío, se encontró desde la Conquista, y en forma ininterrumpida, en manos de los colonizadores. El espacio en que se desarrolla la vida de los chilotes — una población mestiza con predominio del elemento indígena — es el área cercana al mar: la costa oriental de la Isla Grande de Chiloé y las innumerables islas más pequeñas al E. y NE. de ella. El chilote es agricultor, ganadero y pescador al mismo tiempo. En el clima altamente oceánico y lluvioso, la agricultura sólo produce poco; en cambio el mar de Chiloé es rico en mariscos, que en Chile constituyen una apreciada "delicatesse". Con este modo de vida anfibio, se relaciona la disposición tradicional de migrar, a que los chilotes se ven obligados como consecuencia de la gran subdivisión de la propiedad, que merma su base du subsistencia. En el curso de la colonización agraria de la Región de los Lagos en el S. de Chile (provincias de Valdivia, Osorno y Llanquihue), comenzó a partir de 1850, la migración de los chilotes para realizar las labores de roce y cosecha (LAUER 1961; GOLTE 1973). La finalización de la colonización de roce y la mecanización de la agricultura, pusieron fin, alrededor de 1950, a la migración anual de los chilotes hacia esta región. Muchos de ellos se quedaron, sin embargo, para siempre como trabajadores agrícolas, de manera que hoy en día una gran parte de la población de la Región de los Lagos es de ascendencia chilota. Actualmente la meta de la migración chilota es la Patagonia chilena (Magallanes, Aysén) y argentina (esquila de

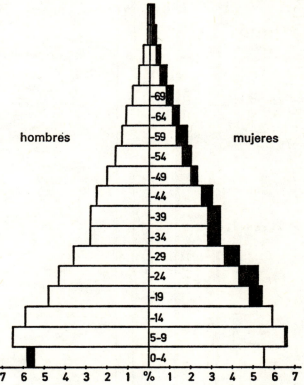

Fig. 7: Pirámide de población de la provincia de Chiloé en 1970 (fuente: Instituto Nacional de Estadísticas 1972).

ovejas). El envejecimiento relativo, como consecuencia de la emigración (fig. 7) y las modestas condiciones de vida de los chilotes, incluso para el standard de vida chileno, son la razón del bajo valor de la provincia en lo que se refiere al factor 4. No es casual tampoco, de que por otra parte, las principales provincias de recepción de la migración chilota, es decir, Llanquihue, Osorno y Aysén, sean caracterizadas como muy positivas por el factor 4.

El factor 5, por último, que resume algunas características relacionadas con la situación ocupacional, se puede considerar como una medida para el trabajo independiente, tanto de familias como de mujeres. De las cargas de factores se puede deducir, de que por lo general hay una coincidencia entre un elevado porcentaje de trabajadores independientes y miembros familiares que ayudan por un

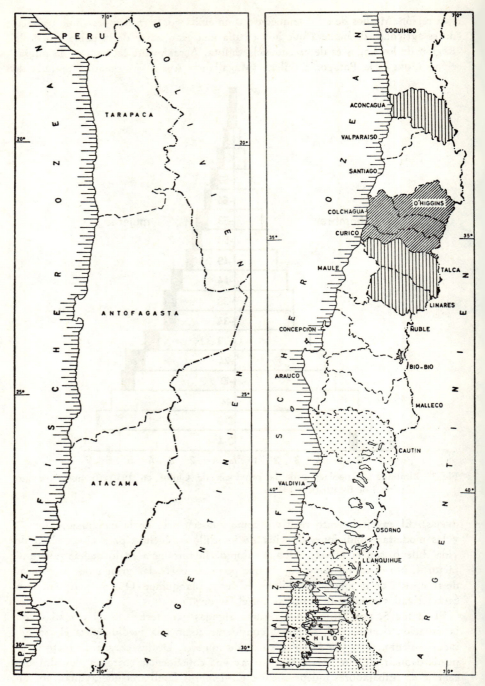

Fig. 8: Provincias con los valores más altos para factor 5 (situación ocupacional).

21

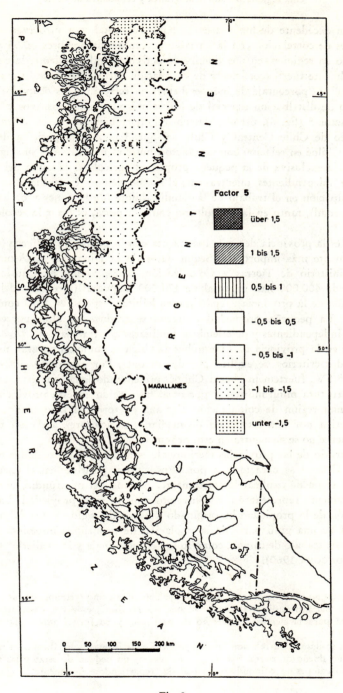

Fig. 8

lado, y un **excedente de mujeres** en la población total, por otro (ver cuadro 1; coeficientes de correlación con la variable porcentaje de hombres —0,55 y —0,51). Sobre todo en regiones, en que domina la actividad independiente, la emigración es especialmente fuerte (coeficiente de correlación entre las características "balance migratorio" y "porcentaje de independientes en relación a los ocupados" —0,53). El modelo de distribución espacial de los valores altamente positivos y negativos para el factor 5 (fig. 8), permite descubrir importantes diferencias entre el histórico núcleo de Chile Central y Chile del Sur. La extrema posición de la provincia de Chiloé en relación con este factor, muestra una vez más su singularidad. La presencia exclusiva de la pequeña propiedad agrícola es la causa del alto porcentaje de independientes, mientras que al mismo tiempo se manifiesta la tradicional participación en el trabajo de la familia chilote (de la mujer y de los niños a temprana edad), tanto en la agricultura, como la pesca, es decir la recolección de mariscos.

Cautín es la provincia de Chile que cuenta con la población indígena (mapuche) numéricamente más importante. Según datos de la Dirección de Asuntos Indígenas (Ministerio de Tierras y Colonización 1968), vivían en Cautín, en una superficie de 400.000 has. un total de 174.000 mapuches (alrededor del 40% de la población de la provincia), repartidos en hábitat disperso en 1973 comunidades indígenas. La pequeña propiedad indígena se traduce en altos porcentajes de ocupados independientes y de miembros familiares que trabajan.

De que en la provincia de Llanquihue también se cumplan en gran medida los mencionados criterios, se explica por dos razones. Por una parte ella se orienta en su lado SW. fuertemente hacia Chiloé, presentando igual que ésta, la característica estructura minifundista, y por otra, ha surgido en esta provincia después de 1850 una región de colonización alemana en torno al lago Llanquihue, que se caracteriza por una estructura de medianos agricultores. La gran propiedad prácticamente no se encuentra en esta provincia.

Al contrario de las provincias meridionales señaladas, algunas de las provincias de Chile Central se caracterizan por altos valores positivos en el factor 5. La diferencia se puede explicar históricamente. Al lado del minifundio, que también está fuertemente representado, encontramos aquí la gran propiedad. La desigual distribución de la propiedad ha originado a partir del siglo 18 una falta de independencia de una gran parte de la población de pequeños campesinos y formas indirectas de trabajo de campo, como lo son el inquilinaje y la mediería* (ver entre otros a GONGORA 1960).

---

* Por inquilino se entiende un trabajador agrícola, que como recompensa por su labor en la hacienda del latifundista, recibe las llamadas "regalías", es decir, casa, alimentos, así como tierra para la siembra y derecho de pastizaje, y en forma adicional un limitado salario.

Mediería se llama una relación que adopta variadas formas, muy difundida en Chile, y en la que un dueño de tierras aporta por lo general un pedazo de éstas y las semillas, y un pequeño campesino o inquilino, su trabajo, repartiéndose finalmente la cosecha entre ambos.

3. *Las regiones mineras chilenas* (Factor 3; cargas y valores de los factores ver cuadro 1 y 2).

La exportación de sus productos mineros, ha tenido para Chile siempre una importancia sobresaliente. En 1975, el 68% de las entradas por exportación, provenían de la minería. Mientras que entre 1883 y la Primera Guerra Mundial, el país vivía sobre todo de las ganancias provenientes de la exportación del salitre, hoy en día es la explotación del cobre, la que ocupa el primer lugar en la estadística minera (1975: 799.000 t con un valor de 875 millones de dólares).

Entre los años 1850 y 1880, la producción de cobre ya había jugado un importante rol en la economía chilena de exportación. Con una producción anual de unas 140.000 t, Chile ocupaba entonces el primer lugar entre los países productores de cobre, sobrepasando incluso la producción de Estados Unidos. Después del agotamiento de los yacimientos de cobre de alta ley del desierto chileno, la explotación del cobre entró en una grave crisis. Su producción bajó del 38% mundial (1876) al 6% (1906). Un nuevo auge se inició recién después de la Primera Guerra Mundial, cuando con altas inversiones de capital y con la ayuda de complicados procedimientos técnicos, se hizo posible explotar también los yacimientos de cobre de baja ley (con 1,6% a 2,2% de contenido de cobre). A partir de ese momento, las mayores minas de cobre pasaron a manos norteamericanas. Recién en 1969, bajo el gobierno de Eduardo Frei, se llegó a una parcial "chilenización" de la Gran Minería (el estado chileno adquirió 51% de las acciones), y finalmente bajo la presidencia de Allende en 1971, a una total estatización. La minería del cobre ha llegado a ser especialmente para dos provincias del Norte Grande (Antofagasta y Atacama), un factor económico decisivo (ver valores en el factor 3 y fig. 9). Se encuentran aquí la mina de cobre más grande de Chile (Chuquicamata [foto 4] con una producción de cobre de 265.000 t en 1973; Bähr 1973) y la tercera por su tamaño (Potrerillos – El Salvador, 84.000 t) Otra gran explotación se encuentra en la alta cordillera al E. de Rancagua, en la provincia de O'Higgins (El Teniente, 178.000 t).

En comparación con las tres empresas gigantes, las cifras de producción de la gran masa de explotaciones pequeñas y medianas, son sumamente modestas. La Mediana y Pequeña Minería produjeron juntas en 1973, 120.100 t, correspondiente al 16%. Pero la verdadera importancia de las pequeñas minas va más allá de las cifras reales de producción. En las regiones desérticas del Norte, muchos poblados viven del trabajo de los buscaminas, que explotan sobre todo pequeños yacimientos con un contenido de cobre relativamente alto. De gran parte de estos minerales se obtiene cobre blister en la fundición de Paipote (provincia de Atacama).

El monopolio mundial que Chile ocupaba antes en la producción de salitre, terminó en 1914 con la producción sintética del nitrato. De las 170 empresas (1914), que en los años del boom del caliche elaboraban la materia prima para la obtención del salitre, han logrado subsistir hasta hoy día, sólo 4 industrias más grandes y totalmente mecanizadas. Las oficinas salitreras abandonadas se han

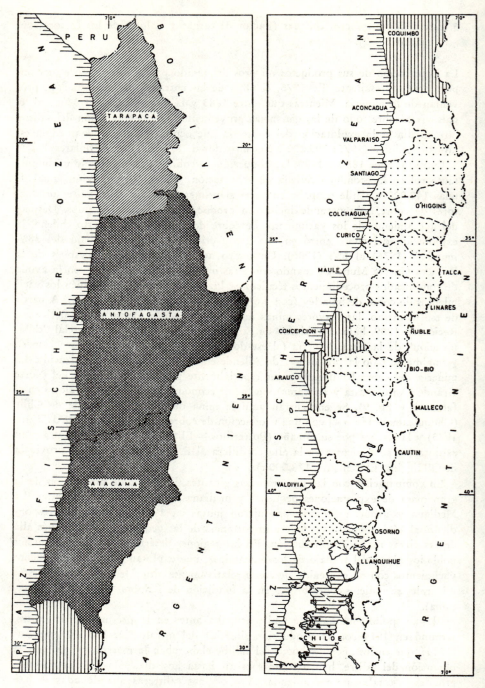

Fig. 9: Provincias con los valores más altos para factor 3 (minería).

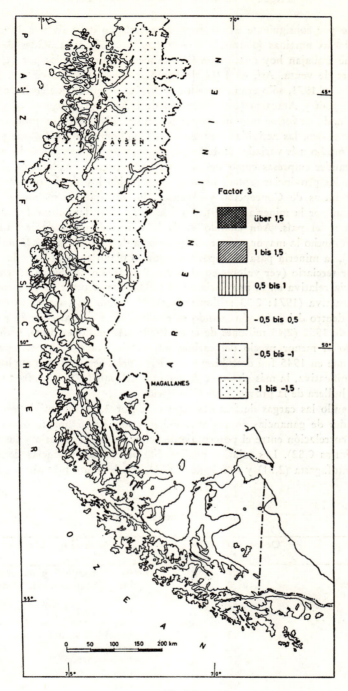

Fig. 9

convertido por consiguiente en un rasgo característico del paisaje cultural de las dos provincias nortinas (Tarapacá y Antofagasta). Las capacidades de las empresas, que trabajan hoy aún, no están totalmente aprovechadas por las difíciles condiciones de venta. Así, en 1914, la explotación del salitre ocupaba a 45.000 personas, y en 1971, sólo eran alrededor de 9.400. Mientras que en las provincias de Antofagasta y Atacama (con excepción de la parte S), la producción minera es determinada en forma muy unilateral por el cobre y ciertos subproductos como la plata y el oro, las actividades mineras de Coquimbo, provincia que sigue más al S., son mucho más variadas (cobre, oro, manganeso, hierro), faltando en cambio en ella grandes empresas como son características para la explotación del cobre. Aparte de las provincias septentrionales, son también los alrededores de Concepción (provincias de Concepción y Arauco), los que por lo menos en parte se caracterizan por la minería (fig. 9). Aquí se encuentran las minas de carbón más importantes del país. Aún cuando desde el punto de vista de la cantidad se extrae con mucho la mayor parte en la provincia de Concepción (1,23 millones de t en 1971), la minería pasa a ocupar un segundo plano en relación a la industria y el sector terciario (ver valores en el factor 2 y 3). En cambio ella tiene mayor importancia relativa en la provincia rural de Arauco, a pesar de su menor capacidad extractiva (1971: 0,33 millones de t). El carbón es consumido casi en su totalidad dentro del país, aún cuando su explotación va retrocediendo paulatinamente desde 1952 (2,45 millones de t; en 1974: 1,43 millones de t), hecho que se debe tanto al menor precio del carbón importado, como a la competencia del petróleo, que en 1945 fué descubierto en Tierra del Fuego y luego explotado. En forma significativa, la más alta tasa de cesantes del país (17%) la ofrecía en 1970 la cuenca hullera de la provincia de Concepción.

Observando las cargas de factores para el factor 3, ya es posible ver, que las posibilidades de ganancias en regiones mineras son especialmente buenas (coeficiente de correlación entre el porcentaje de ocupados en la minería y las entradas medias diarias 0,82). Los salarios medios diarios en las provincias de Atacama (2,98), Antofagasta (2,81) y O'Higgins (2,55), son bastante más altos, que en las

Cuadro 4: Minería en Chile

Provincia	Ocupados (1970) en %	Mineral que se extrae
Atacama	36,9	cobre (Potrerillos), plata, oro, hierro
Antofagasta	21,6	cobre (Chuquicamata), plata, azufre, salitre
Arauco	14,6	carbón
Coquimbo	13,9	cobre, oro, manganeso, hierro
O'Higgins	11,2	cobre (El Teniente)
Aconcagua	8,1	cobre
Magallanes	6,4	petroleo, carbón
Concepción	5,8	carbón
Tarapacá	5,0	salitre, azufre

zonas de concentración urbana, como Santiago (1,76) o Valparaíso (1,70) (valores correspondientes a 1962 en Escudos según el Servicio de Seguro Social). A esto se agrega, que sobre todo las grandes minas de cobre, se preocupan además de la instalación de viviendas económicas pertenecientes a la empresa, escuelas, hospitales, campos deportivos, etc. Los poblados mineros ejercen por ello una gran atracción sobre las regiones rurales de los alrededores: una consecuencia inmediata de esto es una fuerte emigración, especialmente de las capas poblacionales más jóvenes (ver cargas en el factor 3).

IV. CLASIFICACION DE LAS PROVINCIAS CHILENAS

Según los resultados obtenidos hasta ahora, cada provincia chilena ha logrado ser caracterizada ampliamente en su estructura poblacional y económica por la indicación de 5 valores de factores. El último paso consistió en agrupar según tipos las provincias de mayores semejanzas. El procedimiento de clasificación aplicado se basa en la medición del aumento de distancia en un espacio de 5 dimensiones (BÄHR 1971 a). Se renunció realizar una valoración de los factores con anterioridad a la agrupación de distancia (minimización del aumento de distancias), porque por una parte ningún factor participa en forma sobresaliente en la varianza explicada, y por otra, porque los autores consideran todos los factores como equivalentes en el planteamiento del problema. Cada factor constituye uno de los ejes de coordenadas ortogonales y cada provincia un punto en el espacio así trazado. La unión, paso a paso, de provincias individuales en

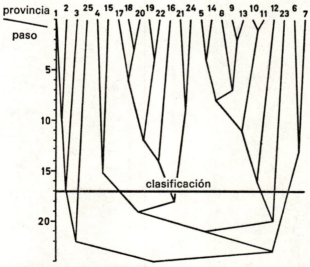

Fig. 10: "Arbol genealógico" de la clasificación de las provincias (para la numeración de las provincias véase cuadro 2).

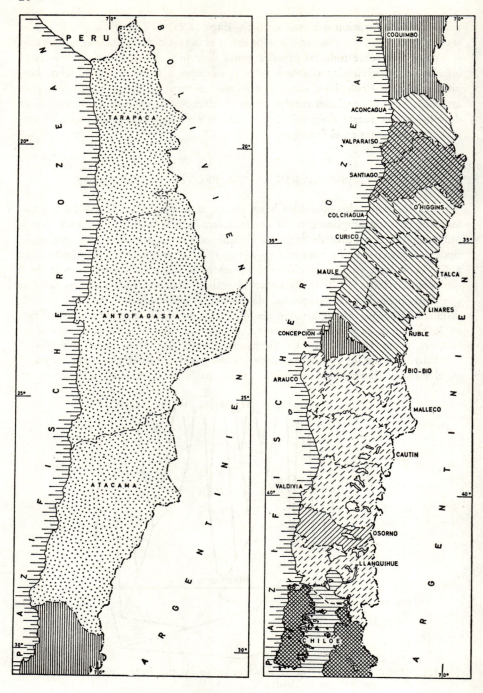

Fig. 11: Clasificación de las provincias chilenas.

29

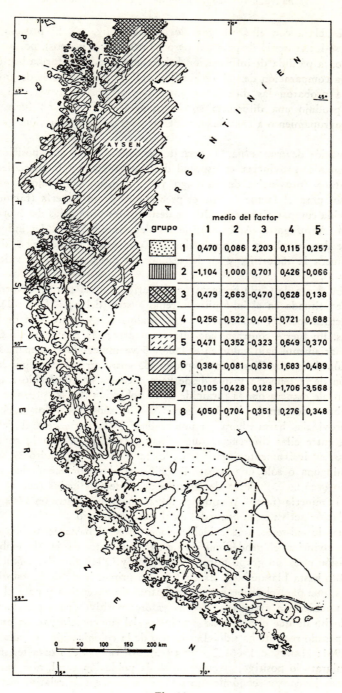

Fig. 11

grupos, se aclara con el árbol genealógico de la fig. 10. El proceso de agrupamiento se interrumpió después del paso número 17 (8 grupos), porque al seguir agrupando, la pérdida de información habría aumentado en forma brusca. A través de una comparación de valores medios, aplicados a 2 centros de gravedad de grupos, se probaron las diferencias entre dos grupos cada vez. En todos los casos se produjo una diferencia significativa. De allí que no fuera necesario ningún reagrupamiento a continuación del análisis de discriminación, que también se realizó.

La formación de grupos (fig. 11) permite destacar claramente la posición singular de determinadas provincias, en especial de la urbanizada e industrializada Zona Metropolitana (provincias de Santiago y Valparaíso) con valores extremadamente altos para el factor 2. Por el predominio de la minería (factor 3) y un nivel de vida comparativamente alto, se destacan las provincias del Norte Grande (Tarapacá, Antofagasta, Atacama), de las del resto del país. La industria y la minería le dan su sello a las provincias de Concepción y Coquimbo, dominando en la primera la industria, y en la segunda la minería (ver los valores en el factor 2 y 3).

También el sur de Chile presenta particularidades: así por ej. la provincia de Magallanes, situada en el inhóspito extremo austral del país (factor 1), presenta una estructura social y por edad, que es totalmente diferente a la de las demás provincias. En fuerte contraste con ella se encuentra la provincia de Chiloé. Su extraordinariamente bajo valor en el factor 5 va indicando la menguada base de sustentación de las familias chilotas, producida entre otras causas, por la extrema subdivisión de la tenencia y que desde hace decenios ha conducido a una fuerte emigración, de manera que la pirámide de la población (fig. 7) presenta marcados vacíos, sobre todo para los hombres entre 20 y 60 años (ver valor en el factor 4). Las 14 provincias hasta ahora no nombradas, de la parte central del país, no presentan entre ellas diferencias que salten a la vista. Como lo muestran sus valores casi exclusivamente negativos en los factores 1 y 2 (cuadro 2), se constata en ellas ninguna o sólo una escasa dinámica en el sector económico secundario y terciario (ver fig. 3). Fuera de las provincias de O'Higgins (cobre) y Arauco (carbón), la minería (factor 3) tampoco juega ningún rol. Entre un 47% y un 65% de la población activa están ocupados en el sector primario.

Aún cuando existe así una coincidencia estructural bastante amplia dentro de estas 14 provincias, el prodedimiento de agrupamiento arroja, sin embargo, una clara división entre un grupo norte (Aconcagua y O'Higgins hasta Ñuble) y otro sur (Bío-Bío hasta Llanquihue). Esta resulta en primer lugar de la valorización en el factor 4, que para el grupo norte es negativo sin excepción y para el grupo sur positiva, también sin excepción. En los valores positivos para este factor se expresa el hecho de que el grupo de provincias del sur constituyan un espacio, que hasta un pasado reciente ha sido el escenario de la colonización agrícola y forestal (LAUER 1961; HARTWIG 1966; GOLTE 1973). Así se explican características como balance migratorio positivo, crecimiento de la población rural, alta participación de años más jóvenes y económicamente activos, porcentaje relativamente alto de hombres, etc. La provincia de Aysén, cuya colonización, a diferencia de las restantes provincias del S., está aún en pleno apogeo, muestra en forma significativa, un valor extremadamente alto en el factor 4. Junto a Osorno, Aysén forma un grupo propio, el que, sin embargo, coincide con la línea de provincias del S. anteriormente mencionadas, a sóló un paso de la división. De ella la separa coincidentemente la posición en el factor 1 que indica una dinámica económica más fuerte.

Recíprocamente parecido en relación al factor 4, se comportan los grupos Aconcagua-Ñuble y Bío-Bío-Llanquihue también en relación al factor 5 (cuadro 2). La división de la propiedad, llevada a cabo en forma planificada en vastas regiones con un alto porcentaje de propiedades agrícolas medianas, trabajadas en gran medida por los descendientes de inmigrantes centro-europeos, así como la existencia de una gran cantidad de pequeñas explotaciones, en parte agrupadas en comunidades indígenas, se traducen en las provincias al S. del río Bío-Bío, en un alto porcentaje de independientes, de miembros familiares que ayudan, etc. A la inversa, la estructura social-agraria en las provincias de Aconcagua a Ñuble, así como fué explicada más arriba, determina una disminución, por ej., del porcentaje de independientes.

Habla a favor de la capacidad de interpretación del análisis de factores y del procedimiento de clasificación aqui empleado, el hecho de que se haga claramente visible el contraste de origen histórico entre los dos grupos de provincias. Hasta la segunda mitad del siglo 19, el río Bío-Bío formaba la línea fronteriza entre Chile Central "mediterráneo", hispanizado desde la era colonial y el territorio indígena de la "frontera", independiente hasta esa fecha. Recién desde 1850, la colonización del territorio entre el río Bío-Bío y el Seno de Reloncaví, comenzó a acelerarse algo.

Al terminar ahora con la clasificación, podemos responder resumidamente, a la interrogante planteada al comienzo en relación a la congruencia o incongruencia existente entre la división aquí lograda sobre la base de datos demográficos y socio-económicos y la división geográfico cultural, que deriva de la zonificación en regiones naturales. Tomada en su conjunto, se dan vastas coincidencias (ver fig. 11). Así se destacan claramente los límites entre el Norte Grande y Norte Chico, así como la delimitación norte (provincia de Coquimbo) y sur (Bío-Bío) de la Zona Central "mediterránea". La zonificación latitudinal es interrumpida en forma clara por las regiones de gran concentración de Santiago/Valparaíso y Concepción. Las regiones naturales de Chile Sur y Chile Austral no aparecen como unidades geográfico-culturales coherentes. Las diferencias de hecho existentes, entre ambas regiones, son superpuestas por la singular posición de las provincias de Chiloé y Magallanes.

V. RESUMEN

Partiendo de datos geográfico — poblacionales económicos, se realiza el intento de llegar, con la ayuda de procedimientos cuantitativos y estadísticos (análisis de factores, agrupamiento de distancias), a una división del país y de combrobar en qué medida existe una congruencia entre las unidades así logradas y los sectores latitudinales de Norte Grande, Norte Chico, Zona Central, Chile Sur y Chile Austral, que derivan de la zonificación en regiones naturales. Mirado en su conjunto, resulta una vasta coincidencia. Sin embargo, la zonificación arriba mencionada es por un lado interrumpida en forma clara por las regiones de aglomeración de Santiago/Valparaíso y Concepción, y por otro, por la posición notablemente singular de las provincias de Chiloé y Magallanes.

BIBLIOGRAFIA

Alaluf, D.: Problemas de la Propiedad Agricola en Chile; Schr. geogr. Inst. Univ. Kiel, 19,2, Kiel 1961.
Bähr, J.: Regionalisierung mit Hilfe von Distanzmessungen; Raumforsch. Raumordn., 29, 1971 a, 11—19.
Bähr, J.: Eine Faktorenanalyse zur Bevölkerungsstruktur — dargestellt am Beispiel Südwestafrikas; Die Erde, 102, 1971 b, 262—285.
Bähr, J.: Chuquicamata, der größte Kupfertagebau der Welt. Zeitschrift für Wirtschaftsgeographie 1973, 199—205.
Bähr, J.: Migration im Großen Norden Chiles. Bonner Geogr. Abh. Heft 50, Bonn 1975.
Bähr, J.; W. Golte und W. Lauer: Entwicklungsprobleme im außertropischen Südamerika in historischer, regionalpolitischer und geographischer Sicht — Modellstudie Chile. Bericht über den geographischen Teil eines Adlaf-Gemeinschaftsprojektes. Informationsdienst Adlaf, 7, 1972, 5—12.
Behrens, W.: Die Bergbauwirtschaft in Chile; Geogr. Rdsch., 18, 1966, 358—363.
Berry, B. J. L.: Relationships between Regional Economic Development and the Urban System. The Case of Chile; Tijdschr. econ. soc. Geogr. 1969, 283—307.
Cida — Comite Interamericano de Desarrollo Agricola: Chile, tenencia de la tierra y desarrollo socio-económico del sector agricola. Santiago 1966.
Corfo — Corporación de Fomento de la Producción: Geografia Económica de Chile. Texto Refundido. Santiago 1965.
Dirección de Estadística y Censos: XIII Censo de Población (29-XI-1960). Santiago 1964.
Dirección de Estadística y Censos: Chile, Indústria Manufactura. Número de establecimientos en el año 1967. Santiago 1969.
Elizaga, J. C.: Migraciones a las áreas metropolitanas de América Latina. Santiago 1970.
Friedmann, J. and W. Stoehr: The uses of regional science: policy planning in Chile; Regional Science Assoc., Papers, 18, 1967, 207—222.
Golte, W.: Das südchilenische Seengebiet. Besiedlung und wirtschaftliche Erschließung seit dem 18. Jahrhundert; Bonn. Geogr. Abh., 47, Bonn 1973.
Gongora, M.: El origen de los „inquilinos" de Chile Central. Santiago 1960.
Hartwig, F.: Landschaftswandel und Wirtschaftswandel in der chilenischen Frontera; Mitt. Bund. Forsch. Anst. Forst- und Holzw., 61, 1966.
Herrera Jurado, L.: Tendencias del poblamiento en Chile desde 1940 a 1960. Análisis de los factores que influencian su dinámica. Santiago 1960.
Instituto de Desarrollo Agropecuario: Antecedentes para la evaluación del problema del minifundio. Santiago 1970.

Instituto Nacional de Estadísticas: XIV Censo Nacional de Población y III de Vivienda. Resultados provisorios. Santiago 1970.
Instituto Nacional de Estadísticas: XIV Censo Nacional de Población y III de Vivienda. Muestra de adelanto de cifras censales. Santiago 1971/72.
Instituto Nacional de Estadísticas: Características básicas de la población (Censo 1970), Santiago 1972 ff.
Kilchenmann, A. und E. Gaechter: Neuere Anwendungsbeispiele von quantitativen Methoden; Computer und Plotter in der Geographie und Kartographie; Geographica helv., 24, 1969, 68—81.
Kilchenmann, A.: Statistisch-analytische Landschaftsforschung; Geoforum 7, 1971, 39—53.
Klemmer, P.: Die Faktorenanalyse im Rahmen der Regionalforschung — Möglichkeiten und Grenzen ihrer Anwendung; Raumforsch. Raumordn., 29, 1971, 6—11.
Lauer, W.: Chile — Geographische Probleme eines lateinamerikanischen Entwicklungslandes; Sber. Ges. Beförd. ges. Naturw. Marburg, 83/84, 1961/62, 107—136.
Lauer, W.: Wandlungen im Landschaftsbild des südchilenischen Seengebietes seit Ende der spanischen Kolonialzeit; Schr. geogr. Inst. Univ. Kiel, 20, 1961, 227—276 (Beiträge zur Geographie der Neuen Welt).
Ministerio de Mineria, Servicio de Minas del Estado: Anuario de la Minería de Chile 1971. Santiago 1973.
Ministerio de Tierras y Colonización, Dirección de Asuntos Indígenas: Cuadros Sinópticos sobre comunidades indígenas en la Provincia de Cautín. Temuco 1968.
Ovalle, L.: Ocupación y desarrollo de la Provincia de Aysén; Informaciones Geográficas 1954, Santiago 1958, 27—73.
Schmithüsen, J.: Die räumliche Ordnung der chilenischen Vegetation; Bonn. geogr. Abh., 17, 1956, 1—86.
Sociedad Chilena de Historia y Geografía: Geografía de Chile — Física, Humana y Económica. Santiago 1968.
Steiner, D.: Die Faktorenanalyse — ein modernes statistisches Hilfsmittel des Geographen für objektive Raumgliederung und Typenbildung; Geographica helv., 20, 1965, 20—34.
Stöhr, W.: Geographische Aspekte der Planung in Entwicklungsländern — Die südamerikanische Problematik und das Beispiel Chile; Wien. geogr. Schr., 24—29, 1967, 377—393.
Tacla, Ch. O.: Panorama demográfico de Chile y su evolución en el presente siglo. Inst. Nac. de Estadísticas, Santiago 1975.
Überla, K.: Faktorenanalyse. Berlin-Heidelberg-New York 1968.
Universidad de Chile, Centro de Planeamiento: El desarrollo económico-social de la región de Magallanes. Santiago 1967.
Uribe Ortega, G.: La localización de la actividad manufacturera en Chile. Santiago 1967.
Weischet, W.: Chile — seine natur- und wirtschaftsgeographische Struktur; Geographisches Taschenbuch 1960/61, 354—387.
Weischet, W.: Chile — seine länderkundliche Individualität und Struktur. Darmstadt 1970.
Wilhelmy, H.: Appearance and Functions of the Large Latin-American Cities in the Past and Present; Geoforum, 3, 1970, 31—39.

MIGRATION IN LATEINAMERIKA MIT BESONDERER BERÜCKSICHTIGUNG DES CHILENISCHEN NORTE GRANDE

JÜRGEN BÄHR

Resumen: La migración en América Latina con especial consideración del Norte Grande de Chile

El crecimiento demográfico en las ciudades latinoamericanas generalmente se debe en un 50 % a la inmigración. En el presente trabajo se analizan las causas, el proceso y las consecuencias de esta migración desde las áreas rurales hacia los centros urbanos en primer lugar respecto a América Latina en general y en segundo lugar especialmente para el llamado „Norte Grande" de Chile.

Detalladamente se trata de los temas siguientes: motivación del movimiento migratorio, los efectos de selección del proceso migratorio, la migración en etapas (step-wise migration), relaciones entre poblaciones marginales no controladas y la migración, problemas del proceso de integración de los migrantes y la influencia de la planificación sobre la migración.

I. BEVÖLKERUNGSWACHSTUM UND MIGRATION

Seit ungefähr 50 Jahren setzte überall in Lateinamerika mit dem Rückgang der Säuglingssterblichkeit und der allmählich steigenden Lebenserwartung bei zunächst noch zunehmenden Geburtenraten ein explosionsartiges Bevölkerungswachstum ein (vgl. WESTPHALEN 1966, 59 ff; LICHTENBERGER 1972, 2 ff). Die jährliche Zuwachsrate liegt heute im Mittel bei 2,9 % und ist damit höher als in allen anderen Erdteilen. Bis zum Jahre 2000 wird sich nach Schätzungen der Vereinten Nationen die Bevölkerung Lateinamerikas von 309 Millionen (1973) auf 652 Millionen mehr als verdoppeln.

Zur natürlichen Bevölkerungsvermehrung tritt das mit dem Schlagwort „V e r - s t ä d t e r u n g" umschriebene Problem der Bevölkerungsumverteilung. Wenn auch 1960 noch immer fast 70 % der Einwohner Lateinamerikas in Siedlungen unter 20 000 Einwohnern lebten (vgl. HAUSER 1967, 82; ZSILINCSAR 1971, 455), so läßt sich aus den jährlichen Wachstumsraten im städtischen und ländlichen Raum (nach Angaben von BEYER (1967, 595) zwischen 1950 und 1960 6,7 % bzw. 1,9%) die Prognose ableiten, daß sich die Verhältnisse in den nächsten 30 bis 40 Jahren nahezu umkehren werden (vgl. BREESE 1966, 138; WEITZ 1973, 104). Am Ende unseres Jahrhunderts wird allein die Hälfte der Bewohner Lateinamerikas in Großstädten mit mehr als 100 000 Einwohnern leben. Schon heute konzentriert sich die städtische Bevölkerung gewöhnlich auf nur ganz wenige Ballungsgebiete, unter denen die Hauptstadt meist den führenden Rang einnimmt. In einigen Ländern ist dieser Urbanisierungsprozeß relativ weit fortgeschritten — der Anteil der städtischen Bevölkerung beträgt in Argentinien, Uruguay, Chile und Venezuela fast 70 %/0 — andere haben demgegenüber noch vorwiegend ländlichen Charakter (die entsprechenden Prozentsätze liegen z. B. in Ecuador, Bolivien, Paraguay und Costa Rica noch unter 40 %/0). Genauere Zahlenangaben für einzelne Staaten finden sich bei BEYER 1967, CLARKE 1974, COLLIN-DELAVAUD 1972, ELIZAGA 1970, HAUSER 1967, HERRICK 1965, LICHTENBERGER 1972, SANDNER 1969 und WESTPHALEN 1966.

Das rasche Städtewachstum wird nicht zuletzt deshalb zu einem Problem, weil es nicht dem gegenwärtigen Produktionsniveau im landwirtschaftlichen und nichtlandwirtschaftlichen Sektor entspricht und meist unabhängig von einer Industrialisierung erfolgt (BROWNING 1958, 117; HAUSER 1967, 82; WEITZ 1973, 134).

Man kann davon ausgehen, daß im Mittel knapp 50 %/0 der Bevölkerungszunahme in den Städten auf Wanderungsgewinne zurückgehen. Die beobachtete Spannweite reicht in den einzelnen Staaten dabei von 10 %/0 bis fast 70 %/0. Genaue Zahlenangaben zu diesem Problem sind in der Regel nur schwer zu erhalten, da in den bisherigen Volkszählungen, von einigen Ausnahmen abgesehen (vgl. dazu das bei SANDNER 1969, 60 erwähnte Beispiel von Costa Rica), diesem Gesichtspunkt nur wenig Aufmerksamkeit geschenkt wurde. Alle Angaben beruhen daher im wesentlichen auf Schätzungen. MIRO (1964) gibt für Santiago (1962) und San Salvador (1960) 34 %/0 bzw. 42 %/0 an, DUCOFF (1965) schätzt den Anteil für überwiegend ländliche Staaten wie Paraguay und Costa Rica auf 7 %/0 bis 8 %/0, in Brasilien und Venezuela soll er danach um 50 %/0 liegen. Etwas im Widerspruch dazu stehen die Ausführungen der División de Población der Vereinten Nationen (1967, 122), in denen bis auf die Ausnahme von Cuba ein Wanderungsanteil am Städtewachstum von mehr als 40 %/0 bis zu 71 %/0 (Venezuela) angenommen wird (vgl. auch die bei SANDNER u. STEGER 1973, 68 genannten Beispiele).

II. MOTIVATION UND AUSLÖSENDE FAKTOREN DER WANDERUNGSBEWEGUNG

Über eine Beschreibung und Quantifizierung des aufgezeigten Phänomens der Urbanisierung hinaus bemühen sich Wissenschaftler der verschiedensten Fachrichtungen, die auslösenden Faktoren der Land-Stadt-gerichteten Wanderungsbewegungen aufzudecken. Im Mittelpunkt der meisten Überlegungen steht das bereits in der Kolonialzeit angelegte und sich seit der Unabhängigkeit verstärkende wirtschaftliche Ungleichgewicht zwischen Stadt und Land. Als ein Ergebnis des „Seminario sobre problemas de urbanización" in Santiago (HAUSER 1967, 82) wurde festgehalten, daß es eher Bevölkerungsdruck und ungenügende Entwicklung des ländlichen Raumes *(push-factors)* sind, die den Wanderungsprozeß auslösen als die wirtschaftliche Attraktivität der Städte. SANDNER (1970, 282) weist jedoch darauf hin, daß die *push-pull* Faktoren nur zwei Komponenten in einem sehr komplexen Kräftefeld sind und nicht unbedingt als alleinige Indikatoren wachsenden Bevölkerungsdruckes angesehen werden können, sondern daß sich ebenso die wirtschaftliche und soziale Struktur der Agrargebiete ändert.

Empirische Untersuchungen, die sich mit der Motivation von Aufbruchsentschlüssen beschäftigen, haben jedenfalls vordergründig die überragende Bedeutung wirtschaftlicher Bestimmungsgründe nachgewiesen.

MATOS (1967, 205) gibt beispielsweise das Ergebnis einer Befragung von 17 000 Familien in Lima wieder, die aus der Provinz zugezogen sind: mit 61 % liegen wirtschaftliche Gründe an der Spitze der Skala. Es folgen soziale Motivationen, etwa der Wunsch, ein durch Familie und Gemeinschaft reglementiertes und eingeschränktes Leben mit der Unabhängigkeit in der Stadt zu vertauschen, mit 23 %, geeignetere Ausbildungsmöglichkeiten besonders für die Kinder mit 9 % und durch den Militärdienst hervorgerufene Zwangsumzüge mit 3 %. Bessere Wohnverhältnisse erhofften sich demgegenüber nur 1 %.

Es kann hier nicht im einzelnen auf die agrarwirtschaftlichen Verhältnisse im wichtigsten peruanischen Abwanderungsgebiet, der *sierra*, eingegangen werden. MATOS selbst hat sie kurz zusammenfassend dargestellt (S. 206—209), im übrigen sei auf die verschiedenen Arbeiten von MONHEIM (z. B. 1966) verwiesen. Der endgültigen Abwanderung geht sehr häufig eine nur temporäre voraus, die die Indios zur Erntezeit zu den großen *haciendas* in die Küstentäler führt. Dadurch ergeben sich erste Kontakte mit der Stadt, die später zu einer endgültigen Abwanderung anregen. Nach der vollzogenen Übersiedlung ist im allgemeinen die Rückwanderungsquote in Lateinamerika geringer als in vergleichbaren Ländern Asiens und Afrikas, in denen die Migration aus dem ländlichen Bereich zum Teil nur vorübergehenden Charakter hat (HAUSER 1967, 45).

Zu ähnlichen Ergebnissen kommt GERMANI (1967) in einer sehr gründlichen Analyse der Immigration nach Buenos Aires. Den Zuwanderern wurden insgesamt 169 Fragen zur Beantwortung vorgelegt. Als Gründe für eine Abwanderung gaben etwa 80 % das Fehlen geeigneter Arbeitsplätze an, weitere 10 % erhofften sich in der Großstadt einen sozialen und wirtschaftlichen Aufstieg. GERMANI führt in der Interpretation dieser Resultate bereits aus, daß neben ökonomischen Faktoren auch andere Motive den Wanderungsentschluß mit beeinflussen. Die wirtschaftlichen Erwägungen sind jedoch so stark, daß sie die eher psychologisch bedingte „Attraktivität städtischer Lebensformen" verdecken.

BROWNING u. FEINDT (1971, 50) geben an, daß im Falle der von ihnen untersuchten Wanderung nach Monterrey (Mexiko) 70 % der Migranten sich in der Stadt bessere Arbeitsmöglichkeiten versprachen, 17 % kamen aus familiären Gründen und 7 % nannten als Wanderungsmotiv eine Schul- oder Berufsausbildung. Der zuletzt angeführte Prozentsatz liegt bei den älteren Familien mit 14 % am höchsten, ein Zeichen dafür, daß die Migranten weniger für sich selbst als vielmehr für ihre Kinder durch den Schulbesuch einen sozialen Aufstieg erhoffen.

Die von BRÜCHER (1974) für Bogotá (Kolumbien) genannten Zahlen decken sich mit den bereits angeführten weitgehend. Danach sind 65 % der Wanderungen einkommensmotiviert.

ELIZAGA (1970, 89) weist darauf hin, daß die sich bei Befragungen ergebenden Mittelwerte (in seiner Arbeit über die Zuwanderung nach Gran Santiago gaben 62 % als Wanderungsgrund *razones de trabajo* an) nur die allgemeine Tendenz aufzeigen und sich bei einzelnen Wanderergruppen (etwa wenn man nach Herkunftsgebiet, Geschlecht oder sozialer Schicht differenziert) erhebliche Unterschiede ergeben können.

Weitere auf systematischen Befragungen basierende Fallstudien zu diesem Problemkreis stellen die Arbeiten von MERCADO et al. (1970) und CRITTO (1969) dar. Eine umfassende Übersicht neuerer Literatur zum Problem der Verstädterung in Lateinamerika geben MORSE (1965), THOMAS (1970) und RABINOVITZ u. TRUEBLOOD (1971).

Eine weitere Möglichkeit zur Erfassung von wanderungssteuernden *push-pull* Faktoren liegt in der Anwendung sog. R e g r e s s i o n s m o d e l l e auf Wanderungsdaten. Die abhängige Variable „Wanderungsumfang" (meist in logarithmischer Form) wird dabei durch eine Reihe von „unabhängigen" Größen zu „erklären" versucht. Ein Beispiel dafür gibt R. N. THOMAS mit der in ABLER u. a. (1971, S. 137 bis 141) zusammenfassend dargestellten unveröffentlichten Migrationsstudie für Guatemala (vgl. THOMAS 1971). Diese Arbeit sei besonders deshalb genannt, weil für Lateinamerika kaum ähnliche Versuche vorliegen (vgl. auch ADAMS (1969); CARVAJAL u. GEITHMAN (1974)), sicher vor allem auch deshalb, weil dafür eine regional und sachlich möglichst detailierte aufgeschlüsselte amtliche Statistik unabdingbare Voraussetzung ist.

Ausgehend von den schon im vorigen Jahrhundert von RAVENSTEIN in England formulierten „Migrationsgesetzen" und der später von ZIPF und STEWART vorgeschlagenen Übertragung des Newtonschen Gravitationsgesetzes auf räumliche Interaktionen wird bei THOMAS eine theoretische Zuwanderung nach Guatemala-City zunächst aus Bevölkerung der Herkunftsmunicipios und der zurückgelegten Distanz unter Verwendung des multiplen Regressionsansatzes errechnet. Bereits dabei ergibt sich ein Bestimmtheitsmaß, mit dem der durch die Regression erklärte Anteil der Varianz ausgedrückt wird, von 0,60.

Ansatzpunkte für eine bessere Erklärung der beobachteten Wanderungsdaten lassen sich aus einer Analyse der Regressionsresiduen ableiten, die man aus der Differenz von empirischen und theoretischen Werten ermittelt. Das räumliche Verteilungsmuster positiver und negativer Abweichungen von der allgemeinen Tendenz wird sehr häufig zeigen, daß sich gleichgerichtete Residuen in ähnlich strukturierten Gebieten wiederfinden. Demographische oder ökonomische Merkmale dieser besonders hervortretenden Zonen können dann evtl. als weitere „Determinanten" der Migration angesehen werden (vgl. BÄHR 1973 u. 1975). Im angeführten Beispiel stellte THOMAS fest, daß *municipios* mit relativ hohem Anteil

Indio-Bevölkerung unterdurchschnittlich an den Wanderungsbewegungen in Richtung Hauptstadt beteiligt sind. Dafür wird man sicher die ethnisch-kulturell begründete Scheu vor der Großstadt (SANDNER 1970, 282) und die noch von traditionellen Formen geprägten Lebensverhältnisse der indianischen Bevölkerung verantwortlich machen können.

Umgekehrt ließen alle *municipios*, in denen eine Provinzhauptstadt liegt oder die unmittelbar daran angrenzen, größere Wanderungsraten erkennen als nach dem, den allgemeinen Trend beschreibenden Regressionsmodell, zu erwarten wäre. Damit ist ein erster Hinweis auf den Etappencharakter des Wanderungsvorganges gegeben.

Liegt genügend regional aufgeschlüsseltes und zuverlässiges statistisches Material vor, läßt sich so der Erklärungsanteil des multiplen Regressionsansatzes durch Vermehrung oder Verbesserung der „unabhängigen" Variablen schrittweise ständig erhöhen.

Zwei prinzipielle Einwände gegen ein derartiges Vorgehen dürfen dabei jedoch nicht übersehen werden:

1. Eine noch so gute Anpassung des Modells an die empirisch beobachteten Werte muß nicht unbedingt heißen, daß damit die wirklichen Determinanten der Wanderung aufgedeckt sind. Die gefundenen Beziehungen und Abhängigkeiten müssen möglichst umfassend theoretisch untermauert werden, um „Scheinkorrelationen", die die verursachenden Faktoren nicht sichtbar machen, auszuschließen.

2. Betrachtet man lediglich die Gesamtwanderung, so lassen sich mit derartigen deterministischen Ansätzen sicher gute Ergebnisse erzielen. Interessiert man sich dagegen mehr für das Wanderungsverhalten einzelner sozialer Gruppen, so bleiben die gewonnenen Resultate letztlich unbefriedigend, da die Bewertung gleicher oder ähnlicher Sachverhalte durchaus verschieden sein kann.

ZEMELMAN (1971) betont, daß jedem Wanderungsentschluß eine individuelle Entscheidung vorausgeht, die selbst unter ähnlich gelagerten Voraussetzungen nicht unbedingt übereinstimmen muß. Er hat sich deshalb darauf beschränkt, acht – sicher nicht vollständig repräsentative – Einzelbeispiele aus der chilenischen Zentralzone eingehend zu analysieren, um die Vielfalt der Motivationen aufzuzeigen und die gehegten Erwartungen später mit der Realität zu vergleichen. Ihm gelingt es, wenigstens drei verschiedene Wanderertypen herauszuarbeiten, vom *migrante tradicional ambulatorio*, der seinen Arbeitsplatz häufig zwischen Stadt und Land wechselt, ohne sich vom städtischen Leben angezogen zu fühlen, über den Wanderer, für den die Stadt ein Instrument des sozialen Aufstiegs darstellt bis zu demjenigen, für den die Stadt nicht *un medio sino un fin* (ZEMELMAN 1971, 76) bedeutet, den also unabhängig von wirtschaftlichen Gegebenheiten die Attraktivität städtischer Lebensformen zur Abwanderung veranlaßt.

Wenn hier sehr häufig von dem jeder Wanderung vorausgehenden Entscheidungsprozeß gesprochen wird, so heißt das nicht, daß jeweils über einen längeren Zeitraum ein bewußtes Abwägen von Gründen und Gegengründen und eine ausführliche Diskussion mit allen Familienangehörigen erfolgt. GERMANI (1967, 239) teilt mit, daß mehr als zwei Drittel der Befragten angaben, einen spontanen Entschluß gefaßt zu haben. Selbst die Ehefrau wird häufig nicht nach ihrer Meinung gefragt und wenn, so ist jedenfalls von ihrer Seite kein Widerspruch zu erwarten, dieser geht allenfalls von den Eltern aus (20 % der Fälle nach GERMANI 1967, 240).

Eine nicht zu unterschätzende Voraussetzung für die ständig zunehmende Landflucht ist in der V e r b e s s e r u n g d e r K o m m u n i k a t i o n zwischen Stadt und Land und der gewachsenen Bedeutung städtischer Lebensformen in der Wertskala der ländlichen Bevölkerung zu sehen. Durch Straßen- und Eisenbahnbau nehmen die Kontakte vieler bisher ohne größere Beziehungen zum Staatswesen lebenden Bevölkerungsgruppen mit der Außenwelt zu. Das Radio ist heute allgemein sehr weit verbreitet. Befragungen in den auch heute noch recht unzugänglichen Teilen der chilenischen Kordillere ergaben beispielsweise, daß zwischen 30 und 80 % aller Haushalte über ein Radio verfügen. Aber auch Zeitungen und Zeitschriften erreichen selbst abgelegene Zonen und berichten über die sich in der Großstadt bietenden Möglichkeiten (MATOS 1967, 195). In den Vorstellungen der Bewohner sind daher Migration und sozialer Aufstieg untrennbar miteinander verbunden, die in der Stadt bestehenden Aussichten werden allerdings meist erheblich überschätzt.

Die V e r b e s s e r u n g d e s S c h u l w e s e n s hat gleichfalls den Abwanderungsprozeß weiter gefördert. Alle Länder Lateinamerikas unternehmen z. Z. gewaltige Anstrengungen, die Analphabetenrate zu senken und auch in abgelegenen kleinen Orten einen wenigstens einige Jahre dauernden Schulbesuch zu ermöglichen. Als Beispiel für diese Entwicklung seien die — allerdings überdurchschnittlich guten — chilenischen Verhältnisse angeführt. Die Schülerzahl (ohne Studenten) stieg zwischen 1960 und 1970 von 1,42 auf 2,42 Mill.; man kann heute davon ausgehen, daß etwa 95 % jedes schulpflichtigen Jahrgangs eingeschult werden. Ein Erfolg dieser Bemühungen ist etwa darin zu sehen, daß die Analphabetenrate in den letzten 20 Jahren erheblich abnahm (1952: 19,6 %, 1970: 11,5 %), in der Altersgruppe der 15- bis 19jährigen (4,8 %) ist sie heute fast unerheblich, bei den über 65jährigen allerdings nach wie vor noch beträchtlich (29,9 %).

Ähnliche Zahlenwerte gibt DUCOFF (1966, 392) für San Salvador an: Zwischen 1950 und 1960 fiel der Anteil der Analphabeten an der Bevölkerung von 19 % auf 12 %. Etwas größere Differenzen als in Chile bestehen hier zwischen den Geschlechtern. Von 100 Frauen zählten auch 1960 noch 18 zu den Analphabeten, gegenüber nur 5 bei den Männern.

Durch den Schulbesuch im heimatlichen Dorf werden bei den Jugendlichen Erwartungen und Wünsche hervorgerufen, die sie nur in der Stadt glauben verwirklichen zu können. CRITTO (1969) und HERRICK (1965) berichten, daß in einigen Fällen eine falsche Schulpolitik die Abwanderung geradezu herausfordert, wenn nämlich die in der Provinz gegründeten technischen und kaufmännischen Berufsausbildungsstätten auf eine Tätigkeit vorbereiten, die oft nur in der Hauptstadt ausgeübt werden kann.

Auch die überproportional ansteigenden Studentenzahlen deuten in die gleiche Richtung. In Chile nahm ihre Zahl zwischen 1965 und 1969 um 69 % zu, die Zahl der Schüler insgesamt dagegen nur um 22 %. Arbeitsplätze für akademisch ausgebildete Kräfte gibt es aber z. Z. vielfach nur in der Landeshauptstadt und einigen wenigen anderen Bevölkerungsschwerpunkten.

Die Abwanderung gerade der fähigsten und am besten ausgebildeten Kräfte (vgl. SANDNER u. STEGER 1973, 76) trägt mit dazu bei, daß die Bewohner ländlicher Räume in traditionellen Lebensformen beharren und Neuerungen vielfach an ihrer Mentalität scheitern. CRITTO (1969, 349) weist für die Umgebung der Stadt Córdoba nach, daß die Unzufriedenheit mit dem gegenwärtigen Zustand der Landwirtschaft zwar recht groß und weit verbreitet ist, daß jedoch zwischen Einsicht in die vorhandenen Probleme und aktivem Handeln eine beträchtliche Lücke klafft. So würden 43 % der Befragten eine Veränderung der Bearbeitungsmethoden begrüßen, sogar 80 % hielten einen Zusammenschluß der Landwirte in Kooperativen für nötig und wichtig, aber nur die wenigsten (etwa 25 %) denken überhaupt daran, selbst etwas zu unternehmen; man wartet im allgemeinen völlig passiv auf die Hilfe von außen.

III. AUSLESEWIRKUNGEN DES WANDERUNGSPROZESSES

Das mit den letzten Ausführungen angeschnittene Problem einer Emigration gerade der jüngeren ökonomisch aktiven Bewohner führt zu der Frage nach den Auslesewirkungen des Wanderungsprozesses (*migration differential*). Seit der grundlegenden Arbeit von BOGUE u. HAGOOD ist es unumstritten, daß bestimmte Bevölkerungsgruppen mobiler als andere sind. Diesem Gesichtspunkt wird in den meisten bereits genannten Migrationsstudien wenigstens insoweit Rechnung getragen, daß man durch den Vergleich zwischen Wanderern und Nichtwanderern gewisse Regelhaftigkeiten zu beschreiben versucht. Es darf allerdings nicht übersehen werden, daß die Wanderer nur sehr bedingt eine einheitliche Sozialgruppe darstellen und daß die Abweichungen vom statistischen Mittel — wenn man regional nach Zuzugs- oder Herkunftsorten oder sachlich auch nach Geschlecht, Alter, Familienstand oder Ausbildung differenziert — recht beträchtlich sein können. Darauf wird am Beispiel der Fallstudie des Großen Nordens von Chile im zweiten Teil noch näher Bezug genommen. Nach der División de Población der Vereinten Nationen (1967, 123 ff.) heben sich die Migranten durch folgende Eigenschaften von der übrigen Bevölkerung ab (vgl. dazu auch DUCOFF 1966, GERMANI 1967, BROWNING u. FEINDT 1968, ZEMELMAN 1971, HERRICK 1971 sowie BÄHR 1972 u. 1975):

1. Die Land-Stadt-Wanderung wird — besonders in bestimmten Altersgruppen — überwiegend vom weiblichen Bevölkerungsteil getragen. Nach BREESSE (1966, 83) bilden nur die Indios der zentralen Anden eine Ausnahme von dieser in verschiedenen Ländern festgestellten Regelhaftigkeit. ZEMELMAN (1971, 131) führt für die chilenische Zentralzone an, daß im Alter von 15 bis 25 bei der Land-Stadt-Wanderung nur 83,4 Männer auf 100 Frauen kommen; im Alter zwischen 29 und 39 Jahren kehrt sich das Verhältnis auf 115,5 zu 100 um. DUCOFF (1966, 390) gibt den Frauenanteil bei den Zuwanderern nach San Salvador mit 62 % an, bei den Nichtwanderern beträgt er 52 %.

In diesem Punkt unterscheidet sich Lateinamerika, wie Breese (1966, 83) ausführt, von den Entwicklungsländern in Afrika und Asien, wo die Auslesewirkung des Wanderungsprozesses in bezug auf das Geschlecht in entgegengesetzte Richtung verläuft. Die Meinungen über die Gründe dieser auffälligen Verschiedenheit gehen auseinander. Fest steht jedoch, daß dem in allen Ländern Lateinamerikas die steigende Nachfrage auf dem Arbeitsmarkt nach Hausangestellten sehr entgegenkommt, eine Tätigkeit, bei der nur geringe berufliche Qualifikation vorausgesetzt wird. Vergleichbare Berufe für ungelernte Männer fehlen in diesem Ausmaße.

2. Die Bevölkerungspyramiden aller größeren Städte zeichnen sich durch ein Übergewicht der Einwohner im Alter von 15 bis 39 Jahren aus, da hier das Maximum der Zuwanderer liegt (vgl. Ducoff 1966, 391). Der Anteil der Kinder ist nicht zuletzt aufgrund der niedrigeren Geburtenrate in allen Großstädten (Hauser 1967, 26) relativ gering. Empirische Untersuchungen haben gezeigt, daß die Migration die Fertilität der Wanderer senkt (vgl. Albrecht 1972, 196). Im Falle der Provinz Antofagasta (Nordchile) ist die durchschnittliche Kinderzahl der Migranten (jeweils auf bestimmte Altersgruppen bezogen) niedriger als bei den bereits länger am Ort Ansässigen (Fig. 1).

3. Die starke Zuwanderung bewirkt, daß sich auch nach dem Familienstand die städtische Bevölkerung signifikant von der ländlicher Räume unterscheidet. Wäh-

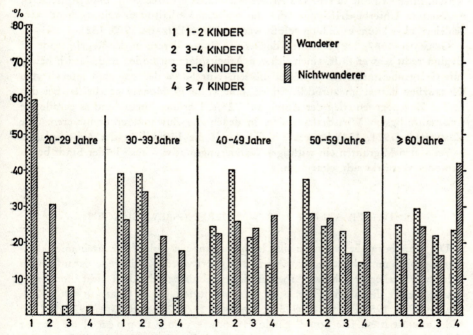

Fig. 1: Durchschnittliche Kinderzahl bei Wanderern und Nichtwanderern in der Provinz Antofagasta (Quelle: Censo de Población 1970).

rend der Prozentsatz der Junggesellen und Geschiedenen, der Getrennt- und Freizusammenlebenden überdurchschnittlich hoch ist, liegt der Anteil Verheirateter unter dem Mittel. Für die Verwitweten sind die Ergebnisse nicht einheitlich (vgl. HAUSER 1967, 26 u. DUCOFF 1966, 391).

4. Alle Analysen (z. B. ELIZAGA 1970, MERCADO et al. 1970; GERMANI 1970) zeigen, daß im statistischen Mittel die in die Großstädte Zugewanderten eine geringere Qualifikation aufweisen als am Ort Geborene (vgl. dazu auch S. 49). Dazu kann nur ein Beispiel angeführt werden: GERMANI (1967, 249) stellte aufgrund seiner Befragungen fest, daß fast die Hälfte der neu Zugezogenen aus ungelernten Arbeitern bestand, bei den Ortsansässigen machte diese Gruppe nur 15 % aus. Gleichzeitig weist er jedoch darauf hin, daß die im allgemeinen gültige Abnahme des Bildungsstandes mit zunehmendem Alter für die mobile Bevölkerung nicht unbedingt zutreffen muß. Die bereits länger am Ort Ansässigen konnten wenigstens zum Teil die besseren Ausbildungsmöglichkeiten der Städte nutzen und hoben sich daher von den Neuzugezogenen ab.

5. Die Konzentration der Zuwanderer auf einige wenige Berufsgruppen ist sicher mit auf den größtenteils nur geringen Ausbildungsstand zurückzuführen. Gerade weil Verstädterungs- und Industrialisierungsgrad in den meisten Staaten Lateinamerikas nicht übereinstimmen (vgl. BEYER 1967, 125; HAUSER 1967, 128), bieten sich oft nur im aufgeblähten tertiären Sektor gewisse Beschäftigungsmöglichkeiten. Hier ist nicht so sehr die Arbeitslosenquote erschreckend, sondern die stark verbreitete Unterbeschäftigung, die die wahren Verhältnisse weitestgehend verschleiert, aber kaum in Zahlen gefaßt werden kann (ELIZAGA 1970, 152).

GERMANI (1967, 249) berichtet, daß es den Zuwanderern in der Regel gerade zu Beginn recht schwer fällt, einen sicheren Arbeitsplatz zu finden und sie sich häufig mit Gelegenheitsarbeiten begnügen müssen. Nur 50 % der von ihm interviewten Neuzuzüge hatten im zurückliegenden Jahr volle 12 Monate gearbeitet, bei den früher Zugezogenen stieg der Anteil auf 72 %. Darüber hinaus sind es gerade die krisenanfälligsten Wirtschaftszweige, in denen die Zuwanderer dominieren. Wie ZEMELMAN (1971, 134) bemerkt, bleibt damit die Instabilität des Arbeitsplatzes — bei vielen Migranten ein wichtiges Wanderungsmotiv — auch in der Stadt bestehen oder verstärkt sich sogar noch.

IV. DER ABLAUF DER WANDERUNGSBEWEGUNGEN

Die Wanderungsbewegungen sind in ihrem genauen Ablauf für lateinamerikanische Beispiele nur sehr selten umfassend analysiert worden. Hinweise darauf finden sich zwar in allen erwähnten Arbeiten, die Ergebnisse sind jedoch nicht immer eindeutig. Selbst die häufig zitierte *stepwise migration* (z. B. GERMANI 1967, 238, MATOS 1967, 195, CRITTO 1969, 343, SANDNER 1970, 282 und BÄHR 1972, 292) ist nicht unumstritten. Die grundlegende Hypothese vom E t a p p e n c h a r a k t e r d e s W a n d e r u n g s v o r g a n g e s besagt, daß zunächst vom ländlichen Raum in ein nahegelegenes regionales Zentrum gewandert wird, von dort in die nächst größere Stadt usw. bis schließlich als Endziel die Landeshauptstadt oder einer in der Bedeutung vergleichbarer Bevölkerungsschwerpunkt erreicht wird. Dafür soll nur ein Zahlenbeispiel angeführt werden. Nach den Erhebungen ELIZAGAS (1970, 42) gaben 42 % der Zuwanderer nach Gran Santiago als letzten Wohnort eine Siedlung mit mehr als 20 000 Einwohnern an, weitere 26 % eine solche zwischen 5000 und 20 000 Einwohnern. Demgegenüber entfielen auf kleinere ländliche Zentren von 900 bis 5000 Einwohnern nur 19 % und auf die *zona rural* sogar nur 13 %. Die Spanne vom durch traditionelle Strukturen geprägten Dorf bis zur Metropole wird in den meisten Fällen nicht in einer Generation durchmessen. Die von den Eltern begonnene Wanderung setzen häufig erst die Kinder fort.

Die Untersuchungen von FLINN (1971, 84) in zwei *barrios* von Bogotá zeigen, daß hier die Etappenwanderung weniger häufig vorkommt als zunächst erwartet. 66 % bzw. 70 % der Migranten waren direkt nach Bogotá gekommen, nur 14 % gaben drei und mehr Wanderungsschritte an. Zur Erklärung dieser Beobachtung wird man sicher anführen müssen, daß die Wahrscheinlichkeit einer Wanderung in mehreren Schritten mit der Entfernung des Herkunftsgebietes von der jeweiligen Landeshauptstadt oder einem vergleichbaren Zentrum zunimmt wie THOMAS u. CATAU (1974) am Beispiel Guatemalas nachwiesen und daß die *stepwise migration* lediglich in abgelegenen Gebieten mit nur lockerer Verbindung zum Staatswesen in mustergültiger Form ausgebildet ist (HARVEY u. RIDELL 1975).

Auch BROWNING (1958, 118) schränkt die Allgemeingültigkeit der *stepwise migration* stark ein, zumindest will er die zwischen den einzelnen Ländern bestehenden Unterschiede und die Abhängigkeit von weiteren Faktoren zusätzlich betont wissen. BREESE (1966, 83) stellt in diesem Zusammenhang als einen besonderen Typ die *floating migration* heraus, die von einem Personenkreis getragen wird, der extrem häufig den Wohnort ohne erkennbares System wechselt, um sein Glück jeweils an einer anderen Stelle zu suchen.

Die Distanz ist sicher wenigstens indirekt ein die Wanderung steuernder Faktor. Die räumliche Ausdehnung der Wanderungsfelder dürfte jedoch — wie Untersuchungen in Europa und den USA zeigen — regional stark differieren und sich auch zeitlich verändern (vgl. LEVY u. WADYCKI 1972). Verschiedentlich ist darauf hingewiesen worden, daß die Landbevölkerung gewöhnlich nur über vergleichsweise geringe Entfernung wandert. Daraus geht schon hervor, daß der Wanderungswiderstand der Distanz nicht zuletzt vom sozialen Status abhängt und eine eingehende Analyse die verschiedenen Sozialgruppen gesondert berücksichtigen müßte (RENGERT 1972).

V. ZUSAMMENHÄNGE ZWISCHEN UNKONTROLLIERTEN STADTRANDSIEDLUNGEN UND MIGRATION

In einer größeren Zahl von Arbeiten steht neben der Analyse wanderungsauslösender Faktoren und des Wanderungsablaufs die Diskussion der ökonomischen und sozialen Realität der Zuwanderer an ihrem neuen Wohnort im Mittelpunkt.

Ein Teilaspekt des damit angeschnittenen Problemkreises geht von der Frage nach den bevorzugten Ansiedlungspunkten der Zuwanderer innerhalb des Stadtgebietes aus. Meist wird ein enger Zusammenhang zwischen Zuwanderung und Entstehung sowie Wachstum von Barackenvierteln an der Peripherie der Städte gesehen (vgl. BREESE 1966, 118). Dafür spricht, daß die Zahl der oft über Nacht errichteten, aus primitiven und selbst erbauten Behausungen bestehenden Siedlungen am Rande aller südamerikanischen Großstädte in den letzten 20 Jahren besonders zunahm (Photo 5). BEYER (1967, 101) führt an, daß in Lima der Anteil der in *barriadas* lebenden Familien zwischen 1958 und 1964 von 10 auf 20 % gestiegen ist (1968: 25 %) und in Rio de Janeiro die *favela*-Bewohner 1950 nur 8,5 % der Bevölkerung ausmachten, 1964 dagegen schon 16 %. In Caracas lebten bereits 1961 21 % der Bewohner in den *rancho*-Vierteln (SANABRIA 1967, 341). Weitere Zahlenangaben finden sich bei SANDNER u. STEGER (1973) und WEITZ (1973). ROSENBLÜTH (1968) informiert ausführlich über die Verhältnisse in Santiago. Um 1960 betrug die Zahl der in *callampas* lebenden Familien nach verschiedenen Schätzungen zwischen 16 000 und 32 000. Für die Periode von 1952 bis 1959 wird eine jährliche Wachstumsrate von 7,8 % angegeben (ROSENBLÜTH 1968, 36). Im neuesten *censo de vivienda* (1970, 5 %-Vorauszählung) sind für Groß-Santiago 66 940 semi-permanente und marginale Wohnungen (12,7 % aller Wohnungen) aufgeführt. Mitte 1975 sollen nach der Santiagoer Zeitung EL MERCURIO (v. 5. 7. 75) 58 500 Familien (319 600 Personen) in *callampa*-ähnlichen Behausungen leben. Wenn auch die Typisierung der Wohnungen in den verschiedenen Quellen voneinander abweicht, so lassen die jüngsten Zahlen jedenfalls erkennen, daß man das Wohnungsproblem — und das gilt für alle südamerikanischen Großstädte — noch keineswegs in den Griff bekommen oder gar gemeistert hat.

Aus den ROSENBLÜTHschen Zahlenangaben ist aber auch zu entnehmen, daß die Wohnverhältnisse in den Metropolen eines Landes im Durchschnitt oft besser sind als in den Bevölkerungsschwerpunkten einzelner Provinzen. Setzt man die Zahl der 1952 in *callampa*-Siedlungen lebenden Familien gleich 100, so stieg dieser Index bis 1961 in Santiago auf „nur" 111, in den beiden extremen Randprovinzen Tarapacá und Magallanes dagegen auf 2230 bzw. 1942. Wenigstens zum Teil muß hierfür die Wohnungsbaupolitik der Regierung mitverantwortlich gemacht werden. HERRICK (1965) berichtet für das gewählte chilenische Beispiel, daß bei Planungen der Regierung davon ausgegangen wurde, das festgestellte Wohnungsdefizit der Landeshauptstadt um ein Drittel zu vermindern, während man für kleinere Städte nur eine Quote von 10 % ansetzte. 1972 wurden 48 % der staatlich geförderten Wohnungen in der Provinz Santiago errichtet, obwohl hier nur 37 % der chilenischen Bevölkerung leben.

Ein großer Teil der Ergebnisse der Wanderungsforschung beruht auf Befragungen, die in den erwähnten Barackensiedlungen durchgeführt wurden. So hat zum Beispiel MATOS (1967 und 1969) die *barriadas* von Lima in ihrer Bevölkerungs- und Wirtschaftsstruktur eingehend analysiert. Es muß zunächst überraschen, daß nach seinen Angaben immerhin 52 % der Bewohner in Lima selbst geboren sind.

Auch wenn man berücksichtigt, daß vor allem Kinder unter 10 Jahren (35 %) der Einwohner) bereits am neuen Wohnort geboren wurden, so zeigen diese Beobachtungen doch, daß neben einer von außerhalb kommenden Einwanderung auch innerstädtische Wanderungsbewegungen zur Ausdehnung der *barriadas* beitragen müssen.

MERCADO et al. (1970) haben in Santiago die Bevölkerung der „marginalen Viertel" untersucht; dazu rechnen sie nicht nur die *callampas*, sondern auch die als Massenquartiere für Arbeiter um die Jahrhundertwende entstandenen Gänge *(conventillos*, Photo 6), schlecht erhaltene und halb zerfallene, oft zimmerweise vermietete Gebäude im Stadtzentrum (Photo 7) sowie die von staatlichen oder halbstaatlichen Stellen erbauten, monoton gereihten, einfachen Vorstadtsiedlungen *(poblaciones planificadas*, Photo 8). Ihre Ergebnisse zeigen in Übereinstimmung mit den Befunden ELIZAGAS (1970), daß sich jedenfalls in Chile keine ausgeprägten Präferenzen der Migranten (worunter alle nicht am Ort geborenen Bewohner verstanden werden) auf bestimmte Teile der Stadt abzeichnen. Der Anteil der Zuwanderer liegt in Groß-Santiago bei 35 % (Befragungen von ELIZAGA 1962 und des Instituto de Economía de la Universidad de Chile 1963). In den *callampa*-Siedlungen werden nach MERCADO (1970, 156, Befragung 1966) mit 32,5 % fast identische Zahlenwerte erreicht, ebenso in den *áreas centrales en deterioro* (32,4 %). Nur in den in erster Linie für sozial Bedürftige erbauten *poblaciones* ist der Anteil der Immigranten geringer (28,1 %), da gerade die neu zugewanderte Bevölkerung über weniger Erfahrung im Umgang mit der staatlichen Bürokratie verfügt und sie daher mehr Mühe hat, bei der Vergabe der Wohnungen berücksichtigt zu werden.

Auch in Groß-Santiago wird das Bild durch die große Zahl am Ort geborener Kinder etwas verzerrt, daher seien die entsprechenden Werte für die über 14jährigen zusätzlich angeführt; der Prozentsatz der Zugewanderten liegt hier in den drei von MERCADO untersuchten Wohnungstypen zwischen 50 und 55 %. Trotz dieser Einschränkung zeigen die Befragungsergebnisse, daß die Beziehungen zwischen Zuwanderung und Entstehung bzw. Ausweitung der *callampa*-Siedlungen komplexer als bisher gesehen werden müssen (vgl. FLINN 1968 u. 1971, ZCILINCSAR 1971, EYRE 1972 und BÄHR 1975) und eine endgültige Klärung des Problems noch weiterer empirischer Untersuchungen bedarf.

VI. PROBLEME DES INTEGRATIONSPROZESSES

Gerade die vom Lande Zugewanderten haben häufig besondere Schwierigkeiten, sich an das „städtische Leben" und die „industrielle Arbeitswelt" anzupassen. Das Leben im heimatlichen Dorf richtete sich zumeist an bestimmten an der Tradition orientierten Wert- und Normvorstellungen aus und verlief in festgelegten Bahnen. Der Entscheidungsspielraum des einzelnen war daher nicht sehr groß, und die Zahl der Institutionen, an die er sich bei auftretenden Problemen wenden konnte, blieb überschaubar (vgl. HAUSER 1967, 49). All das ändert sich mit der Übersiedlung in die Großstadt plötzlich und unvermittelt: An die Stelle der Tradition tritt der

Wandel; täglich werden individuelle Entscheidungen verlangt, und die in das Leben des Zuwanderers eingreifenden Institutionen sind vielfältiger geworden und haben jeweils nur noch ganz spezifische und begrenzte Aufgaben. Daraus resultieren sehr häufig Spannungen und Gefühle der Unsicherheit. Mit den psychologischen Problemen, die die Übersiedlung vom Land in eine Großstadt mit sich bringt, beschäftigen sich die von ROTONDO (1967) und MANGIN (1965) in Peru durchgeführten Untersuchungen. Als Symptome solcher nicht bewältigter Anpassungsschwierigkeiten sind Kriminalität, Prostitution und Trunksucht besonders häufig, wie GERMANI für Buenos Aires (1967, 257), MATOS für Peru (1967, 211) und RUBIO et al. für Esmeralda, Ecuador, (1967, 293) nachweisen konnten. HAUSER (1967, 60) stellt fest, daß derartige Delikte unter den Zuwanderern, die vom Lande in die Stadt kommen, aufgrund ihrer Armut, ihrer Jugend und ihres niedrigen Ausbildungsstandes überdurchschnittlich oft auftreten.

Der Assimilationsprozeß läuft nicht in allen Städten Lateinamerikas in gleicher Weise und in gleicher Geschwindigkeit ab. Die Integration vollzieht sich nach HAUSER (1967, 60) in São Paulo im Mittel schneller als etwa in Caracas. Für Monterrey berichten BROWNING u. FEINDT (1971, 55), daß die große Mehrzahl der Migranten ihren Entschluß nicht bereut und sich mit der wirtschaftlichen und sozialen Situation am Wanderungsziel zufrieden zeigt. Die von BRANDÃO LOPES (1967) in einem Industriebetrieb São Paulos (500 Beschäftigte) vorgenommene Befragung der Arbeiter ergab, daß auch innerhalb der Gruppe der Zuwanderer beträchtliche Unterschiede bestehen. Als Gegenpole konnte er die aus dem unmittelbaren Umland Zugezogenen, die durch vorherige vielfältige Kontakte mit der Stadt bereits auf die Umstellung vorbereitet waren, und Immigranten aus dem abgelegenen und rückständigen Nordosten Brasiliens herausarbeiten.

Eine nicht zu unterschätzende Rolle sowohl bei der Auswahl des Wanderungszieles wie auch bei der Überwindung erster Schwierigkeiten spielen Verwandte oder Bekannte, die das heimatliche Dorf vorher verlassen haben. Die Wahrscheinlichkeit, in eine bestimmte Stadt abzuwandern, wächst mit der Zahl der Familienmitglieder oder Freunde, die bereits dort leben (BROWNING u. FEINDT 1971, 60). Daß die Hilfe der Sippe gerade in der ersten Zeit nach der Übersiedlung sehr wichtig ist, hat PEARSE (1967) am Beispiel der *favelas* von Rio de Janeiro gezeigt. Die Unterstützungsmöglichkeiten sind vielfältig, angefangen von der Gewährung einer ersten vorübergehenden Unterkunft bis zu Vermittlungen und Empfehlungen bei der Suche nach Beschäftigung und der Mitarbeit beim Bau einer eigenen Behausung.

VII. STEUERUNG DER MIGRATION DURCH PLANERISCHE MASSNAHMEN

Viele Untersuchungen zum Problem von Landflucht und Verstädterung münden in eine Reihe von Vorschlägen, die es ermöglichen sollen, die unkontrollierte Migration besser in den Griff zu bekommen, zu steuern und nach Möglichkeit sogar abzubauen. Die wichtigsten Empfehlungen sind von HAUSER (1967, 74 und 84) und der Dirección de Asuntos Sociales de las Naciones Unidas (1967, 339 ff.)

zusammenfassend dargestellt. Hier können nur einige wenige Gesichtspunkte genannt werden.

Durch die Entwicklung ländlicher Zonen soll die polare Spannung zwischen Stadt und Land abgebaut werden. Dazu gehören ebenso eine Änderung der bestehenden Besitzverhältnisse und Anbauformen, wie die Ansiedlung kleiner Industrieunternehmen (vor allem zur Verarbeitung landwirtschaftlicher Produkte), eine Dezentralisation der Verwaltung und eine allgemeine Verbesserung der Lebensqualität und der Ausbildungsmöglichkeiten auf dem Lande. Monheim (1966) hat am Beispiel des Titicaca-Beckens darauf hingewiesen, daß durch eine Mechanisierung und Intensivierung der Landwirtschaft das gesteckte Ziel häufig nur schwierig zu erreichen ist und sich durch arbeitslos gewordene *colonos* der Bevölkerungsdruck auf dem Lande sogar noch erhöhen kann.

Wie die Studien von Diégues (1965) und Smith (1965) (zitiert nach Bogue 1965) für Brasilien nachweisen, kann die in beängstigender Weise zunehmende Landflucht auch durch großzügige Neusiedlungsprojekte nicht gebremst werden. Sehr häufig wird selbst in Erschließungsgebieten nach kurzer Zeit das natürliche Bevölkerungswachstum durch die Vergabe neuer Siedlerstellen nicht mehr aufgefangen, und die wenigen größeren Orte wachsen sehr bald schneller als ihr Umland (vgl. dazu auch die Untersuchung von Bähr u. Golte in diesem Heft).

Zusammenfassend läßt sich feststellen, daß nach den bisherigen Erfahrungen die Erfolgsaussichten aller in Erwägung zu ziehender Steuerungsmaßnahmen skeptisch beurteilt werden müssen; z. Z. gibt es kaum Hinweise, die auf eine Abschwächung der Bevölkerungsmobilität in allen Ländern Lateinamerikas hindeuten.

VIII. MIGRATION IM GROSSEN NORDEN CHILES

Einige der bereits im allgemeinen Teil angeführten Ergebnisse und Aussagen sollen am konkreten Beispiel der vom Verfasser untersuchten Wanderungsbewegungen im Großen Norden Chiles nochmals verdeutlicht werden.* Besonderes Gewicht soll dabei auf die Wanderungsströme gelegt werden, die von den landwirtschaftlich geprägten Räumen des Arbeitsgebietes in die Minensiedlungen oder die Küstenstädte gerichtet sind. Neben Beobachtungen und Befragungen im Gelände bildet die Auswertung des jüngsten chilenischen Bevölkerungszensus die Datenbasis. Hier wurden zum ersten Male über den Geburtsort und den Wohnsitz des Jahres 1965 für eine Wanderungsstatistik grundlegende Angaben erfragt. Es bestand die Gelegenheit, im statistischen Amt in Santiago die Originalerhebungsbögen dieser Zählung für ausgewählte Orte in Form einer Stichprobe auszuwerten. Auf diese

---

* Die Deutsche Forschungsgemeinschaft und die Stiftung Volkswagenwerk haben durch großzügige Stipendien bzw. Reisebeihilfen einen zweimaligen Aufenthalt des Vf. im Untersuchungsgebiet ermöglicht. Dafür sei auch an dieser Stelle nochmals sehr herzlich gedankt. Für die Hilfe bei der Datenbeschaffung habe ich ganz besonders der Abteilungsleiterin im Instituto Nacional de Estadísticas in Santiago, Señorita Odette Tacla, zu danken.

Weise war es möglich, demographische und ökonomische Variablen direkt den einzelnen Merkmalsträgern, in diesem Falle den zugewanderten Personen, zuzuordnen. Als wichtigste Zuwanderungsgebiete schälten sich einige der Küstenstädte (Antofagasta (vgl. Photo 5), Arica) sowie die Großminen des Kupferbergbaus Chuquicamata und Potrerillos — El Salvador und ihre unmittelbare Umgebung heraus. Als Herkunftsgebiet der Zuwanderer sollen in diesem Zusammenhang nur die O a s e n d e r n o r d c h i l e n i s c h e n W ü s t e n z o n e näher betrachtet werden. Diese konzentrieren sich auf den Westabfall der chilenischen Kordillere in Höhen um 3000 m und auf eine Siedlungskette entlang des Salar de Atacama. Die Agrarstruktur dieses Raumes kann nur schlagwortartig angedeutet werden (vgl. BÄHR 1974).

1. Menge und Qualität des vorhandenen Wassers schränken die Bewässerungsfläche erheblich ein und ermöglichen nur den Anbau anspruchsloser Pflanzen.

2. Das Bewässerungssystem (Überschwemmung einzelner *melgas*) und der Zustand der Anlagen führen zu einem relativ hohen Wasserverbrauch.

3. Die Verteilung des zur Verfügung stehenden Wassers leitet sich aus überlieferten Wasserrechten ab, die gewöhnlich einige wenige Betriebe begünstigen. Die chilenische Agrarreform hat diesen Problemkreis bisher ausgeklammert.

4. Die Auswahl der Anbauprodukte ist stark traditionell geprägt. Die Oasen waren besonders während des Salpeterbooms, abgeschwächt aber auch noch bis zur Fertigstellung der Eisenbahnverbindung nach Argentinien (1948), Raststationen für Viehtrecks über die Kordillere (Anpflanzung von Alfalfa). Die agrarwirtschaftliche Nutzung hat sich trotz Verlust dieser Funktion nicht geändert.

5. Das Vermarktungssystem ist im höchsten Maße reformbedürftig; landwirtschaftliche Vertriebsgenossenschaften sind bislang kaum entstanden, die Gewinne

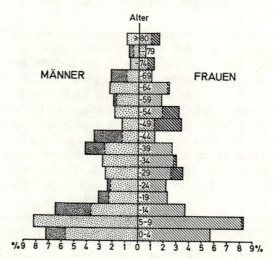

Fig. 2: Bevölkerungspyramide der Oasen Putre, San Pedro de Atacama und Toconao (Quelle: Stichprobe aus Censo de Población 1970).

werden von einigen wenigen Zwischenhändlern, die allein über die notwendigen Transportmittel verfügen, abgeschöpft.

6. Die vorherrschenden Betriebsgrößen liegen vielfach bereits unter dem Existenzminimum und lassen weitere Unterteilungen nicht zu *(minifundios)*.

In allen Oasen deuten nicht mehr bewohnte und verfallene Häuser sowie offen gelassene Terrassenflächen auf einen durch Abwanderung verursachten Bevölkerungsrückgang hin. Fig. 2 zeigt, daß die Emigration in der Altersgruppe zwischen 15 und 35 Jahren besonders stark ist. In der Regel setzt sie — wie der Männerüberschuß der Altersstufen zwischen 15 und 25 erkennen läßt — bei der weiblichen Bevölkerung früher als bei der männlichen ein, denn bereits von 14 Jahren an bestehen in städtischen Haushalten für Mädchen gute Beschäftigungsmöglichkeiten als Hausangestellte. Für die männliche Bevölkerung bietet oft der mit etwa 18 Jahren zu absolvierende Militärdienst einen scharfen Lebenseinschnitt. Während dieser Zeit lebt man vielfach zum ersten Male in einer größeren Stadt und fühlt sich vom unabhängigen, nicht durch Familie und Gemeinschaft reglementierten Leben angezogen.

Es sollen hier nur zwei wanderungsdifferenzierende Merkmale etwas näher betrachtet werden, die Bildung und die Berufstätigkeit.

Die Auswertung sämtlicher Zuwanderungsfälle im Großen Norden Chiles läßt den Schluß zu, daß — im Gegensatz zu Beobachtungen in verschiedenen Hauptstädten Lateinamerikas — der A u s b i l d u n g s s t a n d d e r W a n d e r e r im Mittel über dem der bereits vor 1965 Ortsansässigen liegt. Bereits aus einer Aufschlüsselung nach verschiedenen Altersgruppen kann man jedoch beträchtliche Unterschiede erkennen. Einmal zeigt sich die in allen Ländern Lateinamerikas zu beobachtende Abnahme der Qualifikation mit zunehmendem Alter. Bei den 15- bis 24jährigen hatten nur 0,9 % der städtischen Bevölkerung der Provinz Antofagasta keine Schule besucht (bei den Wanderern 1,8 %), bei den über 60jährigen waren es noch 20,6 bzw. 22,0 %. Vergleicht man die angeführten Zahlenwerte mit den entsprechenden für die gehobene Bildungsschicht (Besuch einer weiterführenden Schule nach der *educación primaria*), so tritt die im Durchschnitt bessere Ausbildung der Wanderer klar hervor. Wiederum seien die Zahlen für die beiden extremen Altersgruppen angeführt: bei den 15- bis 24jährigen Wanderern 55,7 % (Gesamtbevölkerung 43,4 %) und bei den über 60jährigen 20,2 % (Gesamtbevölkerung 13,0 %).

Die Dominanz der Wanderer gerade bei kaum und überdurchschnittlich gut Qualifizierten ist ein deutlicher Hinweis darauf, daß die Zusammensetzung der gewanderten Bevölkerung recht heterogen ist und die Unterschiede zwischen einzelnen Wanderergruppen oft größer sind als die Abstände zu den Nichtwanderern. Schlüsselt man die beobachteten Wanderungsfälle nach Herkunftsgebieten auf, so wird deutlich, daß die Zuwanderer aus den Oasen (ähnliches gilt für den wenigstens zum Teil von der Landwirtschaft geprägten „Kleinen Norden" Chiles südlich des Río Copiapó) aufgrund ihres geringen Ausbildungsstandes besondere Anpassungsschwierigkeiten in der Stadt haben (Tab. 1).

Tab. 1: Bildungsstand der aus den Oasen abgewanderten Bevölkerung im Vergleich zum Durchschnitt aller Wanderer im Großen Norden Chiles (in %)

Bildungsstand	alle Wanderer	Wanderer aus den Oasen
ohne Schulausbildung	5,3	19,6
1 bis 3 Jahre Schulbesuch	10,9	34,1
primaria über 3 Jahre	37,3	25,7
secundaria	25,4	9,8
universitaria	11,3	3,3

Schon die Suche nach einem geeigneten Arbeitsplatz stellt für die meisten der vom Lande Zugewanderten ein schwieriges Problem dar. Die Zahl der Arbeitslosen ist höher als normal üblich (7,5 % gegenüber 3,1 % im Mittel der Wanderer). Aufgrund der unzureichenden Qualifikation kommt für sie auch eine Beschäftigung im zumeist recht aufgeblähten staatlichen Verwaltungsapparat kaum in Betracht (9,4 % gegenüber 18,1 %). Neben den Hausangestellten (17,5 % gegenüber 8,6 %) konzentrieren sie sich auf Berufszweige, die unter dem Sammelnamen „auf eigene Rechnung arbeitend" zusammengefaßt werden (28,1 % gegenüber 13,8 %). Letzteres bestätigt die von Brandão Lopes (1967, 279) für São Paulo gemachte Beobachtung, daß gerade die abgewanderten Landarbeiter einen „unabhängigen" Beruf anstreben und ein dem selbständigen Landbesitzer vergleichbares Leben führen möchten. Die Unterbeschäftigung in diesen Berufsgruppen ist allerdings meist extrem hoch.

Eine wichtige Auffangstellung für arbeitsuchende Zuwanderer nimmt der Bausektor ein (vgl. Sandner u. Steger 1973, 70). In der Provinz Antofagasta waren 1970 17,8 % der ökonomisch aktiven männlichen Migranten in diesem Wirtschaftszweig beschäftigt (Gesamtbevölkerung: 11,9 %). Der Bausektor erwies sich aber in den letzten Jahren in Chile als besonders krisenanfällig und instabil. Eine — allerdings für Groß-Santiago — durchgeführte Erhebung des Instituto de Economía y Planificación (Juni 1971) konnte nachweisen, daß bei einer durchschnittlichen Arbeitslosenquote von 4,0 % in der Bauwirtschaft 15,2 % Arbeitslose gezählt wurden, gegenüber nur 1,1 % im Staatsdienst (Unterbeschäftigung) und 1,6 % im Bereich persönlicher Dienstleistungen.

Aus den genannten Gründen sind in den Städten gerade für die vom Lande Abgewanderten subhumane Lebensbedingungen häufig kennzeichnend. In Fig. 3 ist für einige Indikatoren der Vergleich zwischen Wanderern und Nichtwanderern einerseits sowie zwischen der Gesamtheit der Zuwanderer und den Emigranten aus den Oasen dargestellt (die Angaben beziehen sich jeweils auf Wohnungsinhaber).

Der Ablauf der im Großen Norden Chiles studierten Wanderungsbewegungen gehorcht im allgemeinen den Gesetzen der *stepwise migration*. Eine allerdings recht bedeutsame Ausnahme stellt die von der Landeshauptstadt ausgehende Zuwanderung dar, die immerhin je nach untersuchtem Ort zwischen gut 10 % und knapp 30 % aller beobachteten Wanderungsfälle ausmacht und zu einem großen Teil von höher qualifizierten Staatsbediensteten getragen wird.

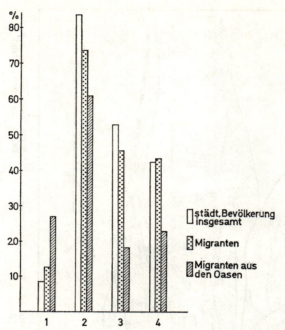

Fig. 3: Wohnverhältnisse für Wanderer und Nichtwanderer (Haushaltungsvorstände) im Großen Norden Chiles (Quelle: Censo de Población 1970).
1: Barackensiedlungen (callampa und mejora)
2: Wasserleitung innerhalb der Wohnung
3: WC zur alleinigen Benutzung
4: Kühlschrankbesitz

Für die Oasenbevölkerung gilt jedoch, daß die Abwanderung bevorzugt in einem ersten Schritt in das nächstgelegene lokale Zentrum erfolgt, oft ist sogar noch eine Wanderungsetappe von kleineren, abseits gelegenen Oasen zu größeren und verkehrsmäßig besser erschlossenen zu verzeichnen. Die für das gewählte Untersuchungsgebiet vorgenommenen Regressionsanalysen (BÄHR 1975) mit Distanz und Bevölkerungszahl der Herkunftsorte als „unabhängige und erklärende" Migrationsdeterminanten lassen bei einer Auswertung der Regressionsresiduen erkennen, daß die nahegelegene Kleinstadt (zumeist Hauptort eines *departamentos*) eine erhebliche Barrierewirkung auf die von den Oasen ausgehenden Wanderungsströme hat.

Generell läßt sich feststellen, daß damit gerade die kleinen städtischen Zentren die wichtigsten „Kristallisationskerne der Urbanisierung" sind, in denen für die ländliche Bevölkerung der Anpassungsprozeß an städtische Lebensformen beginnt.

Als Beispiel dafür möge die im Kleinen Norden gelegene Stadt O v a l l e mit 1970: 31 720 Einwohnern dienen. Obwohl in allen wichtigen Bevölkerungskonzentrationen des Großen Nordens Ovalle als eines der bedeutendsten Herkunftsgebiete

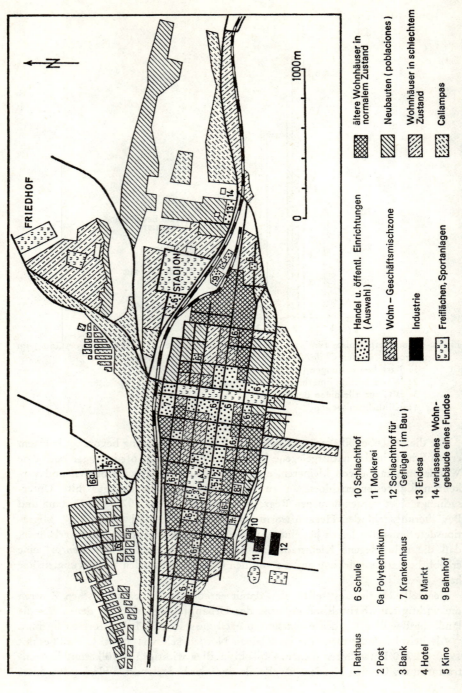

Fig. 4: Funktionale Gliederung von Ovalle (Provinz Coquimbo). Aufgenommen im März 1974.

der Migranten auftritt (in den Minen Chuquicamata und El Salvador 7,9 %, in Calama 9,1 % und in Copiapó 5,4 % der Zuwanderungsfälle), nahm seine Einwohnerzahl in den letzten 10 Jahren noch um 25,5 % zu. Die 1833 im Tal des Rio Limari gegründete Stadt dehnte sich in jüngster Zeit besonders in nördliche Richtung aus. Die tief eingeschnittene Terrassentreppe des Limari ist heute zum größten Teil bebaut. Dabei nutzte man die ebenen Terrassenoberflächen zur Anlage von ausgedehnten einförmigen Reihenhaussiedlungen, den *poblaciones* (Photo 8), während der steile Terrassenabfall von den wilden Ansiedlungen der *callampas* eingenommen wird (Fig. 4).

Das Wachstum und die Bevölkerungszunahme der Stadt bei gleichzeitiger bedeutender Abwanderung kann als Hinweis dafür gewertet werden, daß hier eine auffällige Bevölkerungsumverteilung stattfindet. Diejenigen, die von Ovalle fortziehen, um sich in den Großminen des Kupferbergbaus oder den Hafenstädten einen Arbeitsplatz zu suchen, müssen ständig durch Zuwanderer aus der unmittelbaren ländlichen Umgebung ersetzt werden. Eine Auswertung der Herkunftsgebiete der zwischen 1965 und 1970 in Ovalle Zugezogenen bestätigt diese Vermutung. Von den 2123 registrierten Zuwanderungsfällen (das entspricht 4216 ± 411 Personen) stammen 61,3 % aus der Provinz Coquimbo, davon allerdings nur 20,9 % aus den größeren Städten La Serena, Coquimbo, Illapel und Combarbala, der Rest aus dem überwiegend ländlichen Hinterland Ovalles.

In drei Städten des Großen Nordens (Antofagasta, Iquique, Copiapó) konnte der im allgemeinen Teil bereits aufgeworfenen Frage nach den **bevorzugten Ansiedlungspunkten der Migranten innerhalb des Stadtgebietes** genauer nachgegangen werden. Eine Auszählung der zwischen 1965 und 1970 beobachteten Wanderungsfälle für einzelne Stadtteile zeigt ein relativ gleiches räumliches Verteilungsmuster. Eine übermäßige Konzentration von Zuwanderern der letzten 5 Jahre auf die *callampas* an der Peripherie der Städte ist keinem der betrachteten Beispiele zu erkennen, ein gewisser Schwerpunkt der Zuwanderung liegt eher im Stadtzentrum. Der *index of dissimilarity* liefert für diese Beobachtung exakte Maßzahlen (vgl. LAUX 1971, 109).

$$I_D = \frac{1}{2} \sum_{i=1}^{k} |x_i - y_i|$$

wobei: k Zahl der räumlichen Einheiten
x_i prozentualer Anteil der Population A, der auf die räumliche Einheit i entfällt
y_i prozentualer Anteil der Population B, der auf die räumliche Einheit i entfällt

I_D prüft den Grad der Ähnlichkeit in der räumlichen Verteilung zweier statistischer Populationen A und B. Als Extremwerte treten 0 bei gleicher und 100 bei einander ausschließender Verteilung auf. Wird wie im hier zu behandelnden Anwendungsfall nach der räumlichen Segregation einer Untergruppe der Gesamtbevölkerung gefragt, so spricht man auch vom *index of segregation* (TIMMS 1970,

242). Im Beispiel entspricht der Population A die zwischen 1965 und 1970 zugewanderte und der Population B die bereits 1965 ortsansässige Bevölkerung.

Der Segregationsindex liegt in allen untersuchten Städten unter 15 und dokumentiert damit ein für Wanderer und Nichtwanderer nur wenig verschiedenes räumliches Verteilungsbild. Im einzelnen wurden folgende Indizes errechnet:

Iquique	14,3	(k = 6)
Copiapó	13,2	(k = 7)
Antofagasta	9,5	(k = 5)

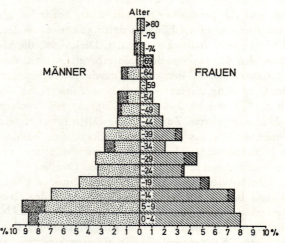

Fig. 5: Bevölkerungspyramide der Callampa-Siedlung „Miramar" in Antofagasta (Quelle: Censo de Población 1970).

Die für die *callampa*-Siedlung „Miramar" in Antofagasta (vgl. Photo 5) nach den Originalerhebungsbögen der Volkszählung 1970 (N = 399) ermittelte Alterspyramide (Fig. 5) mit ihrer breiten Basis und ohne ausgeprägten Männer- oder Frauenüberschuß zeigt, daß hier junge Familien mit einer hohen Kinderzahl dominieren. 71 % der Haushaltungsvorstände lebten 1965 bereits in Antofagasta, von den Ehefrauen bzw. *convivientes* sogar 75 %, nur bei den nicht zur engeren Familie (einschl. Enkel, Eltern und Schwiegereltern des Haushaltungsvorstandes) zu zählenden anderen Verwandten und Nichtverwandten waren 57 % erst nach 1965 nach Antofagasta gekommen. Dieser Befund kann zusammen mit weiteren, in die gleiche Richtung weisenden Beobachtungen (BÄHR 1975) die Hypothese stützen, daß die Einzelwanderung zu einem großen Teil in bereits bestehende Haushalte erfolgt — sei es, daß ein Zimmer gemietet wird, daß Bekannte, Freunde oder Verwandte den Zugezogenen wenigstens vorübergehend aufnehmen oder daß, wie im Falle der Hausmädchen, der Arbeitgeber ein Zimmer zur Verfügung stellt — und der Umzug an den Stadtrand in eine fortgeschrittene Lebensphase fällt, wenn nach der Verheiratung und der Geburt von Kindern die bisherigen Unterkünfte nicht mehr beibehalten werden können.

Bisher ist es der chilenischen Regierung in keiner Weise gelungen, die ständig zunehmende Abwanderung aus ländlichen Räumen und das dadurch hervorgerufene schnelle und unkontrollierte Wachstum einiger weniger Städte durch planerische Maßnahmen zu steuern bzw. abzumildern. Die Agrarreform stellt dafür sicherlich kein Allheilmittel dar, zumal dabei wichtige Strukturprobleme der Landwirtschaft, wie eine wirtschaftliche Gesundung der *minifundios* und eine gerechtere Wasserverteilung ausgeklammert blieben (vgl. ROTHER 1973). Solange die Regierung ihre einseitige Förderung des tertiären Sektors und die auffällige Konzentration der Investitionen auf die größeren Städte — und dabei besonders auf die Landeshauptstadt — nicht ändert, werden alle Bemühungen, das Problem der Landflucht zu meistern, zum Scheitern verurteilt sein.

LITERATUR

ABLER, R.; ADAMS, J. S. u. GOULD, P.: Spatial Organization. The Geographer's View of the World. Englewood Cliffs, N. J. 1971.
ADAMS, N. A.: Internal Migration in Jamaica. An Economic Analysis. Social and Economic Studies, 18, 1969, S. 137—151.
ALBRECHT, G.: Soziologie der geographischen Mobilität. Stuttgart 1972.
BÄHR, J.: Bevölkerungsgeographische Untersuchungen im Großen Norden Chiles. Erdkunde, 26, 1972, S. 283—294.
BÄHR, J.: Regressionsanalysen in der Migrationsforschung. Das Beispiel der Zuwanderung nach Antofagasta, Nordchile. Tijdschrift voor Econ. en Soc. Geografie, 64, 1973, S. 386—394.
BÄHR, J.: Probleme der Oasenlandwirtschaft in Nordchile. Zeitschrift f. Ausl. Landw., 13, 1974, S. 132—147.
BÄHR, J.: Migration im Großen Norden Chiles. Bonner Geogr. Abh., Heft 50, Bonn 1975.
BEYER, G. H. (ed.): The Urban Explosion in Latin America. A Continent in Progress of Modernization. Ithaka, New York 1967.
BRANDÃO LOPES, J. R.: Adaptación de migrantes rurales a São Paulo, in: KAHL, J. A. (ed.): La industrialización en América Latina. Mexico-Buenos Aires 1965, S. 188—202.
BOGUE, D. J.: Internal Migration, with Special Reference to Rural-Urban Movement. Proceedings of the World Population Conference Belgrad 1965, Vol. I.
BREESE, G.: Urbanization in Newly Developing Countries. Englewood Cliffs, N. J. 1966.
BROWNING, H. L.: Recent Trends in Latin American Urbanization. Annals of the American Academy of Political and Social Science, 316, 1958, S. 111—120.
BROWNING, H. L. u. FEINDT, W.: Diferencias entre la población nativa y la migrante en Monterrey. Demografía y Economía (México), 2, 1968, S. 183—204.
BROWNING, H. L. u. FEINDT, W.: The Social and Economic Context of Migration to Monterrey, Mex., in: RABINOVITZ, F. F. u. TRUEBLOOD, F. M. (eds.): Latin American Urban Research. Beverly Hills 1971, S. 45—81.
BRÜCHER, W.: Mobilität von Industriearbeitern in Bogotá. Dt. Geogr. Tag Kassel 1973, Tagungsber. u. wiss. Abh., Wiesbaden 1974, S. 284—293.
CARVAJAL, M. J. u. GEITHMAN, D. T.: An Economic Analysis of migration in Costa Rica. Econ. Dev. and Cult. Change, 23, 1974, S. 105—122.
CLARKE, C. G.: Urbanization in the Carribbean. Geography, 59, 1974. S. 223—232.
COLLIN-DELAVAUD, A.: L'Uruguay, un exemple d' urbanisation originale en pays d' élevage. Les Cahiers d' Outre-Mer, 25, 1972, S. 361—389.

CRITTO, A.: Análisis del campo y la ciudad, después de la migración campo — ciudad en Córdoba, in: HARDOY, J. E. u. SCHAEDEL, R. P. (eds.): El proceso de urbanización en América desde sus orígenes hasta nuestros dias. Buenos Aires 1969, S. 339—359.

DESAL (Centro para el Desarrollo Económico y Social de América Latina): Marginalidad en América Latina. Santiago de Chile 1967.

DIÉGUES, M.: Internal Migration in Brazil. Proceedings of the World Population Conference Belgrad 1965, Vol. IV.

Dirección de Asuntos Sociales de las Naciones Unidas: Algunas consecuencias políticas de la urbanización, in: HAUSER, P. M. (ed.): La urbanización en América Latina. Buenos Aires 1967, S. 339—372.

División de Población, Naciones Unidas: Aspectos demográficos de la urbanización en América Latina, in: HAUSER, P. M. (ed.): La urbanización en América Latina. Buenos Aires 1967, S. 99—132.

DOBYNOS, H. F. u. VASQEZ, M. C. (eds.): Migración e integración en el Perú. Monografías Andinas, 2, Lima 1963.

DUCOFF, L. J.: The Role of Migration in the Demographic Development of Latin America. The Milbank Memorial Fund Quarterly, XLIII, 4, 1965.

DUCOFF, L. J.: The Migrant Population of a Metropolitan Area in a Developing Country. A Preliminary Report on a Case Study of Salvador, in: JANSEN, C. J. (ed.): Readings in the Sociology of Migration. Oxford 1966, S. 387—398.

ELIZAGA, J. C.: Migraciones a las áreas metropolitanas de América Latina. CELADE, Santiago 1970.

EYRE, L. A.: The Shantytowns of Montego Bay, Jamaica. Geographical Review, 62, 1972, S. 394—413.

FLIEGEL, F. C. u. OLIVEIRA, F.: Receptividad a las ideas nuevas y éxodo rural en una zona de pequeñas fincas agricolas de Río Grande del Sur. Revista Interamericana de Ciencias Sociales, Vol. 3, 1, Wash. 1965.

FLINN, W. L.: The Process of Migration to a Shantytown in Bogotá, Columbia. Inter-American Economic Affairs, 22, 1968, S. 77—88.

FLINN, W. L.: Rural and Intra-Urban Migration in Columbia: Two Case Studies in Bogotá, in: RABINOVITZ, F. F. u. TRUEBLOOD, F. M. (eds.): Latin American Urban Research. Beverly Hills 1971, S. 83—93.

FLINN, W. L. u. CONVERSE, J. W.: Eight Assumptions Concerning Rural-Urban Migration in Columbia: A Three-Shantytown Test. Land Economics; 46, 1970, S. 456—466.

GEIGER, P. P.: Interregional Migrations in Latin America, in: KOSINSKI, L. A. u. PROTHERO, R. M. (eds.): People on the Move. London 1975, S. 165—179.

GERMANI, G. Investigación sobre los efectos sociales de la urbanización en una área obrera del Gran Buenos Aires, in: HAUSER, P. M. (ed.): La urbanización en América Latina. Buenos Aires 1967, S. 231—262.

GUTIÉRRES, S. A.: El problema de las „barriadas brujas" en la ciudad de Panama. Panama 1965.

HARVEY, M. E. u. RIDELL, J. B.: Development, Urbanization and Migration: a Test of a Hypothesis in the Third World, in: KOSINSKI, L. A. u. PROTHERO, R. M. (eds.): People on the Move. London 1975, S. 51—65.

HAUSER, P. M. (ed.): La urbanización en América Latina. Buenos Aires 1967.

HAVENS, A. E. u. FLINN, W. L.: The Process of Migration to Shantytowns, in: HAVENS, A. E. u. FLINN, W. L. (eds.): Internal Colonialism and Structural Change in Columbia. New York 1970, S. 198—214.

HERRICK, B. H.: Urban Migration and Economic Development in Chile. Cambridge, Mass. 1965.

HERRICK, B. H.: Urbanization and Urban Migration in Latin America. An Economist's View, in: RABINOVITZ, F. F. u. TRUEBLOOD, F. M. (eds.): Latin American Urban Research; Beverly Hills 1971, S. 71—81.

Kahl, J. A. (ed.): La industrialización en América Latina. Mexico, Buenos Aires 1965.
Laux, H.-D.: Der sozial-ökonomische Wandel der Gemeinde Waldesch bei Koblenz seit 1945, in: Kuls, W. (Hrsg.): Untersuchungen zur Struktur rheinischer Gemeinden. Arbeiten zur Rheinischen Landeskunde, Heft 32, Bonn 1971, S. 91—112.
Levy, M. B. u. Wadycki, W. J.: Lifetime Versus One-Year Migration in Venezuela. Journal of Regional Science, 12, 1972, S. 407—415.
Lichtenberger, E.: Die städtische Explosion in Lateinamerika. Zeitschrift für Lateinamerika, Wien 1972, S. 1—23.
Mangin, W.: Mental Health and Migration to Cities: a Peruvian Case, in: Heath, D. B. u. Adams, N. (eds.): Contemporary Cultures and Societies of Latin America. New York 1965, S. 546—555.
Matos M., J.: Migración y urbanización. Las barriadas Limeñas: Un caso de integración a la vida urbana, in: Hauser, P. M. (ed.): La urbanización en América Latina. Buenos Aires 1967, S. 191—214.
Matos M., J.: Die Barriadas von Lima. Beiträge zur Soziologie u. Sozialkunde Lateinamerikas, 6, Bad Homburg v. d. H. 1969.
Mercado, V. et al.: La marginalidad urbana: Origen, proceso y modo. Resultados de una encuesta en poblaciones marginales de Gran Santiago. Desal, Buenos Aires 1970.
Miro, C. A.: The Population of Latin America. Demography, 1964, S. 15—41.
Monheim, F.: Studien zur Haciendawirtschaft des Titicacabeckens, in: Graul, H. u. Overbeck, H. (Hrsg.): Heidelberger Studien zur Kulturgeographie. Festschrift G. Pfeifer. Heidelberger Geogr. Arb., H. 15, 1966, S. 133—163.
Morse, R. M.: Recent Research on Latin American Urbanization: A Selective Survey with Commentary. Latin American Research Review, 1, 1965, S. 35—74.
Myers, G. C.: Migration and Modernization: The Case of Puerto Rico, 1950—1960. Proceedings of the World Population Conference Belgrad 1965, Vol. IV.
Parisse, L.: Les favelas dans la ville: le cas de Rio de Janeiro. Revista Geográfica, Rio de Janeiro, 70, 1969, S. 109—130.
Pearse, A.: Algunas características de la urbanización en Rio de Janeiro, in: Hauser, P. M. (ed.): La urbanización en América Latina. Buenos Aires 1967, S. 215—230.
Rabinovitz, F. F. u. Trueblood, F. M. (eds.): Latin American Urban Research. Beverly Hills 1971.
Rengert, A. C. u. G. F.: Distance and Human Migration: A Study in Rural Mexico. Intern. Geogr. 1972, Intern. Geogr. Congress Canada, Montreal 1972.
Rosenblüth, L., G.: Problemas socio-económicas de la marginalidad y la integración urbana. Revista Paraguaya de Sociología, 1968, S. 11—74.
Rother, K.: Stand, Auswirkungen und Aufgaben der chilenischen Agrarreform. Beobachtungen in der nördlichen Längssenke Mittelchiles. Erdkunde, 27, 1973, S. 307—322.
Rotondo, H.: Algunos aspectos de salud mental en relación al fenómeno de urbanización, in: Hauser, P. M. (ed.): La urbanización en América Latina. Buenos Aires 1967, S. 281—291.
Rubio O., G.; Torres C., R. u. Costales, A.: Ecuador: Problemas de planificación y administración en Esmeraldas, in: Hauser, P. M. (ed.): La urbanización en América Latina. Buenos Aires 1967, S. 293—319.
Sahota, G. S.: An Economic Analysis of Internal Migration in Brazil. Journal of Political Economy, 76, 1968, S. 218—245.
Sanabria, T. J.: Urbanization on an Ad Hoc Basis: A Case Study of Caracas, in: Beyer, G. H. (ed.): The Urban Explosion in Latin America. New York 1967, S. 337—345.
Sandner, G.: Die Hauptstädte Zentralamerikas. Wachstumsprobleme, Gestaltwandel, Sozialgefüge. Heidelberg 1969.
Sandner, G.: Ursachen und Konsequenzen wachsenden Bevölkerungsdrucks im zentralamerikanischen Agrarraum, in: Blume, H. u. Schröder, K. H. (Hrsg.): Beiträge zur

Geographie der Tropen und Subtropen. Festschrift Wilhelmy. Tübinger Geographische Studien, H. 34, 1970, S. 279—292.

SANDNER, G. u. STEGER, H.-A.: Lateinamerika. Fischer Länderkunde, Bd. 7, Frankfurt 1973.

SCHULTZ, T. P.: Rural-Urban-Migration in Columbia. Review of Economics and Statistics, 53, 1971, S. 157—163.

SMITH, T. L.: The Role of Internal Migration and Population Redistribution in Brazil. Proceedings of the World Population Conference Belgrad 1965, Vol IV.

SMITH, T. L.: Un análisis comparativo de la migración rural-urbana en Latino-América. Estadística, 16, 1958, S. 436—453.

STÖHR, W.: Geographische Aspekte der Planung in Entwicklungsländern. Die südamerikanische Problematik und das Beispiel Chiles. Wiener Geogr. Schriften 1967, S. 377—395.

TIMMS, S.: Quantitative Techniques in Urban Social Geography, in: CHORLEY, R. J. u. HAGGETT, P. (eds.): Frontiers in Geographical Teaching. London 1970, S. 239—265.

THOMAS, R. N.: Internal Migration to Guatemala City, Guatemala, C. A. Unpublished Doctoral Thesis. The Pennsylvania State University 1968.

THOMAS, R. N.: Internal Migration in Latin America. An Analysis of Recent Literature, in: LENTNEK, B.; CARMIN, R. L. u. MARTINSON, T. L. (eds.): Geographic Research on Latin America. Benchmark 1970.

THOMAS, R. N.: The Migration System of Guatemala City: Spatial Inputs. Revista Geográfica, Rio de Janeiro, 75, 1971, S. 73—84.

THOMAS, R. N. u. CATAU, J. C.: Distance and the Incidence of Stepwise Migration in Guatemala. Proceedings Ass. of Amer. Geogr., 1974, S. 113—117.

WESTPHALEN, J.: Bevölkerungsexplosion und Wirtschaftsentwicklung in Lateinamerika. Schriftenreihe d. Inst. f. Iberoamerika-Kunde 7, Hamburg 1966.

WEITZ, R. (ed.): Urbanization and the Developing Countries. New York etc. 1973.

ZEMELMAN, H.: El migrante rural. ICIRA, Santiago 1971.

ZSILINCSAR, W.: Das Städtewachstum in Lateinamerika. Geogr. Rundschau 1971, S. 454—461.

ISLENOS-BRIONES
EIN BEITRAG ZUM PROBLEM DES MINIFUNDIO IN MITTELCHILE*

Winfried Golte

Resumen: Isleños-Briones. Una contribución al problema del minifundio en la Zona Central de Chile

El minifundio constituye uno de los problemas más graves de la estructura agraria chilena, especialmente en la Zona Central del país. Es una fuente principal de la migración hacia los centros urbanos. A pesar de la magnitud del problema y no obstante de estar incluido en la Ley de Reforma Agraria (No. 16 640), promulgada en 1967, hasta hoy día no se han puesto en práctica ningun plan para mejorar la situación de los minifundistas. La Ley define como minifundio todo predio rústico que no alcance a constituir una „unidad agrícola familiar".

A fin de contribuir a un conocimiento más profundo de la realidad del minifundio el autor del presente trabajo en 1972/73 llevó a cabo investigaciones de campo en la llamada Isla de Briones, una región de pequeñas propiedades situada entre los Ríos Tinguiririca y Claro, 23 kms. al Sureste de San Fernando, provincia de Colchagua. Allá 73 familias viven en una superficie total de 184 hectáreas, de las cuales aprox. la mitad son regables. Los resultados del trabajo revelan que de las 73 familias solamente tres viven — aunque en forma precaria — exclusivamente de la explotación de su predio. Por otro lado alcanza a 24 el número de familias, la fuente de ingreso de las cuales se encuentra totalmente fuera de su predio. Ya no usan sus tierras ni siquiera para autoabastecerse de alimentos. Quedan 46 familias minifundistas que por un lado siguen viviendo de la explotación de sus predios, principalmente para su autoabastecimiento, y que por otro lado necesitan de fuentes de ingreso adicionales. Tradicionalmente los minifundistas suelen aumentar sus ingresos mediante trabajos en los fundos cercanos. Durante los últimos años ha crecido considerablemente el número de minifundistas que trabajan en ocupaciones urbanas. Así, a pesar de ofrecer un aspecto netamente rural, en el fondo la región estudiada se encuentra en plena desintegración.

Se calcula en 200 el número de personas que durante los últimos dos decenios desde la Isla de Briones migraron hacia centros urbanos. Con seguridad el autor pudo contar 158 migrantes, 115 de los cuales, o sea dos tercios, se habían dirigido directamente a Santiago. A consecuencia de este éxodo rural ha quedado en la región investigada — igual que en otras regiones de pequeña propiedad — un porcentaje elevado de personas de avanzada edad y de menor grado de instrucción.

* Vorliegender Arbeit liegt ein Chileaufenthalt von Oktober 1972 bis März 1973 zugrunde.

I. EINLEITUNG

Wenn gegenwärtig ein Drittel der insgesamt 9 Mill. Chilenen in der Hauptstadt Santiago lebt, so ist diese Tatsache der augenfälligste Ausdruck einer extremen Verstädterung, die während der vergangenen Jahrzehnte — nicht nur — dieses Land erfaßt hat und in wachsendem Maße das Leben seiner Bewohner bestimmt (vgl. ELIZAGA 1970; BÄHR 1973; BÄHR & GOLTE 1974; BÄHR/GOLTE/LAUER 1975). Rund 60 % aller Zuwanderer, die Santiago während der letzten Jahrzehnte zu verzeichnen hatte, kamen aus Mittelchile, also der näheren und weiteren Umgebung der Hauptstadt zwischen den Provinzen Aconcagua und Ñuble. Schon diese Zahlen lassen erkennen, welches Ausmaß die Landflucht gerade in den chilenischen Zentralprovinzen erreicht haben muß. Vieles deutet darauf hin, daß sie, wenn sie auch noch keineswegs zum Stillstand gekommen ist, so doch ihren Höhepunkt überschritten hat.

Es ist daher zu erwarten, daß Untersuchungen im ländlichen Bereich Mittelchiles inzwischen nicht nur Aufschluß über die Ursachen der Abwanderung vom Lande — soweit sie dort zu suchen sind —, sondern auch über ihre Folgen und ganz allgemein die Begleitvorgänge der Verstädterung auf dem Lande geben können.

Die Agrarstruktur Mittelchiles ist traditionell durch die beiden Pole Großgrundbesitz und Kleinbesitz gekennzeichnet (vgl. BORDE & GONGORA 1956; BARAONA et alii 1966; MCBRIDE 1970; WEISCHET 1970). Gebiete mit Kleinbesitz finden sich inselartig eingelagert in die Flächen des Großgrundbesitzes, häufig — wie auch im nachstehend behandelten Fall —, aber keineswegs ausschließlich dort, wo die weitflächigen bewässerten Alluvialebenen der Längssenke in natürliche Verengungen *(rinconadas* und *rincones)* münden. Der chilenische Sprachgebrauch verwendet die Begriffe *pequeña propiedad* und — im Gegensatz zum *latifundio* — *minifundio*. Ersterer bezeichnet das landwirtschaftliche Kleineigentum schlechthin, also alles, was unterhalb einer mittleren Größe liegt. Mit *minifundio* hingegen meint der Chilene speziell ein Stück Land, das seinem Eigentümer oder Besitzer keine ausreichende Lebensgrundlage bietet. Entsprechend definiert das Gesetz über die Agrarreform (Nr. 16 640) vom 28. Juni 1967 als *minifundio* jedes landwirtschaftliche Besitztum, das nicht die für eine *unidad agrícola familiar* erforderliche Größe erreicht, m. a. W. zu klein ist, um eine darauf lebende Familie ausreichend zu ernähren. Die Unzulänglichkeit einer solchen Definition freilich liegt darin, daß sie die Möglichkeit einer quantitativen Festlegung vorspiegelt, diese aber nicht durchführbar ist, denn in sie müßten nicht nur das physische Nutzungspotential, sondern auch so variable Merkmale wie Familiengröße, Marktlage, allgemeines Einkommens- und Preisniveau, sozial-ökonomische Erwartungen usw. eingehen.

Es entspricht dem Wesen des *minifundio*, wenn wir seinen Besitzer, den *minifundista*, nur noch in einzelnen Fällen als Klein b a u e r n bezeichnen dürfen. Die herkömmliche Form des bei fast allen Kleinbesitzern unerläßlichen Zu- oder Nebenerwerbs, nämlich die ständige, saisonale oder gelegentliche Arbeit auf den großen Gütern *(fundos)*, hat, ganz besonders als Folge der Agrarreform, drastisch an Bedeutung verloren. Deutlich zugenommen hat dagegen, wie auch GARCIA &

THAYER (1971) und WEISCHET (1974) feststellen, die Tätigkeit außerhalb der Landwirtschaft, also in städtischen Berufen. Damit erhalten einzelne Minifundio-Gebiete, um mit GARCIA & THAYER zu sprechen, zunehmend den Charakter von *pueblos dormitorios* (Schlafdörfer). Ausgeprägte Formen dieser Art sind ohne Zweifel noch seltene Ausnahmen, aber es dürfte andererseits kaum ein Minifundio-Gebiet geben, in dem nicht bereits einzelne Kleinbesitzer sich in Tages- oder Wochenpendler zu z. T. weit entfernten städtischen Arbeitsplätzen verwandelt hätten. Bezeichnen wir derartige Fälle, in denen das Stück Land z. T. reine Wohnfunktion annimmt, als das eine Extrem, und solche, in denen einzelne Familien sich noch mehr schlecht als recht ausschließlich von ihrem Lande ernähren, als das andere, so gibt es zwischen diesen beiden Extremen ein breites Spektrum von Übergangsformen, die die Agrargesellschaft in voller Auflösung zeigen und typisch für ein Minifundio-Gebiet sind. Meine eigenen hier vorgelegten Ergebnisse sollen gerade auch zur Aufhellung dieser Vorgänge beitragen.

Heute gibt es in Chile, von wenigen Ausnahmen abgesehen, keinen Großgrundbesitz mehr. Dies ist eine Folge der im wesentlichen in den Jahren 1967–1973 durchgeführten Agrarreform *(Reforma Agraria),* die man ihren bisherigen Ergebnissen entsprechend genauer als Landreform bezeichnen muß (vgl. ZICHE 1971; AMMON 1971; ROTHER 1973; WEISCHET 1974). Es ist freilich sehr bezeichnend, daß diese – obwohl im Gesetz ausdrücklich vorgesehen – das Problem des Minifundio trotz seiner Größenordnung überhaupt nicht berührt hat. Allenfalls hat sie, indem sie, wie erwähnt, die traditionellen Möglichkeiten des zusätzlichen Erwerbs mittels Arbeit auf den Fundos *(contratos agrícolas, medieria* etc.) beseitigt hat, zur Verschmälerung der Lebensbasis der Kleinbesitzer beigetragen (GARCIA & THAYER 1971). Es gibt inzwischen eine Reihe von kürzeren Untersuchungen, die sich – durchweg in spanischer Sprache – mit dem Kleinbesitz und speziell den Minifundien in Mittelchile befassen, so die von CAMPOS (1957), MARTIN (1960), ALALUF (1961), SMOLE (1963, 1965), GARCIA & THAYER (1971) und CONCHA (1973/74). Die vom Instituto de Desarrollo Agropecuario (INDAP), einer Abteilung des Landwirtschaftsministeriums, erarbeitete Studie zum Minifundio-Problem (1970) zeigt, daß dieses im Zuge der Agrarreform unter der Regierung Frei näher ins Blickfeld der Behörden getreten war – Ansätze, die in den Wirren der Enteignungskampagne Anfang der siebziger Jahre vollständig untergingen. GARCIA & THAYER (1971) sowie CONCHA (1973/74) beklagen die Gleichgültigkeit und Untätigkeit der Behörden gegenüber der Notlage der *minifundistas*. Die gegenwärtige Militärregierung hat im September 1974 bei der Ankündigung eines Programmes gegen die „extreme Armut" im Lande (vgl. El Mercurio, Santiago, vom 12-IX und vom 10-X-1974) die *minifundistas* ausdrücklich unter der Hilfe besonders Bedürftigen genannt.

II. DAS UNTERSUCHUNGSGEBIET

Die vorliegende Untersuchung beruht auf Feldarbeiten, die ich zwischen Oktober 1972 und März 1973 durchführen konnte. Es handelt sich um die sog. Isla de (los)

Briones, ein Gebiet, welches 140 km südlich von Santiago am östlichen Rand des Valle Longitudinal zwischen den Ausläufern *(contrafuertes)* der Präkordillere gelegen ist (Fig. 1, Beilage 1, Photo 9). Von San Fernando, der Hauptstadt der

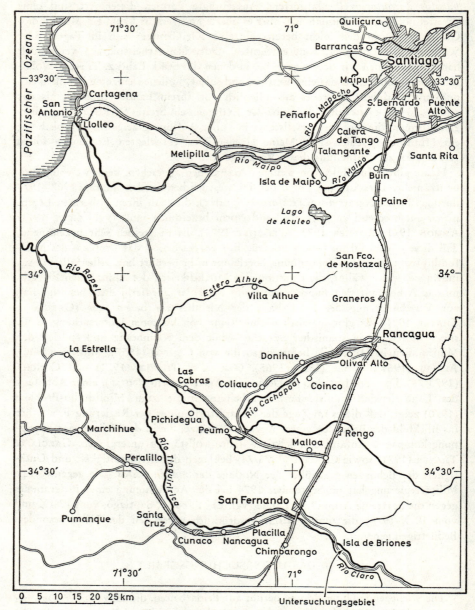

Fig. 1: Lage des Untersuchungsgebietes.

Provinz Colchagua aus gesehen, liegt es südöstlich. Auf dem von San Fernando zu den Vegas del Flaco — in der Kordillere — und weiter über den Paso Las Damas nach Argentinien führenden *Camino Internacional* erreicht man die Isla de Briones nach 23 km. Es handelt sich um eine Schotterstraße; nur die ersten 6 km von San Fernando aus sind mit einer Betondecke versehen.

Isla heißt das Gebiet wegen seiner inselhaften Lage in dem Winkel, den die Flüsse Tinguiririca und Claro kurz vor ihrer Vereinigung bilden. Der Río Tinguiririca (Photo 10) ist von beiden der weitaus wasserreichere, der mit mehreren Quellflüssen auf den Hängen des 4300 m hohen gleichnamigen Vulkans entspringt. Er weist an der im Bajo de Briones befindlichen Meßstelle (Fig. 2) ein seinem hoch

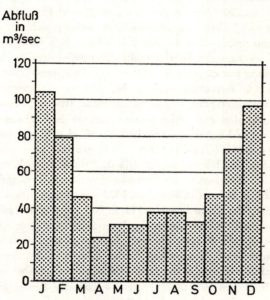

Fig. 2: Mittlere monatliche Abflußmengen des Río Tinguiririca an der Meßstelle Bajo de Briones (ENDESA).

aufragenden Einzugsgebiet entsprechendes Schnee-Gletscherregime (vgl. WEISCHET 1970) mit einem kräftigen, für die Bewässerung wichtigen Frühsommermaximum auf, dem ein Minimum im April und — mit den Winterregen — ein kleines Maximum im Juli/August folgen. Der Río Claro verdankt seinen Namen der Tatsache, daß sein Einzugsgebiet nicht in die vergletscherte Stufe hineinreicht, und sein Wasser daher frei von der dafür typischen Trübung ist. Im innersten Winkel beider Flüsse liegt die kleine Ortschaft Puente Negro, die seit den dreißiger Jahren aus einem alten, schon in der Kolonialzeit bestehenden Brückenplatz (Viehtrieb zwischen dem Valle Longitudinal und den Weidegebieten der Kordillere) hervorgegangen ist. Die meisten Zuzügler dieses Ortes kommen aus San Fernando, darunter Sommerfrischler, die hier kleine Wochenendhäuschen besitzen. Hingegen gibt es dort so gut wie keine aus dem nahen Bajo de Briones stammenden Familien. Eine gewisse Bedeutung für die Isleños — wie wir die Bewohner des Untersuchungsgebietes kurz nennen wollen — haben die vier in Puente Negro bestehenden Lebensmittelläden.

Das zwischen den beiden Flüssen gelegene Gebiet bildet einen flachen, von einzelnen Hügelchen durchsetzten Rücken, den sog. *Llano*, der sich 35—40 m über das Flußniveau (475 m) erhebt (Photo 11). Gegen den Río Tinguiririca fällt er in mehreren Terrassen ab. Diese bilden den *Bajo de Briones*, kurz *Bajo* genannt (Photo 12). Durch die oberste, 10—15 m hohe, steile Terrassenstufe *(barrancón)*, an deren Fuß der — auf etwa drei Fünfteln seiner Länge befahrbare — Hauptzugangsweg der Anwohner *(camino vecinal del Bajo)* entlangführt, wird der gut bewässerte Bajo *(campo de regadío)* scharf gegenüber dem überwiegend noch unbewässerten Llano *(campo de rulo)* abgesetzt. Flußaufwärts verengt sich der Bajo und endet dort, wo der Llano unmittelbar an den Río Tinguiririca herantritt. Der Bajo ist der historische Kernraum des heutigen Minifundio-Gebietes, während der Llano sein jahrhundertelang nur extensiv genutztes Ergänzungsland bildete.

Das Klima des Untersuchungsgebietes ist, wie in der gesamten chilenischen Zentralzone, vom mediterranen Typus, mit warmen, trockenen Sommern (November bis März) und kühlen, mehr oder weniger regenreichen Wintern. San Fernando (345 m ü. d. M.) verzeichnet ein Jahresmittel des Niederschlags von 771 mm, wobei als Extreme 1676 mm (1888) und 164 mm (1964) einander gegenüberstehen (Oficina Meteorol. de Chile). Das Klima auf der Isla de Briones freilich weicht infolge der Grenzlage zur Kordillere bereits deutlich von dem in San Fernando ab. Nicht nur sind die Niederschläge höher (im Mittel ca. 1000 mm), sondern auch die Temperaturen etwas niedriger. Vor allem liegt die Häufigkeit von Frösten höher als inmitten des Valle Longitudinal. Solche können im Bajo de Briones von April bis Oktober auftreten und sowohl die Saaten, als auch die Obstbäume, die von August an zu blühen pflegen, schädigen. In manchen Jahren schneit es auf der Isla de Briones (1972 z. B. einmal 20 cm), wobei der Schnee jedoch stets tagsüber verschwindet.

Von der ursprünglichen Vegetation, einem — nach den Resten in der Umgebung zu schließen — vorwiegend aus *litre* (Lithraea caustica), *maytén* (Maytenus boaria), *quillay* (Seifenrindenbaum, Quillaya saponaria) und *boldo* (Peumus boldus) gebildeten Hartlaubwald ist im engeren Untersuchungsgebiet kaum noch etwas erhalten. Feuer, Holznutzung und Beweidung haben ihn auch auf dem Llano vollständig vernichtet und an seine Stelle den heute für die Längssenke ganz Mittelchiles abseits des Bewässerungslandes charakteristischen *espinal*, eine mehr oder weniger dicht vom *espino*, dem Dornstrauch Acacia caven besetzte Grasflur treten lassen (Photo 11). Stellt der Espinal das äußerste Degradationsstadium der Hartlaubformation dar, so bildet ein sehr lockeres Hartlaubgebüsch, durchsetzt bereits von einzelnen Espinos, eine Vorstufe dazu. Das Luftbild (Photo 9) läßt sehr gut erkennen, daß der Llano oberhalb des kleinparzellierten Bajo de Briones größtenteils von den verschiedenen Formen des Espinal bedeckt ist. Bezeichnenderweise treten die gebüschartigen Reste der Hartlaubformation erst im südöstlichen Teil des Llano (auf Photo 9 halbrechts unten zwischen Straße und Fluß) auf, also dort, wo unterhalb das Bewässerungsland des Bajo sich verschmälert und verschwindet. Das dichte Netz von Viehgangeln, welches dieses Hartlaubgebüsch überzieht, zeigt, daß auch hier die Degradation in vollem Gange ist.

Für die Untersuchung bot das Gebiet vor allem zwei Vorteile. Zum einen erlaubte es, Minifundien auf Bewässerungsland und/oder Trockenland nebeneinander zu studieren. Zum anderen bot es durch seine Geschlossenheit die Möglichkeit zu lückenloser systematischer Befragung und flächendeckender Kartierung. Dankbar schließlich gedenke ich der überaus freundlichen Aufnahme und des Entgegenkommens, die ich bei den Bewohnern der Isla de Briones gefunden habe. Danken möchte ich insbesondere Herrn Exequiel Silva Ramirez, Leiter der dortigen Volksschule, ohne dessen Hilfe ich mich nicht in die für den Außenstehenden recht verwickelten Verhältnisse des Gebietes hätte einarbeiten können und dessen Autorität und Eintreten für meine Untersuchungen mir von vornherein die Arbeit erleichterten.

III. ZUR VORGESCHICHTE DER BESITZVERHÄLTNISSE AUF DER ISLA DE BRIONES

Una corta historia y larga descendencia — „eine kurze Geschichte und eine lange Reihe von Nachkommen" lautet der treffende Untertitel einer kleinen Schrift, in der Alberto SANTANDER 1942 die bis in die Kolonialzeit zurückreichenden Ursprünge (Erbfolge, frühere Teilungsurteile und Landverkäufe) unübersehbarer Besitzstreitigkeiten, deren Schauplatz die Isla de Briones in den dreißiger Jahren gewesen war, aufzeigt.

Die Entstehung des Bodeneigentums im hier behandelten Raum fällt in das beginnende 17. Jahrhundert, als allgemein in Mittelchile, vornehmlich durch *mercedes*, der Grund für die Entwicklung der heutigen Eigentumsverhältnisse gelegt wurde (vgl. SOTO 1971). Das heutige Kleinbesitzergebiet ist ein Teilstück eines auf 2700 *cuadras* (= ca. 4000 ha) kalkulierten und „La Isla" oder „El Rincón" genannten Fundos, der das zwischen den Flüssen Tinguiririca und Claro gelegene Land umfaßte und ostwärts bis in die Kordillerenzone reichte. Dessen erster für uns greifbarer Eigentümer wird zu Beginn des 18. Jahrhunderts Luis de Valenzuela, Sohn des in Chimbarongo ansässigen Pedro de Valenzuela. 1787, nach dem Tode der Witwe des Luis de Valenzuela (Petronila de Zúñiga), kommt es zu einer ersten Aufteilung unter sechs Kindern. Unter diesen sind es Pedro und Antonia Valenzuela Zúñiga, deren Erbteile für die weitere Entwicklung im Untersuchungsgebiet eine Rolle spielen. Der Erstgenannte hatte zwei Töchter, deren eine, Juana, sich mit Agustín Briones verheiratete. Aus der Ehe Briones-Valenzuela gingen 11 Kinder hervor, die 1822 Erben des ihren Eltern gehörigen Landes wurden und es unter sich aufteilten. Dieses Land umfaßte den gesamten heutigen Bajo de Briones, einschließlich des angrenzenden Llano-Abschnittes bis hin zum Río Tinguiririca, sowie bestimmte Weidegebiete in der Kordillere. Eine andere Entwicklung nahm das der genannten Antonia Valenzuela Zúñiga zugefallene Erbteil, aus dem der heutige an das Kleinbesitzergebiet grenzende Fundo Santa Rita — bis ins 19. Jahrhundert trug er den Namen La Isla — hervorgegangen ist. Es wechselte durch Kauf mehrfach den Besitzer. Als 1863 ein José de Molina diesen Fundo erwirbt und — wie schon seine Voreigentümer — durch mehrere Käufe kleinerer Parzellen (darunter solcher aus dem Briones-Erbe) vergrößert, wird eine endlose Kette gerichtlicher Auseinandersetzungen ausgelöst, die zwar zu Beginn unseres Jahrhunderts einen vorläufigen Abschluß erreichten, jedoch um 1930 aus neuem Anlaß wiederauflebten. Strittig war weniger der jeweilige Anteil am Bewässerungsland, das beim Erbgang meist säuberlich aufgeteilt wurde, als vielmehr der Anteil am Trockenland des Llano, das faktisch unaufgeteilt und in gemeinschaftlicher extensiver Nutzung verblieben war. Nach BORDE & GONGORA (1956) war diese ungleiche Behandlung der beiden beherrschenden Elemente der mittelchilenischen Agrarlandschaft, des *campo de regadío* und des *campo de rulo*, eine aus der Kolonialzeit ererbte Gewohnheit. Nur das bewässerbare Land wurde systematisch vermessen und parzelliert, während die unbewässerten Hänge usw. gemeinsamer Nutzung zugänglich blieben.

Die vorstehende Herleitung der Eigentumsverhältnisse im Verein mit der Tatsache, daß die alten Namen (besonders Briones) hier und in der näheren Umgebung (SOTO 1971) schon in der Kolonialzeit ansässiger Familien auch heute noch im Bajo de Briones durchaus überwiegen, läßt zunächst einen wesentlichen Schluß zu. Sie widersprechen nämlich entschieden der verbreiteten, auch von WEISCHET & SCHALLHORN (1974) in Frage gestellten Annahme, derzufolge die typischen Kleinbesitzergebiete aus entlegenen und vermeintlich ungünstigen Rückzugsräumen einer durch die spanische Landnahme dahin abgedrängten Urbevölkerung hervorgegangen seien. Bezeichnenderweise befinden sich unter den Trägern der alteingesessenen spanischen Familiennamen im Bajo nicht wenige blonde, hellhäutige Typen, wie sie unter den typischen *huasos*, den mestizischen Landleuten, ausgesprochen selten sind (vgl. LEON 1971). Sicher ist es andererseits kein Zufall, daß man unter den Isleños den echten, seine Persönlichkeit und Attribute stolz zur Schau tragenden *huaso* nicht findet[1]. Der *huaso* verkörpert den Typ des *mestizo ascendente*, des aufstrebenden Mestizen, der typische Isleño-Briones aber verrät eher den *español empobrecido*, den verarmten Spanier — auch diese natürlich längst Mestizen. Gerade Colchagua gilt im übrigen als die *provincia más huasa* — die am stärksten vom *huaso* geprägte Provinz des Landes.

Widersprechen somit die Befunde auf der Isla de Briones jener Vorstellung der Minifundio-Gebiete als Rückzugsgebieten, so vermögen sie andererseits durchaus

---

[1] Die Haltung des *huaso* und die für ihn so charakteristische Bindung an das Pferd werden sehr anschaulich von R. LEON (1971) abgeleitet: „*Puede decirse que el huaso nació a la vida chilena de a caballo. En los años en que se gestó su personalidad, nada era más característico de superioridad y opulencia que el montar a caballo. El labrador, el gañán, el indio, iban, por lo general, a pie. En cambio montaban cabalgaduras ricamente enjaezadas el encomendero, el estanciero, el soldado que marchaba hacia la frontera, el funcionario real... El huaso que se gestó en el mestizo con impulso ascendente, sintió, sin duda, desde que su personalidad fue una cosa real, la afición al caballo.*"

die von WEISCHET & SCHALLHORN (1974) vorgetragene Hypothese zu stützen, daß es sich bei den so häufig in Rinconadas anzutreffenden Kernen extremer Parzellierung in Wirklichkeit um Ausgangsräume der iberochilenischen Kulturlandschaftsentwicklung handelt.

Hierbei ist zunächst die Lage des Gebietes zu berücksichtigen. Es bildet den östlichen, am weitesten ins Kordillerenvorland reichenden Zipfel des Bewässerungslandes der Längssenke am Río Tinguiririca. Weiter flußaufwärts folgen lediglich einzelne kleine „Taschen" bewässerten Landes in Talweitungen. Als zuoberst am Fluß gelegenes Bewässerungsland besaß und besitzt der Bajo de Briones den Vorteil relativ leichter und ungeschmälerter Zuleitung des Wassers. Der *canal comunal del Bajo* entnimmt das Wasser dem Fluß nur wenig aufwärts der ersten Parzellen. Die relativ schmalen, hochwasserfreien natürlichen Terrassen haben zudem den Vorteil, daß das Wasser leicht auf die einzelnen Felder verteilt und abgeleitet werden kann — ein bei der anfangs geringen Zahl von Arbeitskräften sehr wichtiger Umstand. Das ausgedehnte und leicht zugängliche flache Hinterland des Llano, nutzbar als Winterweide *(invernada)* und zur Holzgewinnung, sowie die Nähe zu dem Sommerweidegebieten *(veranadas)* der Kordillere (s. u.) schließlich sind weitere Gunstfaktoren, die einer frühzeitigen Inkulturnahme der Isla de Briones förderlich gewesen sein müssen. Dabei ist die Tatsache in Rechnung zu stellen, daß das Schwergewicht der kolonialen Wirtschaft — bevor (seit 1687) der Weizenexport nach Perú eine Umorientierung herbeiführte — anfangs durchaus auf der Viehhaltung lag (vgl. BORDE & GONGORA 1956; SEPULVEDA 1956). Die Spanier dürften auch hier — wie in dem viel stärker davon betroffenen Perú — anfangs nur wenig Neigung und Talent für eine ausgedehnte Bewässerungslandwirtschaft besessen haben.

Es kann schließlich kein Zweifel daran bestehen, daß der bis ins vorige Jahrhundert *Isla* oder *Rincón* genannte Abschnitt — der gemäß obigen Ausführungen den heutigen Bajo de Briones und das Land des Fundos Santa Rita, einschließlich des bis zum Río Claro reichenden Llano umfaßte — auch der historische Kernraum des ehemaligen, seit dem 17. Jahrhundert bestehenden Fundos ist. Hier ist in besonderer Weise der inselhafte Eindruck gegeben. Der ebenso alte Name *Rincón* (Winkel) — der als Flurbezeichnung in Mittelchile auffallend häufig ist — dürfte sich unmittelbar auf den talaufwärts sich verengenden Bajo de Briones beziehen. Wir wissen freilich nicht, wie weit das frühzeitig in Bewässerungskultur genommene Land reichte und ob es auch den heutigen Fundo Santa Rita umfaßte, der die natürliche Fortsetzung des Kleinbesitzergebietes bildet (Photo 9). Immerhin sollten beider gemeinsamer eigentumsmäßiger Ursprung und die divergierende Entwicklung, die sie seit Ende des 18. Jahrhunderts — als Folge von Erbgang bzw. Landkäufen — genommen haben, vor dem verallgemeinernden Schluß warnen, daß jedes frühzeitig in Kultur genommene Gebiet sich heute durch Besitzzersplitterung zu erkennen geben müsse.

IV. DIE ENTWICKLUNG ZUM MINIFUNDIO-GEBIET IM 20. JAHRHUNDERT

Bereits um die Jahrhundertwende wurde als Merkmal der Isla de Briones die Kleinbesitzstruktur hervorgehoben (ESPINOZA 1903). Freilich bedeutet dies nicht, daß sie schon damals ein Gebiet vorherrschender Minifundien im oben definierten Sinne gewesen wäre. Vielmehr verfügten die ansässigen — vermutlich sehr kopfreichen — Familien noch über eine mehr oder weniger ausreichende Ackernahrung. Daran ändert auch die Tatsache nichts, daß einzelne Mitglieder der Familien auf nahen Fundos vorwiegend als *medieros* (s. u.) oder Saisonarbeitskräfte einem zusätzlichen Erwerb nachgingen. Kein Katasterplan überliefert den damaligen Stand der Parzellierung. Doch bietet das Gebiet von Llallauquén am Río Rapel (ALALUF 1961), für das aus besonderen Gründen ein solcher aus der Zeit um 1900 existiert, eine aufschlußreiche Parallele[2]. Auf der Isla de Briones bestand gegenüber der gegenwärtigen Situation ein entscheidender Unterschied darin, daß lediglich der Bajo, also das Bewässerungsland, parzelliert war, während der unbewässerte Llano als eine Art Allmende bis in die dreißiger Jahre hinein unaufgeteilt blieb und von den im Bajo Wohnenden gemeinschaftlich genutzt wurde.

Der Llano stellte also das ungeteilte Eigentum der weit verzweigten, im Bajo ansässigen Erbengemeinschaft *(sucesión)* Briones-Valenzuela dar. Die alten Besitztitel lauten auf einen Abschnitt vom Río Tinguiririca bis hin zum Río Claro *(de río a río)*. Jeder der ansässigen Kleinbesitzer besaß ein Anrecht darauf, Rinder, Pferde, Schafe und Ziegen auf dem Llano weiden zu lassen und diesen außerdem zur Gewinnung von Brennholz *(leña)* zu nutzen. Trotz des extensiven Charakters der Nutzung hatte der Llano damit eine bedeutsame Funktion in der Viehwirtschaft der Isleños, stellte er doch innerhalb der üblichen Transhumance (s. u.), bei der Rinder, Pferde und Schafe den Sommer über in höheren Lagen der Kordillere zubrachten *(veranada)*, die hauptsächliche Winter- und Frühjahrsweide *(invernada)* dar. Unter diesen Bedingungen besaßen die Isleños durchschnittlich 20 Stück Rindvieh und mehr. Ein Betrieb aus dem Bajo, so wird berichtet, hatte 200 Rinder, die allerdings größtenteils auf *veranadas* und *invernadas* der Kordillere weideten. Ein anderer etwa besaß bis zu 40 Stuten *(yeguas)*, die zum Weizendreschen verwendet wurden. Heute ist, anschließend an die am weitesten im SE gelegenen Streifenparzellen auf dem Llano, nur noch ein unbedeutender Rest des früheren Gemeinschaftslandes erhalten.

Die Aussagen älterer Landwirte aus dem Bajo stimmen darin überein, daß in früheren Jahrzehnten der Weizen als Anbaufrucht eine erheblich größere Rolle spielte als gegenwärtig. Auf die Gründe für den Rückgang werden wir weiter unten zu sprechen kommen. Der im Wechsel mit *chacras* (Bohnen, Mais, Kartoffeln) kultivierte Weizen wurde bis in die vierziger Jahre hinein mit der Hand geerntet,

---

[2] Dort war um 1900 eine Gesamtfläche von 362 ha auf 24 Besitzer verteilt (Durchschnittsgröße 15 ha). Als Folge von Erbteilung und Verkauf mußten sich 1959 bereits 119 Kleinbesitzer in die gleiche, in insgesamt 168 Parzellen aufgesplitterte Gesamtfläche teilen (Durchschnittsgröße 3 ha).

mit *yeguas* gedroschen und an die Mühle in San Fernando verkauft. Wie WEISCHET (1970) hervorhebt, stellt der Weizen eine ideale Komplementärfrucht zu den ganz überwiegend der Selbstversorgung dienenden *chacras* dar. Der für sein Gedeihen notwendige Stickstoffgehalt des Bodens ergibt sich aus der Vorkultur von Bohnen und *frejoles,* aber auch aus der Nachweide des Viehs auf abgeernteten Maisparzellen. Darüber hinaus ist er relativ anspruchslos in bezug auf Wasser und kann erheblich früher als die *chacras* geerntet werden.

Neben der für den kleinbäuerlichen Anbau grundlegenden Chacra-Weizen-Rotation spielten früher bei den Isleños Obstkulturen *(frutales)* eine größere Rolle. Die traditionelle Bedeutung des Obstbaus in der kleinbäuerlichen Wirtschaft wird auch durch das von ROTHER (1975) untersuchte Beispiel belegt. Bei den Bauern der Isla de Briones standen Birnen durchaus an erster Stelle, was ihnen den scherzhaften Beinamen *pereros* („Birnenleute") eintrug. Nächstwichtige Obstbäume waren Sauerkirschen, Feigen, Walnüsse. Schließlich besaßen nahezu alle Familien größere Bienenstöcke, deren Produkte, Honig und Wachs, in San Fernando verkauft wurden.

Bildeten somit die vorwiegend in Transhumance betriebene Viehhaltung samt dem beschriebenen Anbau die wichtigsten, in den ersten Jahrzehnten unseres Jahrhunderts noch relativ tragfähigen Säulen der kleinbäuerlichen Wirtschaft, so spielte dennoch bereits damals der Zuerwerb in vielfältiger Form eine Rolle. Es ist charakteristisch für den hier zu beschreibenden Vorgang fortschreitender Verarmung, daß das Gewicht der außerhalb der eigenen Landbewirtschaftung liegenden Erwerbsquellen im Laufe der Zeit stetig zugenommen hat, so daß diese heute bei dem größten Teil der Isleños die überwiegende Lebensgrundlage darstellen. Dabei hat traditionell die Bindung an den Großgrundbesitz größte Bedeutung. Mit Fundobesitzern der Umgebung wurden sog. *contratos agrícolas,* d. h. jeweils im Mai beginnende und gewöhnlich ein bis drei Jahre laufende landwirtschaftliche Verträge geschlossen, wobei die Kleinbesitzer bzw. ihre erwachsenen Söhne sich teils als Arbeitskräfte verdingten, teils als *medieros* Land zur Bewirtschaftung übernahmen. Besonders junge Leute gingen alljährlich als Saisonarbeiter zur Ernte von Weizen, z. T. auch von Bohnen auf die Fundos der näheren und weiteren Umgebung. In vielen Fällen gingen aus den vorübergehenden ständige Arbeitsverhältnisse hervor, so daß die Betreffenden für die Dauer aus dem Bajo de Briones abwanderten.

Bereits um die Jahrhundertwende und bis um 1930 wurden etwa 50 km östlich der Isla de Briones in der Kordillere am Vulkan Tinguiririca Schwefelvorkommen von großer Reinheit ausgebeutet[3]. Ein auf der Nordseite des Vulkans entspringender Zufluß des Río Tinguiririca trägt noch heute den Namen Río del Azufre. Durch dessen Tal wurde der gewonnene Schwefel auf Maultierrücken aus der Kordillere transportiert, auf der Isla de Briones auf Karreten umgeladen *(encanche)* und zur Bahnstation des Ortes Tinguiririca geschafft, der sich zu jener Zeit

---

[3] Ich gedenke an dieser Stelle dankbar meiner Gespräche mit Don Heriberto SOTO, dem besten Kenner der Geschichte der Provinz Colchagua, in San Fernando.

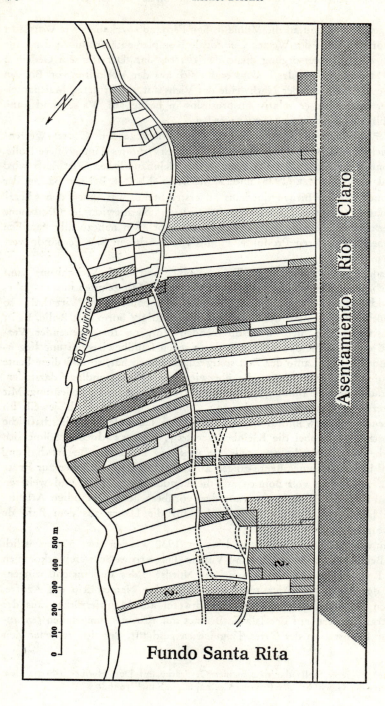

Fig. 3: Seit 1933 durch Kauf erworbene Parzellen bzw. Ländereien (aufgrund der eigenen Befragung).

kräftig entwickelte[4]. Jeden Sommer pflegten zahlreiche Leute aus der *comunidad de* Briones in Schwefelausbeutung, -transport und -verladung zu arbeiten. Als Saisontätigkeit erreichte auch, namentlich in den vierziger Jahren, die Gewinnung der *corteza de quillay,* der Rinde des Seifenbaums (Quillaia saponaria) für die Bewohner der Isla de Briones große Bedeutung.

Um das Jahr 1933 trat die Entwicklung auf der Isla de Briones in eine neue Phase, die in einer Verkettung verschiedener Ursachen jenen Zustand der Auflösung herbeiführen sollte, der das Gebiet heute kennzeichnet. Damals nämlich begannen einzelne Mitglieder der *comunidad,* ihre Anrechte am Llano an Ortsfremde zu verkaufen (Fig. 3). Ein Anreiz dazu war offenbar durch den 1930 während der Weltwirtschafts- und Salpeterkrise mit Arbeitslosen ausgeführten Bau des Camino Internacional San Fernando — Vegas del Flaco, der den Llano in gerader Linie durchschneidet, gegeben worden. Da in der Vergangenheit für den Llano keinerlei Grenzfestlegungen des individuellen Eigentums vorgenommen worden waren, trennten die Käufer unter Zusammenlegung erworbener Anteile willkürlich größere Parzellen ab. Auf der Südseite des Camino Internacional bis hin zum Río Claro entstand auf diese Weise bereits Mitte der dreißiger Jahre der Fundo „Río Claro". Mit den Verkäufen und der willkürlichen Abtrennung von Teilen des Llano begann von neuem eine endlose Reihe gerichtlicher Auseinandersetzungen *(pleitos),* die nicht nur die erste Berufungsinstanz *(Corte de Apelaciones)* erreichten, sondern auch vor den obersten Gerichtshof des Landes *(Corte Suprema)* in Santiago gelangten. Es wird berichtet, daß die Kleinbauern — Analphabeten zum großen Teil — sowohl bei den Verkäufen, als auch den Prozessen häufig um ihnen zustehende Rechte betrogen wurden. Nachdem einmal der Damm gebrochen war, konnte eine wachsende Zahl von Eigentümern aus dem Bajo der Versuchung nicht widerstehen, ihren Anteil am Llano zu verkaufen. Dies, im Verein mit der Tatsache, daß hinter den verkaufenden Parteien meist Erbengemeinschaften standen, ließ die Auseinandersetzungen zu einem schier unentwirrbaren Knäuel anwachsen. Von der kaum übersehbaren Zahl erbberechtigter Nachkommen des Luis Valenzuela legt die Zusammenstellung von SANTANDER (1942) Zeugnis ab. Schließlich (1940) wurde ein Teilungsurteil *(juicio de partición Isleños-Briones)* gefällt. Der Llano wurde aufgeteilt, wobei man bestrebt war, jedem der *comuneros* des Bajo denjenigen Llano-Streifen zuzuerkennen, der in Fortsetzung seines Anteils am Bajo bis zum Camino Internacional reichte, oder — wo dies nicht möglich war — ihm einen seinem Anteil am Bewässerungsland proportionalen Streifen des Llano zu geben. Durch das Teilungsurteil wurde zwar eine formale Klärung der Situation herbeigeführt, doch kam es bis in die jüngste Vergangenheit immer wieder zu neuen Streitigkeiten. Als im Zuge der Agrarreform 1970 der erwähnte Fundo Río Claro durch die Corporación de la Reforma Agraria (CORA) enteignet wurde,

---

[4] Da zusätzlich zu den Schwefelvorkommen am Vulkan Tinguiririca in der Nähe, allerdings bereits auf der argentinischen Seite, eine größere Kupferlagerstätte (Las Choicas) entdeckt worden war, wurde 1907 sogar eine transandine Eisenbahn von der Station Tinguiririca über die argentinische Grenze projektiert. Ihr Bau war in vollem Gange, sogar die Lokomotiven schon herbeigeschafft, als das Unternehmen bankrott ging.

stieß diese Maßnahme paradoxerweise auf den Widerstand mehrerer Kleinbesitzer aus dem Bajo de Briones, die dadurch endgültig die Möglichkeit schwinden sahen, das von ihnen beanspruchte Land wieder zurückzuerhalten.

War bis 1940 nur der südlich des Camino Internacional gelegene Teil des Llano abgezäunt und der gemeinschaftlichen Nutzung entzogen worden, so setzte im Anschluß an das Teilungsurteil auch die Parzellierung des unmittelbar an den Bajo grenzenden Teiles des Llano in vollem Umfang ein. Während im Bajo bis heute die Nachkommen der alteingesessenen Familien durchaus vorherrschen — immer wieder begegnet man hier Namen wie Briones, Farías, Guzmán, Ibarra etc. — stammt gut die Hälfte der Landbesitzer auf dem Llano von außerhalb. Nur eine kleine Zahl von Parzellen reicht geschlossen vom Río Tinguiririca über die den Llano vom Bajo trennende steile Geländestufe *(barrancón)* bis zum Camino Internacional. Als Ergebnis der bis in die jüngste Zeit weitergehenden Aufteilung des Llano ist entlang der nach San Fernando bzw. zu den Vegas del Flaco führenden Schotterstraße eine weitgehend verdichtete Häuserzeile entstanden, die sich von der im Bajo rein äußerlich schon dadurch entscheidet, daß sie überwiegend nicht aus Adobe-, sondern von Holzhäusern gebildet wird, die dort vollständig fehlen (Photo 13). Wegen der Schwierigkeit der Wasserbeschaffung war der Llano bis zum Beginn der Parzellierung praktisch unbebaut geblieben. Nur unmittelbar am *barrancón* waren hier vorher einzelne Häuser — das älteste um 1890 — errichtet worden. In Gemeinschaftsarbeit (!) bauten die der *comunidad de* Briones angehörigen auf dem Llano, dort, wo der Weg in den Bajo abzweigt, in den zwanziger Jahren eine kleine, in ihrer Schlichtheit sehr reizvolle Kapelle (Photo 15). Die auf dem Llano Wohnenden müssen auch heute noch — sofern nicht der völlig unzureichende *canal de la Porcura* Wasser führt (Photo 17) — ihr Wasser für den Haushalt aus dem Kanal im Bajo holen.

V. DIE GEGENWÄRTIGE EIGENTUMS- UND BESITZSTRUKTUR

Die gegenwärtige Situation des Kleinbesitzergebietes der Isla de Briones spiegelt in agrar-, bevölkerungs- und sozialgeographischer Hinsicht die Auswirkungen der beschriebenen inneren und äußeren Entwicklungsfaktoren. Bereits ein Blick auf die Alterspyramide (Fig. 7) zeigt, daß sie, wenn auch keineswegs als Endzustand, so doch als Höhepunkt jener Entwicklung mit kaum noch zu steigernden charakteristischen Merkmalen zu betrachten ist.

Das augenfälligste Merkmal ist die starke Besitzzersplitterung. Der gesamte kartierte Ausschnitt umfaßt 248 ha, von denen 139 ha auf den Llano und 93 ha auf den Bajo de Briones entfallen. Von diesen sind allerdings nur 94 ha bzw. 90 ha den ansässigen Kleinbesitzern zuzurechnen, während der Rest teils zum ehemaligen Fundo und jetzigen Asentamiento „Río Claro" (27 ha des Llano) gehört, teils auch von außerhalb Wohnenden (Puente Negro, San Fernando, Santa Cruz) genutzt wird (Beilage 2). Auf den insgesamt zum ansässigen Kleinbesitz gehörigen 184 ha leben in 73 Haushalten 385 Menschen, was einer Dichte von 209 Bewohnern pro km^2 entspricht.

Beim Parzelleneigentum fällt zunächst die Tatsache auf, daß sich ein erheblicher Teil der Parzellen, etwa ein Drittel der Fläche, im Eigentum von Erbengemeinschaften *(sucesiones)* befindet (Fig. 5). Deren Mitglieder haben als Nachkommen der hier seit Generationen ansässigen Familien zwar ein Anrecht auf einen Teil des Parzelleneigentums, verfügen jedoch nicht über einen entsprechenden Titel. Mit der mehr oder weniger großen Zahl anteilsberechtigter Erben zeigen die *sucesiones* einen faktisch höheren Grad der Zersplitterung des Grundeigentums an, als er rechtlich fixiert ist. Beispielsweise haben innerhalb der *sucesión* Millán/Guzmán

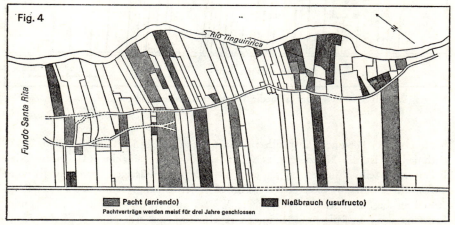

Fig. 4: In Pacht (arriendo) oder Nießbrauch (usufructo) befindliche Parzellen (aufgrund der eigenen Befragung).

Fig. 5: Parzellen im Eigentum von Erbengemeinschaften (sucesiones) (aufgrund der eigenen Befragung).

Fig. 6: Mittels Ernteteilhabe (a medias) bewirtschaftete Flächen (aufgrund der eigenen Befragung).

heute etwa 25 Personen Anspruch auf ein 6 ha großes Stück Land im Bajo. Praktisch jedoch ist die Nutzung dieses Landes nur unter einzelne (4) ortsansässige Erben aufgeteilt. Einige der anderen — teils ortsansässigen, größtenteils aber außerhalb (Santiago) lebenden — Mitglieder der Erbengemeinschaft haben ihren Anteil an die Bewirtschafter verpachtet. Wieder andere, die etwa in San Fernando, Santiago usw. ansässig sind, kommen regelmäßig, um sich einen Teil der Ernte (Bohnen, Kartoffeln) zu holen. In einzelnen Fällen kommen außerhalb lebende Erben zur (Mit-)Arbeit an Aussaat und Ernte angereist. Wie verwickelt die ökonomische und soziale Funktion einer Parzelle sein kann, zeigen zwei in Bajo vorkommende Fälle, in denen jeweils der größte Teil anteilsberechtigter Personen einer *sucesión* außerhalb lebt, während auf dem Land selbst nur einzelne ältere Mitglieder ansässig sind, die das Land nicht mehr bewirtschaften können und deshalb *a medias* (s. u.) vergeben haben. So zehren von einer wenige Hektar großen Parzelle nicht nur am Ort und außerhalb wohnende Familienmitglieder, sondern zusätzlich noch ein *mediero*. Derartige ökonomisch-soziale Beziehungen, die keine Statistik verzeichnet, werden nur verständlich auf dem Hintergrund der in Chile — wie auch sonst in Lateinamerika — traditionell starken Familienbindung einerseits und des niedrigen Einkommensniveaus andererseits. Schon aus diesem Grunde ist es nicht leicht, eine *sucesión* aufzulösen. Vor einer Auflösung bzw. rechtlichen Klärung scheuen die einer solchen Angehörigen aber auch deshalb zurück, weil zur Erlangung eines Besitztitels bzw. der *posesión efectiva* die umständliche Beibringung verschiedener Dokumente erforderlich ist.

Ein komplementäres Bild zu den Flächen der *sucesiones* (Fig. 5) ergeben diejenigen Parzellen, welche im Verlaufe der vergangenen vier Jahrzehnte durch Verkauf bzw. Kauf ihren Eigentümer gewechselt haben (Fig. 3). Wenn flächenmäßig etwa die Hälfte des untersuchten Kleinbesitzes — von dem jenseits des Camino Internacional gelegenen, seinerzeit im Fundo „Río Claro" aufgegangenen Teil ganz zu schweigen — durch Kauf erworben wurde, so zeigt dies eine sehr hohe Mobilität des Bodens an, die einerseits ein Ergebnis der allgemeinen sozial-ökonomischen Situation der Kleinbesitzer ist, andererseits durch die oben beschriebenen Vorgänge in besonderer Weise gefördert wurde. Verkäufer der Parzellen waren ausnahmslos Erben bzw. Erbengemeinschaften, die den alten Familien des Bajo angehörten. Die Käufer stammen etwa zur Hälfte selbst von der Isla de Briones, zur Hälfte aber auch von außerhalb. Die Motive der letztgenannten Gruppe für den Kauf dürften sich kaum auf einen einheitlichen Nenner bringen lassen. In mehreren Fällen haben sich die Betreffenden hier angekauft, um sich in Ergänzung zu regelmäßigen Einkünften aus Lohnarbeit in der Umgebung oder Rente aus eigener Landwirtschaft selbst zu versorgen. In anderen Fällen hat das erworbene Land reine Wohnfunktion (vgl. Beilage 2). In wieder anderen Fällen spielte offenbar der Wunsch nach Kapitalanlage eine Rolle. Dies läßt sich aus der Tatsache ableiten, daß die Parzellen nicht von ihren — z. B. in Santiago ansässigen — Käufern bewirtschaftet werden, sondern verpachtet sind (vgl. die Fig. 3 und 4). Einzelne Parzellen wurden vom Fundo Santa Rita erworben, der sie zum Nießbrauch (*usufructo*) an auf ihm tätige Arbeitskräfte vergeben hat.

Wie die hohe Mobilität des Bodens durch Verkauf bzw. Kauf, können auch die zahlreichen Fälle, in denen Parzelleneigentümer und Parzellenbesitzer oder -bewirtschafter nicht identisch sind, als Ausdruck der sozial-ökonomischen Situation gewertet werden. Familien oder Personen, die von der Isla de Briones abgewandert sind, haben ihr Land häufig verpachtet (*arriendo*) oder in Nießbrauch (*usufructo*) vergeben (Fig. 4). Vielfach sind Erbengemeinschaften die Eigentümer der Pacht- oder Nießbrauchflächen. Pachtverträge haben in der Regel eine Laufzeit von drei Jahren. Neben Pacht und Nießbrauch stellt die *mediería* eine dritte Form „indirekter" Landbewirtschaftung dar (Fig. 6). Darunter wird ein in Chile — wie auch im übrigen Lateinamerika — weit verbreitetes Vertragsverhältnis verstanden, in welches ein Grundbesitzer gewöhnlich ein Stück Land, ein Kleinbauer oder Landarbeiter seine Arbeitskraft einbringt, und bei welchem der Ernteertrag schließlich zwischen beiden Parteien geteilt wird. Die Beibringung des Saatgutes wird von den betreffenden Kleinbesitzern der Isla de Briones unterschiedlich gehandhabt. Entweder hat der *mediero* neben seiner Arbeitskraft auch das gesamte Saatgut zu stellen, oder aber der Landbesitzer gibt die Hälfte desselben, zuweilen mit der Berechtigung, vor Halbierung der Ernte seinen Anteil an Saatgut wieder zurückzunehmen. *Mediería* ist daher am besten mit „Halbpacht" oder „Ernteteilhabe" zu übersetzen. Sie wird gewöhnlich nur mit dem Großgrundbesitz in einen Zusammenhang gebracht. Hier, unter den Kleinbesitzern, sind es ausnahmslos ältere Personen, die das Land nicht selbst bewirtschaften können und es deshalb an andere Kleinbesitzer *a medias* vergeben. Vier der insgesamt acht Besitzer, die das Land auf diese Weise nutzen, sind Bezieher einer Rente bzw. Witwenrente, zwei weitere gehören jeweils als einzige am Ort verbliebene Mitglieder einer *sucesión* an. Die ihnen zufallende Hälfte der Ernte teilen sie mit außerhalb wohnenden Angehörigen und werden dafür von diesen auf verschiedene Weise unterstützt.

Die Besitzgrößen im Untersuchungsgebiet bewegen sich zwischen einigen Quadratmetern und etwa 15 ha. Von wenigen Ausnahmen abgesehen herrscht Besitzeinheit der Betriebs- (bzw. Nutz-)flächen vor. 73 Haushalte teilen sich in die Gesamtfläche von 184 ha. Daraus ergibt sich eine mittlere Besitzgröße von 2,5 ha. Aussagefähiger als diese Zahl freilich sind die Besitzgrößenklassen (nicht Eigentumsgrößenklassen!) (Tab. 1). Da — auch dies kennzeichnet die Situation der Kleinbesitzer — nur die wenigsten exakt die Größe ihres Besitzes angeben, und die meisten der befragten Haushalte nicht einmal ungefähre Auskunft darüber geben konnten, habe ich sämtliche Besitzgrößen auf der Grundlage des von mir aufgenommenen Katasterplans ausplanimetriert. Die *a medias* bewirtschafteten Flächen wurden dabei — wie auch in der Darstellung der sozial-ökonomischen Funktion der Parzellennutzung (Beilage 2) — jeweils dem Eigentümer (bzw. Besitzer) zugeschlagen. Auf eine Trennung von *campo de regadío* und *campo de rulo* habe ich verzichtet, da einerseits eine Reihe von Besitzern Anteil am Bajo *und* am Llano hat, und andererseits auch der Llano — in wenn auch sehr unzureichender Weise — bewässerbare Flächen enthält (Beilage 1). Ohnehin sind die abgebildeten Besitzeinheiten nur in etwas begrenztem Umfang als Bezugsgrößen für die landwirtschaftliche Nutzfläche der Kleinbesitzer aussagefähig, da diese teilweise Vieh während des Sommers, in einzelnen Fällen sogar auch während des Winters im Kordillerenbereich weiden lassen *(arriendo de talaje)*.

Tab. 1: Besitzgrößenklassen im Untersuchungsgebiet Isla de Briones

Größenklassen in ha	Anzahl der Haushalte
< 1	29
1—1,9	15
2—4,9	19
5—9,9	8
10 und mehr	2
	73

VI. DIE LANDWIRTSCHAFT

Welcher Art nun ist angesichts der starken Besitzzersplitterung heute die Landwirtschaft auf der Isla de Briones, und welche ökonomische und soziale Funktion hat sie im Leben der Bewohner?

Wenn auch nicht mehr so ausgeprägt wie noch vor 30 Jahren, so wird doch bis heute das Bild der Agrarlandschaft vom Gegensatz des voll bewässerten Bajo und des überwiegend unbewässerten Llano beherrscht (Beilage 1, Photo 9). Den besten Überblick vom Bajo erhält man vom oberen Rand des *barrancón* aus (Photo 12). Deutlich überwiegt die Aufteilung in auf den Río Tinguiririca ausgerichtete Streifen. Nur im flußaufwärts gelegenen Abschnitt des Bajo nehmen die Grundstücke eine weniger regelmäßige Vieleckform an. Der hohe Parzellierungsgrad wird durch die Art der Grenzziehung besonders unterstrichen. Es handelt sich dabei um *pircas*[5]

---
[5] Vom Ketschua-Wort *pirka* = Mauerwerk aus unbearbeiteten Steinen.

genannte Lesesteinmauern, die meist von Brombeergestrüpp überwuchert, teilweise auch von Baumreihen aus *álamos* (Populus sp.) oder Eucalyptus (E. globulus) begleitet werden und im Luftbild (Photo 9) deutlich als dunkle Linien hervortreten. Sie dienen nicht nur als Besitzgrenzen, sondern auch zur Unterteilung (Koppeln) innerhalb der Besitze. Auf diese Weise erhält der Bajo einen engräumigen Charakter, der ihn von der gewöhnlich weiträumigen, durch Baumreihen gegliederten mittelchilenischen Kulturlandschaft scharf abhebt. Auch im Sommer behält der Bajo seine üppig grünen Farben — ein Zeichen dafür, daß an Wasser kein Mangel ist. Da, wie erwähnt, gerade mit dem Bajo de Briones das Bewässerungsland der Längssenke einsetzt, und der Río Tinguiririca hier einen noch ungeschmälerten Abfluß aufweist, können die Bauern ihrem Kanal jederzeit Wasser in beliebiger Menge entnehmen.

Hingegen erlaubt (seit 1948) der *Canal de la Porcura* auf dem Llano (Photo 17) nur eine Bewässerung relativ kleiner Flächen. Zudem darf das Wasser nur *por turnos* auf die Felder geleitet werden, wobei die Dauer der Entnahme pro Woche proportional zur Fläche festgelegt ist. Die Nutznießer des Kanals innerhalb der *comunidad* bilden gemäß dem chilenischen *Código de Aguas* eine *Directiva*.

Die Wasserverteilung obliegt einem von ihnen bezahlten Wasserwart *(aguatero, celador)*.

Gegenüber den bewässerten Flächen aber dominiert auf dem Llano durchaus die unbewässerte, mehr oder weniger dicht von *espinos* durchsetzte Grasflur, die durch die Trockenheit schon im Frühsommer einen schmutziggelben Aspekt annimmt (Photos 9, 11 und 17). Nur ein relativ kleiner Teil des Trockenweidelandes ist frei von *espino*.

Trotz des vor allem beim Weideland sehr unterschiedlichen Nutzungspotentials von Bajo und Llano besteht bei der tatsächlichen Landnutzung (Beilage 1) und ihrer sozial-ökonomischen Funktion (Beilage 2) tendenziell weitgehende Übereinstimmung. Hier wie dort überwiegen beim A n b a u die Chacras: Bohnen *(porotos)* (Photo 16), Mais und Kartoffeln. Die Chacras sind in Chile autochthone, schon in vorspanischer Zeit kultivierte Nahrungspflanzen und auch heute noch ausgesprochene Selbstversorgungsfrüchte der kleinbäuerlichen Bevölkerung. Tatsächlich dient praktisch der gesamte Anbau im Untersuchungsgebiet ausschließlich der Eigenversorgung, lediglich drei Betriebe verkaufen einen Teil ihrer Anbauprodukte. „*No alcanza para vender algo*" und „*sólo consumo de la casa*" waren die immer wiederkehrenden Antworten, die ich auf meine Frage, ob ein Teil der Ernte verkauft würde, von den Kleinbesitzern erhielt.

Mehrere Familien backen ihr Brot (das sog. *pan amasado*) auch heute noch selbst, und zwar in dem für Mittelchile charakteristischen, aus Spanien stammenden *horno campesino* (Photo 14), über den B. VALENZUELA (1961) eine interessante Abhandlung geschrieben hat. Der Speisezettel der meisten Isleños bringt wenig Abwechslung. Hier ein Beispiel:

Frühstück *(desayuno):*   *mate y pan* (Tee und Brot)
Mittagessen *(almuerzo):*   *porotos, sopa de pan, pantruca* (Bohnen, Brotsuppe. Für eine *pantruca* wird Teig ausgewalzt,

	in kleine Stückchen geschnitten und diese in kochendes Wasser gegeben).
Nachmittagessen *(once):*	wie Frühstück
Abendessen *(comida):*	wie Mittagessen

Die weitgehende Beschränkung des Anbaus auf Selbstversorgungsfrüchte kommt auch darin zum Ausdruck, daß im Gegensatz zu früher kaum noch Weizen angebaut wird. In der traditionellen Rotation hatte der Weizen einen festen Platz:
Chacras (bis zu drei Jahre hintereinander) — Weizen (Aussaat assoziiert mit Klee oder Gras) — Weide (mehrere Jahre).

Ausschlaggebend dafür, daß der Weizen (Aussaat August/Sept., Ernte Januar/Februar) bei den meisten Kleinbauern heute aus der Rotation verschwunden ist, sind auch seine sehr niedrigen Erträge, die etwa beim Fünffachen der ausgesäten Menge liegen. Diese sind natürlich eine Folge der Tatsache, daß das Land nicht gedüngt wird. Nur ein einziger der befragten Kleinbauern gab an, seine Felder regelmäßig mit Salpeter zu düngen. Kunstdünger — ein Sack Kunstdünger kostet in Chile den Gegenwert von zwei Sack Weizen — ist für sie zu teuer.

Hingegen geben die sandig-lehmigen Böden des Untersuchungsgebietes bei den Chacras auch ohne Düngung ausreichende Erträge (Bohnen etwa 12fach, Kartoffeln 9—12fach). Sämtliche Chacras werden im November gesät und März/April geerntet. Meist werden sie gemischt ausgesät, und zwar vor allem Bohnen und Mais zusammen, seltener die Kombination von Bohnen und Kartoffeln. Daneben ist getrennte Aussaat vor allem bei Kartoffeln üblich.

Gegenüber den Chacras treten alle anderen Anbaupflanzen zurück. Gemüse *(hortalizas)*, Wein und Obstkulturen *(frutales)* sind — von wenigen Ausnahmen abgesehen — auf den hausnahen Garten *(huerto campesino)* beschränkt.

Dienen die genannten Anbaupflanzen so gut wie ausschließlich dem Eigenbedarf der Kleinbesitzerfamilie, so gilt dies, wie der Abb. zu entnehmen ist, nicht in gleichem Maße für die V i e h h a l t u n g. Die in Transhumance betriebene Viehzucht ist — wie oben ausgeführt — ebenfalls ein traditionelles Element der Kleinbauernwirtschaft auf der Isla de Briones, hier besonders begünstigt durch die Nähe zu den Weidegebieten der Kordillere. Der gesamte Viehbesitz der Familien im Untersuchungsgebiet — nicht gerechnet das Weidevieh auf den Parzellen auswärts lebender Bewirtschafter — betrug um die Jahreswende 1972/73[6]:

178 Rinder
119 Pferde

---

[6] Es ist möglich, daß diese Zahlen *etwas* hinter der Wirklichkeit zurückbleiben. Gerade bei der Frage nach der Viehzahl konnte ich bei dem einen oder anderen Kleinbauern ein gewisses Mißtrauen verspüren. Dahinter steht die Befürchtung, aus der genauen Angabe könnten Nachteile (Steuer, Beschlagnahme u. ä.) entstehen. Viehhandel, Schlachtung usw. unterlagen gerade in jener Zeit meiner Befragung in ganz Chile strenger staatlicher Kontrolle, und es ist möglich, daß es mir in einigen wenigen Fällen nicht vollständig gelungen ist, das Mißtrauen auszuräumen.

16 Esel und Maultiere
240 Schweine
148 Schafe
6 Ziegen

Es ist leicht einzusehen, daß die genannten Viehzahlen nicht allein auf die Fläche des Untersuchungsgebietes bezogen werden können. Von den Schweinen abgesehen wird der größte Teil des Viehs ganzjährig oder während des Sommers auf Weiden in der Kordillere gehalten.

Es ist bemerkenswert, daß heute noch ein Stück Weideland als Gemeineigentum der *comunidad de* Briones in der Kordillere, und zwar etwa 25 km östlich des Untersuchungsgebietes im Bereich der Sierras de Bellavista existiert. Freilich weiden dort (ganzjährig) nur einer einzigen Familie gehörige vier Stück Großvieh. Alle übrigen 17 Kleinbesitzer aber, die Vieh auf Weiden in der Kordillere halten, müssen diese pachten *(arriendo de talaje)*. Dies kann auf dreierlei Weise geschehen:

1. Man bezahlt die Weiderechte pro Stück Vieh und Dauer der Nutzung *(veranada* von November/Dezember bis März/April).
2. Besitzt jemand viel Vieh, zahlt er nicht pro Stück, sondern entsprechend der Größe und Qualität des gepachteten Weidelandes. Häufig verpachtet er dann einen Teil an Dritte, die ihrerseits pro Stück Vieh bezahlen.
3. Das Vieh wird *a medias* auf die Weide gegeben, d. h. der Wert des während des Weideganges erzielten Gewichtszuwachses wird je zur Hälfte zwischen dem Weidebesitzer und dem Viehbesitzer geteilt.

Wenn die Sommerweide in der Kordillere beendet wird, findet ein sog. *rodeo* statt, bei dem jeder Besitzer seine Tiere — die sämtlich gekennzeichnet sind — heraussucht. Anschließend wird das Vieh aus den hochgelegenen Gebieten auf die Winterweiden *(invernadas)* herabgetrieben *(bajan a plan* [sic!]). Zum größten Teil handelt es sich um gepachtete Weiden in tieferen Lagen der Kordillere bzw. Praekordillere. Die Pacht für die *invernada* ist weniger als halb so teuer wie für die *veranada* (Beispielsweise betrug 1972/73 die Weidepacht pro Stück Großvieh für die Sommerweide 150, für die Winterweide 60 Escudos.) Die Tiere müssen rechtzeitig von den Hochweiden der Kordillere geholt werden, da sie plötzlichen Kälteeinbrüchen und Schneefällen zum Opfer fallen können. Es sei hier angefügt, daß der Weidegang in der Kordillere auch sonst nicht ohne Risiko ist. Immer wieder kommt es durch Abstürzen der Tiere an steilen Hängen zu Verlusten.

Nur ein kleiner Teil des Rindviehs, das sich im Besitz der Isleños befindet, wird ganzjährig auf den hausnahen Weiden gehalten. Es dient überwiegend der Eigenversorgung mit Milch. Die tägliche Milchleistung der Kühe ist sehr gering, sie beträgt durchschnittlich 5—6 Liter und erreicht nur in Ausnahmefällen 10—12 Liter.

Die relativ hohe Zahl der Pferde mag auf den ersten Blick überraschen. Das Pferd ist für die Isleños wie überall in der iberochilenischen Zentralzone Reit- und Arbeitstier.

Die Bedeutung der Viehhaltung, insbesondere von Rindern und Pferden, bei den Isleños findet ihren Niederschlag in dem beträchtlichen Anteil des Grünlandes an der Landnutzung. Auf dem bisher nur unzureichend bewässerbaren Llano ist die große Ausdehnung des extensiven, von *espinos* bestandenen Weidelandes ohne weiteres verständlich. Überraschend hoch — vergleicht man das Untersuchungsgebiet mit anderen Kleinbauerngebieten Mittelchiles — hingegen ist er für das Bewässerungsland (Klee und Gras). Mag diese Tatsache auch bis zu einem gewissen Grade klimatisch aus der Lage im unmittelbaren Kordillerenvorland und wirtschaftlich aus der Nähe der Sommerweidegebiete in der Kordillere selbst — und damit der Begünstigung der Transhumance — zu erklären sein, so widerlegt sie doch die verallgemeinernde Annahme WEISCHETS (1970), wonach Grünland oder Feldfutterbau im Bereich der kleinbäuerlichen Bewässerungskultur der chilenischen Zentralzone vollkommen fehlten. Wie die Landnutzungskarte zeigt, ist auch der Feldfutterbau im Bajo vertreten (Gerste, Hafer). Klee, der teils noch, wie in der traditionellen Rotation, *asociado* mit dem Weizen, heute aber sehr viel *directo* ausgesät wird, wird als Futter für Kühe und Pferde, aber auch für Schweine verwendet.

Von 41 der befragten 73 Kleinbesitzer werden Schweine gehalten. In den meisten Fällen dient dies ausschließlich der Eigenversorgung. 34 der insgesamt 41 Schweinehalter besaßen bis zu fünf Schweine, die übrigen 5 mit weitem Abstand zwischen 16 und 40 Stück. Im Gegensatz zur Schweinehaltung hat die Schafzucht unter den Isleños eine geringere Bedeutung, als die Gesamtzahl von 148 Stück vermuten läßt. Diese verteilen sich lediglich auf drei Besitzer, von denen einer 80, ein anderer 60 und der dritte 8 Schafe hält.

VII. DIE SOZIAL-ÖKONOMISCHE FUNKTION DER LANDWIRTSCHAFT UND DIE BEDEUTUNG ANDERER UNTERHALTSQUELLEN AUF DER ISLA DE BRIONES

Wir sind nunmehr — unter Berücksichtigung auch der anderen Unterhaltsquellen — in der Lage, die Frage nach der ökonomischen und sozialen Stellung der Landwirtschaft bei den befragten Kleinbesitzern zu beantworten (Beilage 2).

Dabei ergibt sich, daß von den 73 Haushalten nur mehr drei ausschließlich von den Einkünften der eigenen Landwirtschaft leben, und zwar hauptsächlich aus den Erträgen der Viehhaltung. Nur sie sind im strengen Sinne noch als Kleinbauern zu bezeichnen. Ihnen stehen als anderes Extrem nicht weniger als 24 Haushalte gegenüber, deren Unterhaltsquelle vollständig außerhalb liegt und die ihr Land nicht einmal mehr zur Eigenversorgung nutzen. Ihre Zahl ist, wie Beilage 2 zu entnehmen, auf dem Llano (16) naturgemäß höher als im Bajo (8). Zwar handelt es sich überwiegend um kleine Grundstücke mit nur wenigen Quadratmetern, aber darunter befinden sich auch einzelne größere, völlig ungenutzte Parzellen. Zwischen den beiden genannten Extremen liegen nun die verbleibenden 46 Kleinbesitzer, deren Familien ihren Lebensunterhalt sowohl aus der eigenen Landwirtschaft, als auch mittels anderer Erwerbstätigkeit bzw. zusätzlichen Einnahmequellen bestreiten. Es war nicht möglich, diese Gruppe von „Doppelexistenzen" nach dem jeweiligen

Gewicht der einen oder der anderen Unterhaltskomponente noch weiter zu unterteilen. Dies hängt nicht nur von der Größe und Qualität der genutzten Parzelle(n) und dem jeweiligen Viehbesitz ab, sondern auch von der Familiengröße, sowie Zahl und Art der zusätzlichen Einnahmequellen. Der Anbau dient, wie wir gesehen haben, praktisch ausschließlich der Selbstversorgung, die Viehhaltung darüber hinaus häufig auch einer Ergänzung der Einnahmen. Der hohe Anteil von „Doppelexistenzen" sowie solcher Kleinbesitzer, die ihre Parzellen nicht einmal mehr zur Eigenversorgung nutzen, zeigt, welch verwickelte Wirtschafts- und Sozialstruktur sich hinter dem untersuchten Kleinbesitzergebiet verbirgt, das trotz seiner starken Verdichtung äußerlich einen ländlichen Charakter bewahrt hat. Eben diese komplexe Wirtschafts- und Sozialstruktur bildet neben dem rein formalen Merkmal der Besitzerspaltung die notwendige inhaltliche Bestimmung des Begriffs *minifundio*.

Welcher Art nun sind die außerhalb der selbständigen Landwirtschaft liegenden Unterhaltsquellen der untersuchten Kleinbesitzer? Unabhängig von der formalen Klassifizierung der Art des Erwerbs, wie sie in Beilage 2 zugrundegelegt wurde, ist festzustellen, daß die Hälfte der außerhalb arbeitenden Erwerbspersonen Tätigkeiten nachgeht, die in enger Beziehung zur Landwirtschaft stehen. Sehen wir von den Empfängern von Renten bzw. Witwenrenten ab, dann sind 25 der 60 Erwerbspersonen in der Landwirtschaft tätig, sei es als ständige (11) oder Saisonarbeitskräfte (14) auf nahegelegenen Fundos, sei es als Gelegenheitsarbeiter bei anderen Kleinbesitzern oder als Viehhirten in der Kordillere. Darunter befinden sich 9 ständige und 5 Saisonarbeitskräfte des an das Kleinbesitzergebiet angrenzenden Fundos Santa Rita (Photo 9). Insgesamt werden auf diesem Fundo 50—60 ständige und über 100 Saisonarbeitskräfte — letztere vor allem in der Apfelernte — beschäftigt. Als traditionelle zusätzliche Erwerbsquellen chilenischer Kleinbesitzer sind auch Köhlerei und Holzsammeltätigkeit anzusehen, denen aus den befragten Haushalten 5 Personen — den Winter über in der Kordillere — nachgehen. Alle übrigen 30 Erwerbspersonen sind ständig, saisonal oder gelegentlich in den verschiedensten gewerblichen Berufen oder Dienstleistungen in der Umgebung tätig: als Maurer, Schreiner, Viehhändler, Bewacher und Gärtner in der nahen Sommerhauskolonie Bellavista, Polizisten, Hausmädchen, etc. Dieser Gruppe sind auch diejenigen unter den Kleinbesitzern zuzurechnen, die auf ihrem Grundstück als zusätzliche oder einzige Einnahmequelle ein Gewerbe betreiben. Dazu gehören vier — freilich sehr bescheidene — Gastwirtschaften *(boliches)*, zwei sog. *amasanderías*[7], ein Kaufladen sowie ein — auf den Besitz eines alten Lastwagens gegründetes — Fuhrunternehmen.

---

[7] Als *amasanderías* (von *amasar* = kneten) werden kleine ländliche Brotbäckereien bezeichnet. Sie arbeiten mit dem oben erwähnten und in Photo 14 wiedergegebenen *horno campesino*, und zwar meist ohne Genehmigung des Staatlichen Gesundheitsdienstes (Servicio Nacional de Salúd) — was jedenfalls der Schmackhaftigkeit des *pan amasado* keinen Abbruch tut.

Einzelne der auswärts beschäftigten Personen kommen nur am Wochenende zu ihren Familien auf die Isla de Briones. In einem dieser Fälle liegt die Arbeitsstätte im 65 km entfernten Rancagua.

VIII. DIE ABWANDERUNG

Die große Zahl derjenigen Isleños, die ihren Lebensunterhalt ganz oder teilweise aus außerhalb der eigenen Landwirtschaft liegenden Quellen bestreiten, zeigt bereits die außerordentliche Diskrepanz zwischen agrarischer Grundlage und Bevölkerungsdichte. Für deren Verständnis ist es notwendig, sich die Größe der Haushalte vor Augen zu führen (Tab. 2).

Tab. 2: Größe der Haushalte im Untersuchungsgebiet Isla de Briones

Zahl der Personen	Zahl der Haushalte
1	9
2	6
3	11
4	10
5	7
6	5
7	4
8	6
9	8
10	2
11	3
12	2
	Insgesamt 73

Von den insgesamt 73 Haushalten umfaßt immerhin die Hälfte (37) 5 und mehr Personen, oder, anders zusammengefaßt: nicht weniger als ein Drittel aller Haushalte besteht aus 7—12 Personen. In diesen Zahlen spiegelt sich zum einen die traditionelle Bedeutung der Großfamilie, vor allem aber die durchschnittlich hohe Kinderzahl, die nicht selten zehn überschreitet. Als gewiß extremes, doch bezeichnendes Beispiel sei angeführt, daß einer der befragten Isleños, ein Briones Ibarra, 6 Kinder und von diesen 59 (neunundfünfzig) Enkel besaß. Neben den viele Personen umfassenden Haushalten darf nicht übersehen werden, daß auch das andere Extrem, Ein- bis Dreipersonenhaushalte relativ stark, nämlich mit mehr als einem Drittel der Gesamtzahl (26), vertreten ist. Darin kommt vor allem der unverhältnismäßig hohe Anteil derjenigen Fälle zum Ausdruck, in denen von Familien und Erbengemeinschaften nur noch einzelne ältere Mitglieder, Rentenempfänger zumeist, auf dem Lande verblieben sind.

Beides, die hohe Kinderzahl der Familien ebenso wie das Zurückbleiben vor allem älterer Personen auf der Isla de Briones, verweist auf den Tatbestand, der fast mehr noch als die große Zahl der „Doppelexistenzen" das Mißverhältnis von Lebensgrundlage und Bevölkerungsdichte sichtbar macht: die Abwanderung. Seit Jahrzehnten ist die Isla de Briones ein ausgesprochenes Abwanderungsgebiet.

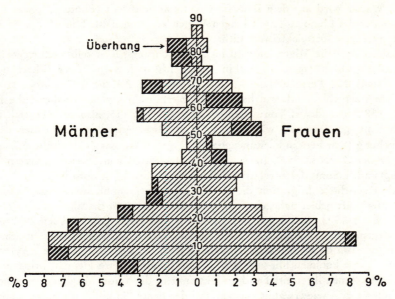

Fig. 7: Bevölkerungspyramide des untersuchten Minifundio-Gebietes Isla de Briones (aufgrund der eigenen Befragung).

Nichts dokumentiert diese Tatsache besser als die Bevölkerungspyramide, in welche die von mir erfragten Altersangaben sämtlicher im Untersuchungsgebiet lebenden 386 Personen eingegangen sind (Fig. 7). Trotz einzelner, in der besonderen Entwicklung des Gebietes begründeter Merkmale kann diese Pyramide als repräsentativ für andere, ähnlich strukturierte ländliche Räume Chiles gelten. Beispielsweise besteht weitgehende Übereinstimmung mit dem von BÄHR (1973) ermittelten Altersaufbau der Oasen Putre, San Pedro de Atacama und Toconao im Großen Norden des Landes (vgl. auch BÄHR & GOLTE 1974).

Am stärksten macht sich der Wanderungsverlust bei den 20- bis 50jährigen Personen bemerkbar, d. h. den in besonderem Maße wirtschaftlich aktiven Jahrgängen. Auf die Frage, warum einzelne Familienmitglieder abwanderten, erhielt ich immer wieder fast gleichlautend die Antwort: *„por falta de trabajo"* (wegen fehlender Arbeitsmöglichkeit). Naturgemäß wirkt sich der Mangel an Beschäftigungsmöglichkeiten auf der Isla de Briones und in ihrer näheren Umgebung für den einzelnen um so stärker aus, je höher der erreichte Ausbildungsgrad ist. Mit wachsendem Ausbildungsgrad, der zugleich eine immer bessere Vertrautheit mit städtischen Lebensbedingungen impliziert, verringert sich die Bereitschaft, in der traditionellen Umgebung zu verbleiben. Verglichen mit dem, was vor allem durch die Lebensumstände in den Städten als Erwartungshorizont gesetzt ist, sind die Bedingungen auf der Isla de Briones in den meisten Fällen denkbar primitiv. Ein erheblicher Teil der Wohnungen, auch solcher von größeren Familien, besteht nur aus ein oder zwei Räumen. Niemand hat fließendes Wasser. Alles, auch das zum Trinken benötigte Wasser wird aus dem Bewässerungskanal geschöpft (Photo 17), was für die Bewohner des Llano z. T. mit langen Wegen verbunden ist. Nur 19 der 73 Haushalte verfügen über elektrisches Licht.

Zahlen über die Migration sind im Abwanderungsgebiet selbst naturgemäß nur lückenhaft zu erfragen. Immerhin rechne ich nach sorgfältiger Schätzung mit mindestens 200 Personen, die zwischen 1950 und Anfang 1973 das untersuchte Kleinbesitzergebiet verlassen haben. Sicher ermitteln konnte ich durch die Befragung 158 Abwanderer. Von diesen hatten sich allein 115, also zwei Drittel, direkt nach Santiago gewandt, während der Rest überwiegend in Städte der näheren Umgebung (San Fernando, Rancagua usw.) gegangen war (vgl. ähnliche Beobachtungen bei CAMPOS 1957). In dem sehr hohen Anteil von Direktwanderern in die Hauptstadt kommt deren relative Nähe zum Ausdruck, ist doch im übrigen für die dorthin gerichtete Migration die Zwischenstation in mindestens einem kleineren, dem Herkunftsgebiet nahegelegenen städtischen Zentrum charakteristisch (ELIZAGA 1970; BÄHR 1973; GOLTE 1973). Eine sehr bezeichnende Folge des seit Jahrzehnten vorwiegend in die Hauptstadt gehenden Wanderungsstroms ist die Tatsache, daß es auf der Isla de Briones kaum jemanden gibt, der dort nicht mehrere Verwandte besäße. Diese kommen hin und wieder zum Besuch in ihre Heimat, bringen etwas mit und nehmen ihrerseits Landprodukte mit in die Stadt. Mitglieder von *sucesiones* holen sich — wie erwähnt — einen Teil der Ernte. So bildet die Kommunikation unter Verwandten eine wesentliche Brücke in die bzw. aus der Stadt und trägt neben Schule, Militärdienst etc. zum „Rückkopplungseffekt" der Verstädterung bei. Meist wandern die jungen Leute noch vor Erreichen des 20. Lebensjahres ab, wenn sie die Schule bzw. den Militärdienst hinter sich gebracht haben.

Die Folgen der Landflucht sind auf der Isla de Briones in vielfältiger Weise bemerkbar. Zum einen ist es die schon mehrfach angeführte Tatsache, daß vor allem ältere Menschen zurückbleiben (Fig. 7). Hier und dort zeugen leerstehende und verfallende Häuser sowie einzelne verwilderte Flächen davon, daß sie vor nicht zu langer Zeit verlassen wurden. Weitere Auswirkungen hat die Abwanderung dadurch, daß überwiegend gerade die Tatkräftigsten und am besten Ausgebildeten fortgehen, und eine entsprechend einseitige Auslese zurückbleibt (Tab. 3). Der Anteil der Analphabeten unter den ab 15jährigen Bewohnern der Isla de

Tab. 3: Ausbildungsgrad der ab 15jährigen (insgesamt 239 Personen) nach der bis 1968 gültigen Gliederung des Ausbildungsganges im Untersuchungsgebiet, aufgrund der Befragung des Verfassers

Ausbildungsgrad	Männer	%	Frauen	%	Gesamt	%
Analphabeten	34	28	26	22	60	25
Primaria 1—3 Jahre	35	28	30	26	65	27
Primaria 4—6 Jahre	28	23	29	26	57	24
Secundaria 1—4 Jahre	23	19	26	22	49	20
Secundaria 5 J. und mehr, Universität usw.	3	2	5	4	8	3
Summen	123	100	116	100	239	100

Briones beträgt 25 % und damit etwa das Doppelte des beim Zensus 1970 für das ganze Land — allerdings bezogen auf die ab 10jährigen Personen — ermittelten Durchschnitts von 11 %[8]. Erwartungsgemäß nimmt der Anteil von Analphabeten in den höheren Altersgruppen deutlich zu. Bei den 15—49jährigen (145 Personen) beträgt er 13 %, bei den ab 50jährigen (94 Personen) hingegen 44 %, also mehr als das Dreifache. Man darf freilich nicht übersehen, daß in einer von städtischen Wertvorstellungen beherrschten Gesellschaft ein relativ schlechter Ausbildungsgrad geradezu eine Vorbedingung des Verbleibens auf dem Lande ist.

Der seit Jahrzehnten anhaltende Abfluß gerade tatkräftiger und begabter jüngerer Menschen dürfte neben der bloßen Überalterung des am Ort verbliebenen Bevölkerungsteiles und der Existenz anderer Einkommensquellen wesentlich für die z. T. erschreckende Stagnation, die das Gebiet hinsichtlich der Landwirtschaft heute kennzeichnet, verantwortlich sein. Die ohnehin auf ein Minimum geschrumpfte landwirtschaftliche Basis wird vielfach auch noch unzureichend genutzt.

Ausnahmen bestätigen auch hier die Regel. Eine Gemeinschaftsarbeit, wie sie die in den zwanziger Jahren errichtete kleine Kapelle (Photo 15) darstellt, käme heute schwerlich zustande. Bezeichnenderweise bemüht sich einer der Bewohner des Llano seit Jahren vergeblich um das Zustandekommen einer gemeinsamen Aktion zum Ausbau des dort bisher völlig unzureichenden Bewässerungskanals, der bei verhältnismäßig geringem Aufwand und ein wenig Hilfe der Behörden durchgeführt werden könnte und für die Beteiligten eine erhebliche Verbesserung darstellen würde.

---

[8] Bereits 1898 wurde im Bajo de Briones eine kleine Schule eingerichtet (vgl. Soto 1971), die mit vier Klassen bis in die fünfziger Jahre bestand. Freilich hatten vor Einführung der allgemeinen Schulpflicht nur wenige Isleños Interesse daran, ihre Kinder in die Schule zu schicken. 1946 wurde im nahen Puente Negro eine achtklassige Schule gegründet. Die daneben heute bestehende „Escuela Hogar de Reposo No. 16" auf dem Llano de Briones entstand 1942, zunächst als eine Art Landschulheim für Kinder finanziell minderbemittelter Familien aus San Fernando. Als in den fünfziger Jahren die alte Schule im Bajo geschlossen wurde, trat sie an deren Stelle. Sie hat heute vier Klassen mit angeschlossenem Internat, weil viele Kinder aus entlegenen Gebieten der Kordillere kommen, deren Unterhalt der Staat trägt. — Die nächste weiterführende Schule (*enseñanza media*) befindet sich in San Fernando.

LITERATUR

ALALUF, D.: Problemas de la propiedad agrícola en Chile. Schriften d. Geogr. Inst. d Univ. Kiel, Bd. 19, H. 2 Kiel 1961.

ALMEYDA A., E.: Pluviometría de las zonas del desierto y las estepas cálidas de Chile. Santiago 1948.

AMMON, A.: Probleme der Agrarreform in Chile. Übersichtsstudie u. Bibliographie. Bonn-Bad Godesberg 1971.

BÄHR, J.: La emigración de las áreas rurales en América Latina. In: Ibero-Americana, Stockholm, vol. 3:2, 1973, S. 33—54.

BÄHR J. & W. GOLTE: Eine bevölkerungs- und wirtschaftsgeographische Gliederung Chiles. In: Geoforum 17, 1974, S. 25—42.

BÄHR, J., W. GOLTE & W. LAUER: Verstädterung in Chile. In: Ibero-Amerikanisches Archiv, N. F., Jg. 1, 1975, H. 1, S. 3—38.

BARAONA, R., X. ARANDA & R. SANTANA: Valle de Putaendo. Estudio de estructura agraria. Santiago 1960.

BORDE, J. & M. GONGORA: Evolución de la propiedad rural en el Valle del Puangue. Tomos 1. 2. Santiago 1956.

BORDE, J., R. GONZALES & M. CONCHA: Tipos de explotaciones rurales en el Valle del Puangue. In: Informaciones Geográficas 1952, Santiago, S. 75—84.

CAMPOS V., O.: Los núcleos de pequeña propiedad en el valle del Cachapoal (Sector Punta Cortés — Cuesta Idahue). In: Informaciones Geográficas 1957, Santiago, S. 25—72.

CIDA — Comité Interamericano de Desarrollo Agrícola: Chile, tenencia de la tierra y desarrollo socio-económico del sector agrícola. Santiago 1966.

CONCHA, M.: Coyanco: un área de pequeños cultivadores. Estudio de geografía agraria. In: Terra Australis, Rev. Geogr. de Chile, Santiago, No. 23/24, 1973/74, S. 129—74.

CORFO — Corporación de Fomento de la Produccion: Geografía Económica de Chile. Texto Refundido. Santiago 1967.

CUNILL, P.: Visión de Chile, Santiago 1972.

ELIZAGA, J. C.: Migraciones a las áreas metropolitanas de América Latina. Santiago 1972.

ESPINOZA, E.: Jeografía descriptiva de la República de Chile. 5a ed. Santiago 1903.

GARCIA G., T. & C. THAYER E.: Reforma Agraria y pequeña propiedad. Estudio del área Aconcagua-Putaendo. In: Informaciones Geográficas, 1971, Santiago, S. 103—139.

GOLTE, W.: Das südchilenische Seengebiet. Besiedlung u. wirtschaftliche Erschließung seit dem 18. Jh. Bonner Geogr. Abh., H. 47, Bonn 1973.

GONGORA, M.: Origen de los inquilinos de Chile Central. 2a ed. Santiago 1974.

INDAP — Instituto de Desarrollo Agropecuario: Antecedentes para la evaluación del problema del minifundio. Santiago 1970 [Maschinenschriftl. vervielf.].

LAUER, W.: Chile — geographische Probleme eines lateinamerikanischen Entwicklungslandes. In: Sitzungsber. d. Ges. z. Beförd. d. ges. Naturwiss. Marburg, 83/84, 1961/62, S. 107—136.

LEON E., R.: Interpretación histórica del huaso chileno. 3a ed. Santiago 1971.

MARTIN, C.: Landeskunde von Chile. 2. Aufl. Hamburg 1923.

MARTIN, G. E.: La división de la tierra en Chile Central. Santiago 1960.

McBRIDE, J. M.: Chile, su tierra y su gente. ICIRA, Santiago 1970.

ROTHER, K.: Stand, Auswirkungen und Aufgaben der chilenischen Agrarreform. In: Erdkunde, Bonn, Bd. 27, 1973, S. 307—322.

ROTHER, K.: Eine mittelchilenische Agrarlandschaft im Luftbild. Der Sonderkulturanbau von Péumo an Río Cachapoal. Die Erde, Jg. 106, 1975, S. 228—242.

SANTANDER, A.: Isleños-Briones, una corta historia y larga descendencia. Los bienes de don Luis Valenzuela y doña Petronila de Zúñiga de Valenzuela. Santiago 1942.

Sepulveda G., S.: El trigo chileno en el mercado mundial. Ensayo de geografía histórica. In: Informaciones Geogr. 1956, Santiago, S. 7—133.
Schmithüsen, J.: Die räumliche Ordnung der chilenischen Vegetation. In: Schmithüsen et alii: Forschungen in Chile. Bonner Geogr. Abh., H. 17, Bonn 1956, S. 1—89.
Smole, W.: Owner — cultivatorship in Middle Chile. Univ. of Chicago, Dep. of Geogr., Res. Paper No. 89, Chicago 1963.
Smole, W.: Los dueños — cultivadores de Chile Central. In: Informaciones Geogr. 1965, Santiago, S. 13—43.
Soto, H.: Villa de Chimbarongo. San Fernando 1971.
Valenzuela R., B.: El horno campesino y su función panificadora. In: Bol. de Filología, Publ. del Inst. de Filol. de la Univ. de Chile, t. 13, Santiago 1961, S. 1—48.
Weischet, W.: Chile. Seine länderkundliche Individualität und Struktur. Wiss. Länderkunden, Bd. 2/3. Darmstadt 1970.
Weischet, W.: Agrarreform und Nationalisierung des Bergbaus in Chile. Darmstadt 1974.
Weischet, W. & E. Schallhorn: Altsiedelkerne und frühkolonialer Ausbau in der Bewässerungslandschaft Zentralchiles. In: Erdkunde, Bonn, Bd. 28, 1974, S. 295—303.
Zemelman, H.: El migrante rural. Icira, Santiago 1971.
Ziche, J.: Agrarreform in Chile 1965—1970. In: Zeitschr. f. ausländ. Landwirtschaft, 10, 1971, S. 4—23.

ENTWICKLUNG UND STAND DER AGRARKOLONISATION IN AYSÉN UNTER DEM EINFLUSS DER VERSTÄDTERUNG*

Jürgen Bähr und Winfried Golte

Resumen: Desarrollo y estado actual de la colonización agraria en Aysén bajo la influencia de la urbanización

Durante los últimos 15 años la colonización agraria en la provincia de Aysén se ha desarrollado a un ritmo cada véz más lento. Llama la atención el hecho de que ello ha sucedido antes de que las tierras colonizables se hayan terminado.

Para poder analizar mejor las causas de este estancamiento se elaboran un modelo de la colonización de regiones periféricas. Para ello se presta especialmente la colonización de la región de los lagos del sur de Chile. Se distinguen las fases siguientes:
1° La etapa inicial con ocupación espontánea de las tierras.
2° La primera etapa de la colonización estatal durante la cual se mantiene el aislamiento de la región.
3° La segunda etapa de la colonización estatal con plena integración de la región y comunicación con el resto del país.
4° Una véz terminada la expansión de las tierras utilizables se inicia una etapa de agricultura intensiva y mejoramiento de la infrastructura.

En la provincia de Aysén la primera de estas etapas tuvo lugar durante los años de 1900—1930. Antes de que se hubiera terminado la segunda etapa, iniciada alrededor del año de 1930, ha empezado a interferir en la colonización el proceso de urbanización. Esto se muestra en que el crecimiento demográfico se limita al sector urbano mientras en las áreas rurales esta estancado. La base de este crecimiento unilateral de las ciudades no es una industrialización correspondiente sino la expansión desmesurada del sector terciario.

I. EINLEITUNG

Die Siedlungsgebiete im außertropischen Südamerika lassen sich einteilen in „altbesiedelte", d. h. bereits während der Kolonialzeit weitgehend erschlossene Räume, und solche, deren Kolonisation erst unter den republikanischen Verwaltungen, etwa seit der Mitte des vergangenen Jahrhunderts, in Gang kam. So gingen durch die großzügige kolonialzeitliche Landnahme die naturräumlich und verkehrsmäßig begünstigten zentralen Teile am La Plata und in Chile in die Hand von Großgrundbesitzern über. Demgegenüber war die Erschließung der weiten Wald- und Steppengebiete an der Peripherie wegen der erheblichen Schwierigkeiten

---

* Der Stiftung Volkswagenwerk, die den Aufenthalt der Verfasser in Chile im Frühjahr 1973 ermöglichte, sei auch an dieser Stelle für ihre Unterstützung gedankt.

(Widerstand der indianischen Bevölkerung, Unzugänglichkeit und z. T. Unwirtlichkeit, etc.) damals nicht möglich und angesichts der geringen Bevölkerungszahl jener Länder auch nicht notwendig. Nach Erreichen der Unabhängigkeit jedoch bemühten sich die eben entstandenen Staaten um eine volle Eingliederung auch der randlich gelegenen Teilräume. Kennzeichnend für die dadurch eingeleitete Erschliessung ist, wie bereits O. QUELLE (1933/34) hervorhob, der hohe Anteil nicht-iberischer Volksgruppen. Im Zeichen der raschen Bevölkerungsvermehrung wurde die im 19. Jh. wesentlich aus politischen Gründen eingeleitete Kolonisation im 20. Jh. immer mehr zu einer wirtschaftlichen und sozialen Notwendigkeit.

Chile bietet mit seinen Teilräumen als einzelnes Land in besonders günstiger Weise die Möglichkeit, den für bestimmte Zeitabschnitte charakteristischen Gang der Erschließung aufzuzeigen. Mit Ausnahme des Archipels von Chiloé war das gesamte Waldland südlich des Río Biobio bis zur Mitte des vorigen Jahrhunderts weitgehend unbesiedelt geblieben.

Die neuzeitliche Erschließung des chilenischen Südens begann um 1850 mit der planmäßigen Ansiedlung deutscher Auswanderer im Seengebiet, der sog. *Region de los Lagos* (Prov. Valdivia, Osorno, Llanquihue) (LAUER 1961; GOLTE 1973).

Die Besiedlung des nördlich anschließenden Gebietes bis hin zum Río Biobio, der sog. *Frontera*, kam nach 1860 im Zuge der Befriedung der araukanischen Indianer in Gang (BERNINGER 1933; HARTWIG 1966).

Mit der Einführung der ersten Schafe von den Falkland-Inseln begann 1878 die Erschließung von Magallanes (BUTLAND 1957). Die Provinz Aysén ist der jüngste Kolonisationsraum Chiles. Hier ließen sich erst kurz nach der Jahrhundertwende die ersten Siedler nieder. Die dortige Kolonisation ist bis heute nicht abgeschlossen. Dieser Raum ist daher besonders geeignet, den Einfluß der übergreifenden, von außen herangetragenen Entwicklungsfaktoren Landflucht und Verstädterung auf die innere Gesetzmäßigkeit des Kolonisationsprozesses zu untersuchen. Diese Fragestellung macht es notwendig, zunächst ein einfaches Modell der Kolonisation peripherer Räume zu entwickeln. Dafür bietet sich besonders das „klassische" Kolonisationsgebiet Chiles, die *Región de los Lagos* an. Hier zeichnen sich die einzelnen Entwicklungsetappen besonders klar ab, weil die Erschließung unter außerordentlich schwierigen Ausgangsbedingungen erfolgte und es zu ihrer Ingangsetzung immer wieder besonderer Anstöße bzw. Konstellationen bedurfte. Es kommt daher bei der folgenden Darstellung der Erschließungsbemühungen im Seengebiet darauf an, die über die individuellen Züge hinaus gültigen allgemeinen Gesetzmäßigkeiten herauszuarbeiten.

II. DAS SÜDCHILENISCHE SEENGEBIET ALS BEISPIEL FÜR DIE KOLONISATION EINES PERIPHEREN RAUMES

Das südchilenische Seengebiet verdankt seinen Namen einer auf die pleistozäne Vorlandvergletscherung zurückgehenden Seenkette und weist die für weite Teile Chiles charakteristische Dreigliederung auf: im Westen die bis zu 1000 m hohe Küstenkordillere *(Cordillera de la Costa)*, daran östlich anschließend die 50–300 m hoch gelegene, leicht hügelige Längssenke *(Valle Longitudinal)* und schließlich zur argentinischen Grenze hin die Hochkordillere *(Cordillera de los Andes)*, deren 1200—1500 m hoher Sockel von tertiären bzw. quartären Vulkanen überragt wird.

In der frühen Kolonialzeit, als im Gefolge der Eroberung Südchile vorübergehend in den Interessenbereich der Spanier geriet (Edelmetallförderung), fand nur eine oberflächliche Durchdringung des Seengebietes statt. Durch die Araukaneraufstände um 1600 ging es für die Spanier zunächst wieder verloren, und es dauerte 150 Jahre, bis diese hier ihre Siedlungsbemühungen erneut aufnahmen.

Die Zeit zwischen dem Beginn dieser „*Reconquista*" und der planmäßigen Ansiedlung der ersten deutschen Kolonisten im Seengebiet, also der Abschnitt von 1750 bis 1850, soll als V o r p h a s e d e r A g r a r k o l o n i s a t i o n bezeichnet werden. Sie läßt sich durch die spontane Landnahme der Spanier charakterisieren, die sich vor allem im Gefolge von Missionen im Seengebiet niederließen. Sie betrieben auf großen Flächen eine Wald-Viehwirtschaft oder bauten auf gerodetem Land Weizen an.

Mit der Ansiedlung der ersten deutschen Kolonisten (1850) begann im Seengebiet eine ä l t e r e K o l o n i s a t i o n s p h a s e , die noch durch weitgehende Isolierung des neugeschaffenen Siedlungsraumes vom zentralen Kern Chiles gekennzeichnet ist („ältere Rodungskolonisation").

Die wirtschafts- und sozialgeographischen Auswirkungen dieser mit etwa 6000 Einwanderern eingeleiteten planmäßigen Staatskolonisation lassen sich in zwei Punkten zusammenfassen:

1. Der besiedelte und erschlossene Raum im Seengebiet wurde wesentlich erweitert und der Urwald zurückgedrängt. Im Gebiet um den Llanquihue-See, das seit 1852 von Puerto Montt aus erschlossen wurde, entstand eine systematische Flurauftteilung mit entlang der Uferlinie gereihten Breitstreifen in Besitzeinheit. Damit bildete sich im Seengebiet eine mittelbäuerliche Betriebsstruktur heraus, die sich scharf von der durch das Nebeneinander von Großgrund- und Kleinbesitz geprägten „mediterranen" Zentralzone Chiles abhebt.
2. Die durch die schlechten Verkehrsbedingungen und durch das Fortbestehen der nördlich angrenzenden *Frontera* sehr ausgeprägte räumliche Isolierung hatte einerseits die Herausbildung einer „geschlossenen Gesellschaft" der Deutschstämmigen zur Folge, andererseits begünstigte sie deren freie wirtschaftliche Entfaltung und einen von außen kaum gestörten Ablauf der Kolonisation.

Mit dem Anschluß des Seengebietes an die chilenische Längsbahn (1912) und der dadurch gegebenen Aufhebung der räumlichen Isolierung geht die ältere Phase der Agrarkolonisation zu Ende. Rodung und Landwirtschaft wurden durch die neuen Absatzmöglichkeiten in der Zentralzone stark stimuliert (j ü n g e r e K o l o n i s a t i o n s p h a s e). Kennzeichnend war allerdings zunächst weniger eine qualitative Veränderung, als vielmehr eine quantitative Ausweitung. Weiterhin herrschte eine extensive Feldgraswirtschaft mit Weizenanbau vor. Damit wurde in der „jüngeren Rodungskolonisation" der größte Teil der Längssenke in die heute noch charakteristische Parklandschaft umgeformt.

Bereits mit dem Anschluß an die Nord-Südbahn kam es im Seengebiet durch die Öffnung nach Norden zu einer Auflösung jener „geschlossenen Gesellschaft" und damit zum Ende der deutschen Kolonisation im engeren Sinne. Endgültig fand die gesamte Rodungskolonisation im Seengebiet um 1950 ihren Abschluß, da nunmehr alles siedlungsfähige Land erschlossen war.

Die nun folgende vierte Entwicklungsetappe ist nicht mehr durch die äußere Erweiterung des Siedlungsraumes gekennzeichnet, sondern durch eine intensivere Nutzung des gerodeten Landes. Sie soll als P h a s e d e s i n n e r e n A u s b a u s bezeichnet werden. Diese Umstellung drückt sich darin aus, daß die Feldgras-Wechselwirtschaft von einer Dauergrünlandwirtschaft und einer davon getrennten Ackernutzung abgelöst wird. Im Übergang zur Umtriebsweide zeigt sich die Intensivierung der Viehwirtschaft besonders deutlich.

Diese letztgenannte Phase der Kolonisation wird bereits von einem weltweit wirksamen, von außen herangetragenen Entwicklungsfaktor überlagert: der zunehmenden L a n d f l u c h t u n d V e r s t ä d t e r u n g. Vergleicht man die Entwicklung der ländlichen und der städtischen Bevölkerung im Seengebiet, so zeigt sich, daß die fortschreitende Rodungskolonisation noch bis 1940 eine stärkere Zunahme des ländlichen Anteils ermöglicht hatte, die sich seitdem mehr und mehr in das Gegenteil verkehrt hat. Die durch die Beendigung der Rodungsarbeiten und die Mechanisierung der Landwirtschaft eingeleitete Abwanderung wurde durch staatliche Maßnahmen (unter denen nur die Sozialgesetzgebung und die Agrarreform genannt werden sollen) weiter gefördert. Damit treten heute in einem Gebiet, das sich noch bis vor kurzem im Stadium der Kolonisation befand, die gleichen Probleme auf, wie sie für andere Räume Chiles schon seit längerem charakteristisch sind, so beispielsweise das unkontrollierte Wachstum der Städte in Form von *callampas* (improvisierte Barackensiedlungen) und *poblaciones* (staatlich geförderte Reihensiedlungen).

Fassen wir die wichtigsten Erschließungsetappen im südchilenischen Seengebiet nochmals in Form eines Ablaufschemas der Kolonisation peripherer Räume zusammen, so lassen sich fünf Phasen herausstellen:

1. die durch spontane Landnahme gekennzeichnete V o r p h a s e d e r A g r a r k o l o n i s a t i o n,
2. die ä l t e r e K o l o n i s a t i o n s p h a s e bei weitgehender räumlicher Isolierung des Siedlungsgebietes,
3. die j ü n g e r e K o l o n i s a t i o n s p h a s e mit der vollen Integration des Siedlungsraumes in das Staatswesen,
4. die mit dem Abschluß der äußeren Erweiterung der Kulturlandschaft einsetzende P h a s e d e s i n n e r e n A u s b a u s,
5. der die innere Gesetzmäßigkeit der Kolonisation überlagernde Entwicklungsfaktor einer zunehmenden L a n d f l u c h t u n d V e r s t ä d t e r u n g.

Es wird Aufgabe der folgenden Darstellung sein zu untersuchen, inwieweit der am Beispiel des Seengebiets gewonnene innere gesetzmäßige Ablauf der Kolonisation auch für einen erst wesentlich später erschlossenen Raum gilt.

III. DIE PHYSISCH-GEOGRAPHISCHEN GRUNDLAGEN AYSÉNS

Die 1929 aus Teilen der Provinzen Chiloé und Magallanes gebildete Provinz Aysén (Fig. 1) ist ein Teil des chilenischen Großen Südens *(Chile Austral)* und umfaßt den Andenabschnitt zwischen 44° und 49° s. Br. Das *Valle Longitudinal,* der Hauptsiedlungsraum des Landes, taucht im *Seno de Reloncaví* unter den Meeresspiegel ab, so daß der Große Süden einzig von der hier als „Patagonische Kordillere" bezeichneten Hauptkette der Anden und ihrem östlichen Vorland gebildet wird. Ihr kristalliner Sockel wird von älteren und jüngeren Eruptivzentren bzw. tertiären Sedimenten überlagert. Für das Landschaftsbild beherrschend jedoch ist die eiszeitliche Überformung des Gebirges. Auf der Westseite entstand durch teilweise ertrunkene Trogtäler die durch schmale Meeresarme *(canales)* und -buchten *(golfos)* vielfach gegliederte und in ungezählte Inseln *(Archipiélago de los Chonos, Aysén Insular)* aufgelöste Fjordküste. Auf der Ostflanke sind aus eiszeitlichen Zungenbecken langgestreckte, auf ihrer Stirnseite von Moränenwällen eingefaßte Seen (z. B. Lago Buenos Aires, Lago Cochrane) hervorgegangen. Die chilenisch-argentinische Staatsgrenze folgt gemäß einem Schiedsspruch des englischen Königs (1902) weitgehend der kontinentalen Wasserscheide. Diese fällt jedoch nicht mit der Hauptkammlinie des Gebirges zusammen, sondern greift teilweise — als Folge der Glazialerosion — weit nach Osten bis an den Rand der patagonischen Steppe hinüber. Daher gehören zu Chile hier nicht nur der Westabfall der Anden, sondern auch Teile des östlichen Vorlandes, die allerdings keine zusammenhängenden Streifen bilden, sondern durch Querriegel in einzelne Felder gegliedert sind.

Das größte und wichtigste der östlichen Vorlandfelder ist das Gebiet um Coyhaique am oberen Río Simpson und seinen Nebenflüssen. Durch das Trogtal des Río Simpson hat es eine unmittelbare Verbindung zum Pazifik (Puerto Aysén). Weitere für die Besiedlung wichtige Vorlandfelder liegen am Río Cisnes, am Lago Buenos Aires und am Lago Cochrane.

Entsprechend seiner Lage steht Aysén unter ganzjährigem starken Einfluß der südhemisphärischen Westdrift. Deren hohe kinetische Energie hat zur Folge, daß das autochthone, der Breitenlage entsprechende Strahlungsklima besonders auf der Luvseite fast ständig vom allochthonen Witterungsgeschehen überlagert wird (WEISCHET 1968, 1970). Der Gegensatz zwischen Luv- und Leeseite ist daher besonders scharf. Auf einer Horizontaldistanz von 90 km verringert sich die jährliche Niederschlagsmenge von 2870 mm (Puerto Aysén) über 878 mm (Coyhaique) bis auf 559 mm (Balmaceda). Der Jahresgang der Niederschläge zeigt für die drei genannten Stationen zwar noch ein leichtes Wintermaximum, doch halten sich bereits wenig südlich Winter- und Sommerregen die Waage, so daß Aysén mit Chr. van HUSEN (1967) in den Übergangsbereich zwischen der „Zone ganzjähriger Niederschläge mit Wintermaximum" und der „Zone ganzjährig gleichmäßiger Niederschläge" zu legen ist.

Eine Folge des hochozeanischen, durch einen antarktischen Akzent getönten Klimas ist die Tatsache, daß hier schon in 46° 30' s. Br. das patagonische Inlandeis beginnt, welches im Ventisquero San Rafael in größter Äquatornähe den Meeres-

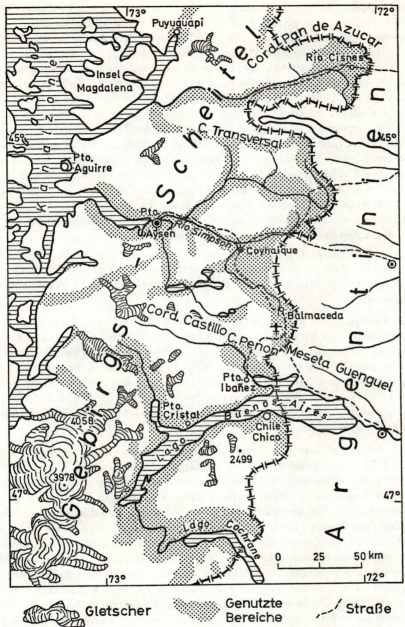

Fig. 1: Siedlungsräume und Verkehrswege in Aysén nach WEISCHET 1970, ergänzt.

spiegel erreicht (KELLER 1949). Die Vegetation spiegelt diese klimatischen Gegebenheiten wider. Die extrem feuchte Westseite ist von einem überaus dichten immergrünen Regenlorbeerwald überzogen. Zwar ist der Artenreichtum hier, im „nordpatagonischen Regenwald" (SKOTTSBERG 1916; SCHMITHÜSEN 1956; OBERDORFER 1960; HUECK 1966) bereits ärmer als im nördlich angrenzenden „valdivianischen Regenwald", aber die Üppigkeit und der Reichtum an Epiphyten, Lianen, Farnen usw. sind eher noch größer. Vorherrschende Art ist die immergrüne Südbuche Nothofagus dombeyi *(coihue)*, hinzutreten Weinmannia trichosperma *(tineo)*, Caldcluvia paniculata *(tiaca)*, u. a. Mit abnehmender Niederschlagshöhe geht der Regenwald ostwärts in den von sommergrünen Südbuchen (Nothofagus antarctica = ñirre; Nothofagus pumilio = *lenga*) gebildeten „subantarktischen sommergrünen Wald" über (Photo 18), der seinerseits von der ostpatagonischen Steppe abgelöst wird. Eine Fahrt von Puerto Aysén über Coyhaique nach Balmaceda vermittelt einen guten Eindruck dieser Vegetationsabfolge.

Aus der geschilderten physiogeographischen Situation läßt sich folgendes, für die Kolonisation des Raumes wichtige Ergebnis ableiten:

1. Durch die niedrige Lage der hier fast zusammenfallenden Wald- und Schneegrenze (ca. 1000 m) sowie den extrem feuchten Charakter der Westflanke des Gebirges und die Steilheit seiner Formen gehören weite Teile Ayséns zur Anökumene.

2. Für die Besiedlung kamen im wesentlichen die durch das Gebirge geschützten Vorlandfelder im Bereich der sommergrünen Formationen in Frage. Die Anbaugrenze für Getreide springt hier, auf der Ostseite, zwar etwa drei Breitengrade weiter polwärts als im regennassen Westen (Chiloé 42° s. Br.), doch ist der Anbau oberhalb 600 m nicht mehr möglich und auch unterhalb wegen der Frostgefahr mit einem großen Risiko verbunden. Grundlage der Erschließung konnte daher nur die Viehwirtschaft sein. Ganzjährig können Rinder allerdings nur in tieferen Lagen weiden.

Auch die mangelhafte Verkehrserschließung Ayséns im Inneren und nach außen ist eine Folge der physisch-geographischen Gegebenheiten (Fig. 1). Wegen der südlich 41° s. Br. fehlenden Längssenke sowie der tiefen Zerschneidung des Gebirges und der klimatischen Unbilden ist die Provinz bis heute auf dem Landwege nur über argentinisches Territorium zu erreichen. 1969 wurde eine derartige Verbindung über den Paso Puyehue (östl. von Osorno) eröffnet. Im gleichen Jahre wurde mit der technischen Vorplanung einer 450 km langen Allwetterstraße zwischen Puerto Montt und Aysén begonnen (La Prensa, Osorno, 23. III. 1969). Doch ist angesichts der immensen Schwierigkeiten und Kosten vorerst nicht mit einer Realisierung des Vorhabens zu rechnen. So wird für den Warenverkehr auch weiterhin der Transport über Argentinien und vor allem der Seeweg die Grundlage bleiben. Für letzteren sind nur Puerto Aysén bzw. Puerto Chacabuco von größerer Bedeutung, da sie über das Valle Simpson mit dem Hauptsiedlungsraum um Coyhaique durch eine seit 1935 bestehende Schotterstraße verbunden sind. 1975 besaß die Provinz insgesamt nur ein Straßennetz von 1483 km; davon waren lediglich 883 km aufgeschottert *(caminos ripiados)* und damit ganzjährig befahrbar, der Rest einfache Erdwege *(caminos de tierra)* (EL MERCURIO, Santiago, vom 25. II. 1975).

Die unzureichende Verkehrserschließung, verbunden mit der außerordentlichen Entfernung zur Landeshauptstadt (Luftlinie Santiago — Coyhaique 1500 km) hatte zur Folge, daß die Provinz bis heute vom Kernraum Chiles weitgehend isoliert geblieben ist. Daher ist die Ausgangssituation der Kolonisation in Aysén voll mit derjenigen des Seengebietes vergleichbar. Auch die physischen Voraussetzungen, insbesondere die ursprüngliche Bedeckung beider Räume mit regennassen, üppigen Urwäldern sind einander recht ähnlich. Es ist daher zu erwarten, daß der Kolonisationsprozeß in Aysén nach den gleichen Gesetzmäßigkeiten und in vergleichbaren Phasen abgelaufen ist, wie sie für das Seengebiet herausgearbeitet wurden.

Dies trifft für die erste Entwicklungsetappe — wenngleich mit einer zeitlichen Verschiebung — auch tatsächlich zu.

IV. SPONTANE LANDNAHME UND SIEDLUNGSGESELLSCHAFTEN

Die ersten Erkundungsreisen in der Region fallen noch in die Kolonialzeit (MANSILLA 1946). Als erste Reisende werden José García und Juan Cicuña (1762) genannt. Die bedeutsamste Unternehmung war die Expedition von José de Moraleda Ende des 18. Jh., bei der er den Río Aysén und den Chonos-Archipel erforschte, und als deren Ergebnis die erste Landkarte des Gebietes entstand (MORALEDA 1888). Doch blieben die kolonialzeitlichen Erkundungen ohne praktische Folgen. Erst 1870 begann die Reihe der neuzeitlichen Forschungsreisen. Als erster drang in diesem Jahr Robert Simpson, ein Vizeadmiral der chilenischen Marine britischer Abkunft, von Puerto Aysén aus entlang dem später nach ihm benannten Fluß bis in das Gebiet von Coyhaique vor. Große Bedeutung erlangten die Reisen, welche in den Jahren 1894—99 der Deutsche Hans Steffen im Zusammenhang mit der Grenzziehung zur Erkundung der hydrographischen Verhältnisse in Westpatagonien unternahm (STEFFEN 1910, 1919). Den gleichen Zielen dienten die Expeditionen von Paul Krüger (KRÜGER 1916). Auch in späteren Jahrzehnten, als die Kolonisation längst begonnen hatte, mußten zur Vorbereitung der Erschließung (z. B. Wegebau) immer wieder Erkundungsreisen unternommen werden, so von Max Junge und Augusto Grosse (GROSSE 1955).

Im Jahre 1900 lebten in Aysén nicht mehr als 200 Menschen (MANSILLA 1946). Das Eindringen landsuchender Chilenen steht in Zusammenhang mit der von der argentinischen Regierung eingeleiteten Erschließung des ostpatagonischen Andenrandes, wo sich seit 1881, also noch vor der endgültigen Grenzziehung, einzelne aus Südchile (Chiloé, Seengebiet) stammende Familien niedergelassen hatten. Ein Teil dieser *intrusos* mußte seit 1903 im Zuge der staatlichen Aufsiedlung (z. B. Colonia Nahuel Huapi, Colonia Maipú; ERIKSEN 1970) das Land wieder verlassen. Es lag nahe, daß sie versuchten, jenseits der nunmehr festgelegten Grenze neues Siedlungsland in Besitz zu nehmen. Bevorzugte Räume dieser **spontanen Ansiedlung** waren: Futaleufú, Palena, Lago Verde, Valle Simpson, Lago Buenos Aires, Río Baker, Río Mayer (OVALLE 1958; BUTLAND 1957). Während diese älteste

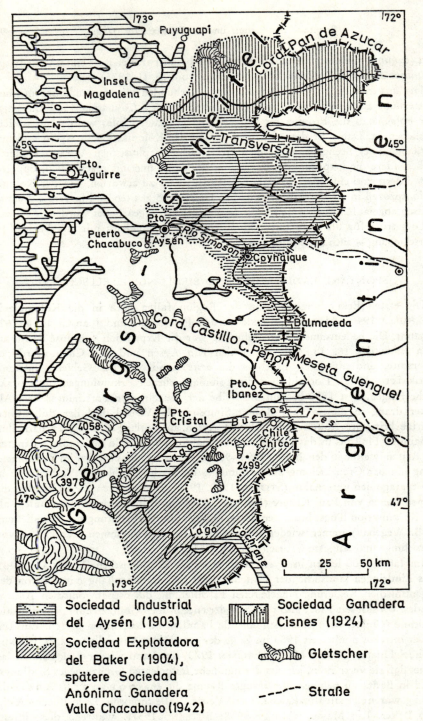

Fig. 2: An Kolonisationsgesellschaften vergebene Ländereien, nach OVALLE 1958 und BUTLAND 1957.

Einwanderungswelle in der Zeit des 1. Weltkrieges ihren Höhepunkt erreichte, entstanden auch die ersten Ortschaften, nämlich Balmaceda 1917 und Chile Chico 1914 (die Angaben über die Gründungsjahre stimmen in den verschiedenen Quellen nicht überein; vgl. MANSILLA 1946; BUTLAND 1957).

Parallel zu diesem ungelenkten Eindringen von Kleinsiedlern wurden unter der Administration Riesco riesige Ländereien unter bestimmten Bedingungen an kapitalkräftige Gesellschaften vergeben (Fig. 2). Die wichtigste Auflage bestand darin, ausländische Siedlerfamilien anzuwerben und auf den verliehenen Ländereien anzusetzen. Daneben verpflichteten sich die Gesellschaften zur Einrichtung von Schiffsverbindungen und zum Bau von Straßen. Die Regierung glaubte, auf diese Weise — ähnlich wie vorher in Magallanes (BUTLAND 1957; WEISCHET 1970) — das Land ohne direktes Eingreifen besiedeln zu können.

Aus der mit Dekret Nr. 659 vom Jahre 1903 einem gewissen Luis Aguirre aus Punta Arenas für 20 Jahre erteilten Landkonzession über die Täler von Coyhaique, Ñirihuao und Mañihuales ging noch im gleichen Jahre die Sociedad Industrial del Aysén hervor (Estatutos de la Soc. del Aysén 1942). Der Konzessionär verpflichtete sich, *100 familias de raza sajona* anzusiedeln, eine regelmäßige Schiffsverbindung nach Puerto Montt bzw. Ancud einzurichten und Verbesserungen im Werte von mindestens $ 50 000,— zu schaffen. Später (1914) wurde der Kontrakt dahingehend modifiziert, daß die 100 ausländischen durch 200 chilenische Familien ersetzt werden sollten. Die Konzession, die ursprünglich rd. 700 000 ha umfaßt hatte (Univ. Catolica o. J.), wurde im Laufe der Zeit mehrfach reduziert und umfaßte zum Schluß (seit 1947) nur noch 50 000 ha (Fig. 2). Als erster Administrator der Gesellschaft brachte 1904 Juan Durén 500 in Puerto Montt angeworbene chilotische Arbeiter in das Gebiet. Aus Magallanes wurden die ersten Schafherden über argentinisches Territorium auf die Ländereien der Gesellschaft getrieben. Nach OVALLE (1958) vergrößerte sich der Viehbestand von 1140 Schafen und 4439 Rindern im Jahre 1905 über 138 282 Schafe und 8200 Rinder 1920 auf 177 870 Schafe und 3397 Rinder im Jahre 1941.

Unter ähnlichen Bedingungen wie die vorgenannte Gesellschaft erhielt 1904 die Sociedad Explotadora del Baker, die spätere Sociedad Anónima Ganadera Valle Chacabuco, die Ländereien am Río Baker und seinen Zuflüssen bis zum Lago Cochrane. Sie sollte 40 ausländische Kolonistenfamilien ansiedeln. Auch diese Ländereien wurden wiederholt reduziert und umfaßten 1941 nur noch 144 000 ha. In diesem Jahre besaß die Gesellschaft 50 000 Schafe, 670 Rinder und 800 Pferde (Fig. 2).

Erst 1924 konstituierte sich als letzte der drei großen Landkonzessionäre die Sociedad Ganadera Cisnes (Fig. 3). Ihr wurde das bisher noch nicht vergebene Vorlandfeld am Río Cisnes, insgesamt mehr als 150 000 ha, übertragen. Erst mit dem Ablauf des Vertrages (1951) verringerte sich ihr Besitz auf etwa 60 000 ha. Darauf wurden 70 000 Schafe, 1655 Rinder und 875 Pferde gehalten.

Außer an große Gesellschaften wurden auch an Einzelpersonen größere Landstücke vergeben. Nach OVALLE (1958) entstanden auf diese Weise 18 durchschnittlich 5—10 000 ha große Estanzien mit jeweils 5—15 000 Schafen. In ihrem Aufbau

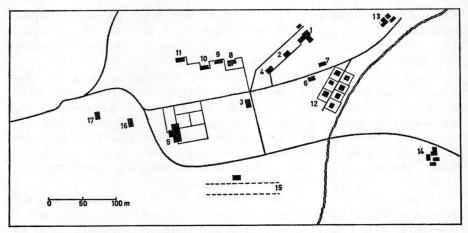

Fig. 3: Grundriß der Estancia Río Cisnes.
1: Herrenhaus
2: Administration
3: Kaufladen
4: Garage und Werkstatt
5: Schuppen für Schafschur
6: Schule
7: Meldestelle (Registro Civil)
8: Eßraum für Angestellte
9: Schlafraum für Angestellte
10: Eßraum für Arbeiter
11: Schlafraum für Arbeiter
12: Familienwohnhäuser für Arbeiter
13: Radiostation der Luftwaffe (FACH)
14: Grenzstation der Polizei
15: Landepiste
16 u. 17: Postenhäuser

entsprachen diese Estanzien mit dem Herrenhaus sowie den Wohnungen der höheren und niederen Bediensteten, den *corrales* und den Einrichtungen für die Schafschur *(galpón de esquila)* durchaus den Verhältnissen auf der argentinischen Seite (KÜHN 1938; WILHELMY & ROHMEDER 1963; ERIKSEN 1970).

Die vorstehend beschriebene großzügige Art der Landvergabe führte in zahlreichen Fällen zu Konflikten zwischen den Konzessionsgesellschaften und einzelnen Siedlern, die sich spontan auf den diesen zugeteilten, meist schlecht abgegrenzten Ländereien niedergelassen hatten. Dabei gelang es den formalrechtlichen Eigentümern in der Regel, die *intrusos,* die in mühevoller Arbeit das Land in Wert gesetzt hatten, zu vertreiben. Beispielsweise wurden am Río Baker von der dortigen Gesellschaft 20 Siedlerfamilien von ihrem Land verjagt, indem diese deren Hütten abbrennen und das Vieh töten ließ.

Insgesamt erwies sich die Kolonisationspolitik, die die Regierung in den ersten drei Jahrzehnten in Aysén verfolgte, als ein Fehlschlag. Keine der Gesellschaften hat die mit der befristeten Konzession verbundenen Auflagen vollständig erfüllt. In keinem Falle wurden ausländische Kolonisten ins Land geholt. Lediglich die Sociedad Industrial del Aysén ist ihren Verpflichtungen teilweise nachgekommen. Sie ließ die erste Straßenverbindung von Puerto Aysén bis zur argentinischen Grenze anlegen und siedelte im Valle Simpson einige chilenische Kolonisten an. Die den letzteren zugewiesenen Landstücke boten jedoch keine ausreichende Lebensgrundlage, so daß die Angesiedelten es vorzogen, als einfache *peones* für die Gesellschaft zu arbeiten.

Die Einwohnerzahl Ayséns hatte nach dem Zensus von 1920 1660 erreicht, von denen etwa 300 auf den Estanzien der Sociedad Industrial del Aysén lebten. Für die zwanziger Jahre gibt Butland (1957) insgesamt 350 Siedlerfamilien an. 1932 zählte die Provinz bereits 9714 Einwohner, die sich wie folgt auf die einzelnen Gebiete verteilten: Küstenregion 398, Futaleufú 573, Palena 377, Lago Verde 81, oberer Río Cisnes, Ñirihuao, Coyhaique, Puerto Aysén, Valle Simpson zusammen 6511, Lago Buenos Aires 1205 sowie die Gebiete am Río Baker und Río Mayer 569 Einwohner. Nur im Sommer bevölkerten sich die Inseln des Chonos-Archipels und die Guaytecas-Inseln mit Chiloten, die sich der Ausbeutung der Ciprésbestände (Pilgerodendron uviferum) zur Herstellung von Zaunpfählen *(estacas de ciprés)* widmeten.

V. DIE STAATLICH GELENKTE KOLONISATION

Das Eingreifen der Regierung Ibañez (1927–31) beendet die erste, mehr oder weniger unkontrolliert verlaufene Kolonisationsphase. Um die Verdienste dieses Präsidenten um die Kolonisation in Aysén zu würdigen, wurde diese Provinz mit Wirkung vom 29. Oktober 1974 in „Región Aysén del General Carlos Ibañez del Campo" umbenannt (El Mercurio v. 29. X. 1974). Bereits 1899 war von der Regierung ein erster Versuch unternommen worden, auf der Isla de los Leones im Río Palena eine Agrarkolonie zu gründen. Freilich scheiterte dieser Versuch sehr bald daran, daß das vorgesehene Land mitten im unwirtlichen feuchten Westen gelegen war und also, wie Ovalle (1958) bemerkt, sich *fuera de la zona colonizable* befand.

Das **staatliche Eingreifen** unter Ibañez zeigt sich daran, daß einerseits durch neue Gesetze den bisher rechtlosen Okkupanten ihr de facto-Besitz in der Größenordnung von 600–1200 ha durch Vergabe von Besitztiteln endgültig zuerkannt wurde, und daß andererseits die den Gesellschaften erteilten Konzessionen eingeschränkt und dadurch Ländereien zur Vergabe an weitere Kolonisten gewonnen wurden. Beispielsweise wurde die ursprünglich 700 000 ha umfassende Konzession der Sociedad Industrial del Aysén auf 200 000 ha reduziert. Die nun einsetzende Landzuteilung schlägt sich bereits in den o. g. Einwohnerzahlen von 1932 nieder. Zwischen 1937 und 1950 wurden nach Angaben des Servicio de Tierras y Colonización de Aysén insgesamt 1291 — z. T. vorläufige — Besitztitel über insgesamt 538 000 ha Land vergeben. Das entspricht einer Durchschnittsgröße von 417 ha. Bezeichnenderweise erhielten 50 Bedienstete des Staates allein 40 000 ha (Mansilla 1946).

Nur in wenigen Fällen entstanden geschlossene und einheitlich geplante Siedlungskolonien wie am Llanquihue-See (Golte 1973) oder am Lago Nahuel Huapi (Eriksen 1970). Die wenigen Ausnahmen sind eher privater als staatlicher Initiative zu verdanken. Am unteren Río Cisnes konstituierte sich eine genossenschaftlich organisierte Kolonie mit 140 Siedlern auf Landstücken von je 600–1000 ha.

1934 ließen sich am Ende des Fjordes von Puyuhuapi drei sudetendeutsche Familien nieder (zu den Anfängen der Kolonie Puyuhuapi vgl. OVALLE 1958). Die Einwandererfamilien bewirtschaften noch heute eine Fläche von zusammen 2281 ha. Sie widmen sich einerseits der Landwirtschaft und andererseits einer in Chile weithin bekannten Teppichfabrikation (seit 1943). Per Schiff werden jährlich 2000 Stück Vieh nach Puerto Montt geschickt, wo es auf dem Viehmarkt versteigert wird. Neben dem Eigenverbrauch an Milchprodukten gelangen pro Jahr 600—700 kg Butter und Käse in den Handel (Puerto Aysén, Coyhaique). Im übrigen versorgt sich die Kolonie durch Lieferungen aus Puerto Montt. Die für die Teppichweberei benötigte Schafwolle wird aus Coyhaique und vom Lago Verde bezogen (jährlich 5000 t). 1970 hatte Puyuhuapi 48 Haushalte mit zus. 275 Einwohnern. Die Bewohner sind größtenteils aus Chiloé und dem Seengebiet eingewandert, um in der Landwirtschaft oder der Teppichherstellung zu arbeiten.

Das Seengebiet und der Archipel von Chiloé stellen die wichtigsten Herkunftsgebiete der Kolonistenbevölkerung in Aysén dar (Tab. 1). Auch in der für die

Tab. 1: Herkunft der Bewohner der Provinz Aysén nach Geburtsprovinzen
(Es wurden nur die über 5jährigen Personen berücksichtigt; die Prozentwerte verstehen sich unter Ausschluß der Provinz Aysén)

Geburtsregion	Anzahl	Anteil in %
Großer und Kleiner Norden		
(Prov. Tarapacá-Aconcagua)	356	2,0
Valparaiso	304	1,7
Santiago	1 149	6,3
Südliche Zentralzone		
(Prov. O'Higgins-Ñuble)	726	4,0
Concepción	322	1,8
Arauco	75	0,4
Bío-Bío	282	1,6
Malleco	390	2,1
Cautín	1 478	8,1
Valdivia	1 490	8,2
Osorno	1 306	7,1
Llanquihue	3 342	18,1
Chiloé	6 081	33,3
Aysén	21 563	—
Magallanes	225	1,2
Ausland	753	4,1
ohne Angabe	575	—
Gesamt	40 417	100,0

Quelle: Instituto Nacional de Estadísticas 1974

Siedlungseinheit Lago Elizalde im gleichnamigen Distrikt (Comuna Coyhaique) durchgeführten Erhebung sämtlicher Geburtsorte der 76 Bewohner (davon bezeichnenderweise 46 Männer und 30 Frauen) kommt diese Tatsache zum Ausdruck.

Tab. 2: Geburtsprovinzen der Bewohner der Siedlungseinheit Lago Elizalde

Provinz bzw. Land	Anteil in %
Bío-Bío	1,4
Malleco	6,8
Cautín	17,8
Valdivia	24,7
Osorno	4,1
Llanquihue	24,7
Chiloé	16,4
Argentinien	4,1
insgesamt	100,0

Allein die Hälfte der Kolonisten stammt aus den Provinzen des Seengebietes (Valdivia, Osorno, Llanquihue). Es handelt sich aber keineswegs um Abkömmlinge der deutschen Einwanderer jenes Raumes, sondern um Nachkommen der ärmlichen Landbevölkerung. Diese ist teils chilotischer, teils araukanischer Abstammung und konzentriert sich vor allem in den sog. Fiskalkolonien (GOLTE 1973). Daraus erklärt sich auch die Sonderstellung der Provinz Osorno (vgl. BÄHR & GOLTE 1974). Diese gilt als reichste Provinz des Seengebietes. Fiskalkolonien und andere Minifundio-Gebiete spielen hier — mit Ausnahme von San Juan de la Costa — eine relativ geringe Rolle.

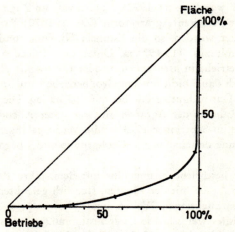

Fig. 4: Konzentrationsdiagramm der Verteilung von Betrieben und Betriebsflächen in Aysén (Quelle: Censo Agropecuario 1964/65).

Die Art der Besiedlung Ayséns spiegelt sich in der Besitzaufteilung wider, wie sie beim Zensus 1964/65 ermittelt wurde (Tab. 3; Fig. 4). Wenn auch die Diskrepanzen beträchtlich sind, so darf dies dennoch nicht zu der Annahme verleiten,

Tab. 3: Größenklassen der landwirtschaftlichen Betriebe in der Provinz Aysén 1964/65 (Gesamtzahl der Betriebe: 2224)

Größenklasse in ha	Anteil der Besitzer in %	Anteil der Fläche in %
0 — 4,9	7,4	0,005
5 — 9,9	2,2	0,009
10 — 19,9	3,1	0,02
20 — 49,9	5,6	0,1
50 — 99,9	6,2	0,2
100 — 199,9	9,7	0,7
200 — 499,9	22,1	4,1
500 — 999,9	29,7	11,0
1000 — 4999,9	12,4	13,4
5000 — und mehr	1,4	70,4

Quelle: Dirección de Estadística y Censos 1969.

daß in Aysén der Großgrundbesitz dominiere. Die Betriebe zwischen 200 und 1000 ha, die zusammen mehr als die Hälfte der Gesamtzahl ausmachen, sind unter den natürlichen Bedingungen nur als Mittelbetriebe, in ungünstigen Lagen sogar nur als Kleinbetriebe anzusprechen.

Die Besitzverteilung ist seit Mitte der sechziger Jahre noch etwas modifiziert worden, da einerseits ein Teil der Konzessionsverträge der Kolonisationsgesellschaften abgelaufen war (CUNILL 1970), andererseits im Zuge der unter der Regierung Frei 1967 eingeleiteten Agrarreform (ZICHE 1970; ROTHER 1973) größere Ländereien enteignet wurden, so die Estancia Ñirehuao und die Soc. Ganadera Valle Chacabuco mit zus. 113 197 ha. Unter dem Präsidenten Allende wurden 1972 weitere 48 Betriebe in *asentamientos* oder *Centros de Reforma Agraria* verwandelt. Daß es sich dabei nicht nur um Großbetriebe handelte, geht bereits daraus hervor, daß deren Durchschnittsgröße bei nur 963 ha lag. Die Bildung von Individualeigentum im Rahmen der Agrarreform war unter Allende nicht mehr vorgesehen, doch hat die im September 1973 an die Macht gelangte Militärjunta bereits mit der Privatisierung des enteigneten Großgrundbesitzes begonnen (EL MERCURIO v. 22. IV. 1974).

Wir können die beschriebene, ungefähr mit dem Jahre 1930 einsetzende Entwicklungsetappe in Aysén mit der zweiten, staatlich gelenkten Kolonisationsphase des Seengebietes parallelisieren. Weisen somit die Anfänge der Kolonisation in beiden Räumen Chiles weitgehende Übereinstimmung auf, so sind die dritte und vierte für das Seengebiet charakteristische Entwicklungsphase in Aysén nicht mehr ausgebildet, da die Agrarkolonisation seit Ende der fünfziger Jahre mehr und mehr zum Stillstand gekommen ist — ohne daß das zur Verfügung stehende Siedlungsland bereits voll erschlossen wäre. Während zwischen 1952 und 1960 die Bevölkerung der Provinz noch um 4,7 % jährlich zunahm, ging die Wachstumsrate zwischen 1960 und 1970 auf 2,6 % zurück (Tab. 4). Zwar läßt sich aus der letzt-

Tab. 4: Bevölkerungsentwicklung in der Provinz Aysén (1907—1970)

Jahr	Einwohner	jährl. Wachstumsrate in %
1907	187	—
1920	1 660	18,3
1930	9 711	19,3
1940	17 014	5,8
1952	26 262	3,7
1960	37 803	4,7
1970	48 423	2,6

genannten Zahl unter Berücksichtigung der vegetativen Vermehrungsrate Chiles noch ein Wanderungsgewinn von knapp 1 % pro Jahr ableiten (BÄHR & GOLTE 1974), aber der leichte Rückgang der ländlichen Bevölkerung (von 17 889 im Jahre 1960 auf 17 260 im Jahre 1970) zeigt, daß das Wachstum einseitig zu Lasten des städtischen Anteils gegangen ist. Betrug der Anteil der *población rural* 1960 noch 47,2 %, sank er 1970 auf 35,6 %. Die Gründe für diese Entwicklung werden aus der folgenden Darstellung der derzeitigen wirtschaftlichen Situation der Provinz verständlich werden.

VI. DIE JÜNGSTE WIRTSCHAFTS- UND BEVÖLKERUNGSENTWICKLUNG IN AYSÉN

1. Die Landwirtschaft

Durch seine Lage nahe der Polargrenze des Getreideanbaus ist Aysén im wesentlichen ein Viehzuchtgebiet. Im Agrarzensus von 1964/65 werden als jährliche Aussaatfläche lediglich 2533 ha angegeben (Tab. 5).

Tab. 5: Anbauflächen in der Provinz Aysén (1930—1964/65)

	1930	1935/36	1955	1964/65
Hafer	150	376	728	1194
Kartoffeln	133	170	617	815
Weizen	79	66	381	428
Sonstige	39	92	172	96
	401	704	1908	2533

Die Erträge sind naturgemäß bedeutend geringer als z. B. im Seengebiet. Für Weizen etwa werden im Agrarzensus 1964/65 nur 13,3 dz/ha angegeben, denen z. B. in der Provinz Llanquihue 23,6 dz/ha gegenüberstehen.

Tab. 6: Entwicklung des Viehbestandes in Aysén (1936—1972)

Jahr	Rinder	Schafe	Verhältnis Rinder/Schafe 1 Rind ~ 6 Schafe	Pferde
1936	22 434	399 699	1 : 3,0	10 926
1943	46 121	666 550	1 : 2,4	17 551
1955	94 238	576 957	1 : 1,0	24 131
1965	102 243	860 295	1 : 1,4	20 917
1972	135 910	893 780	1 : 1,1	keine Angabe

Aus Tab. 6 geht hervor, daß in den Anfängen der Kolonisation in Aysén das Schwergewicht der Viehwirtschaft auf der Schafhaltung lag. Die Konzessionsgesellschaften widmeten sich, wie schon vorher die großen Estanzien in Magallanes und auf argentinischer Seite, überwiegend der Schafzucht. So besaßen um 1950 (OVALLE 1958):

die Soc. Industrial del Aysén	129 115	Schafe
	1 532	Rinder
die Soc. Ganadera Cisnes	70 000	Schafe
	1 655	Rinder
die Soc. Ganadera Chacabuco	50 000	Schafe
	670	Rinder

Die Zahlen für 1972 zeigen — setzt man sechs Schafe gleich einer Großvieheinheit (Rind) —, daß heute Rinder- und Schafzucht etwa gleichbedeutend für die Wirtschaft der Provinz sind. Dies ist in erster Linie auf die fortgeschrittene Kolonisation zurückzuführen. Da die 1000 mm-Isohyete ungefähr die Westgrenze der lohnenden Schafhaltung markiert, mußte mit der aus den östlichen Vorlandfeldern Richtung Westen fortschreitenden Erschließung die Rinderhaltung an Bedeutung gewinnen. Im östlichen Schafzuchtgebiet rechnet man mit etwa einem Schaf pro ha, während im Gebiet mit überwiegender Rinderhaltung ungefähr 5 ha für ein Rind benötigt werden. Der niedrige Viehbesatz ergibt sich vor allem aus der Tatsache, daß das Vieh das ganze Jahr im Freien zubringt und für den Winter gewöhnlich keine Futtervorräte angelegt werden.

Kälte und Schnee bedingen eine hohe Sterblichkeit sowohl bei Schafen als auch bei Rindern. So berichtet OVALLE (1958), daß die Estancia Cisnes im Winter 1944 die Hälfte ihrer 90 000 Schafe verlor. In Höhen von über 500 m ist ganzjähriger Weidegang der Rinder nicht mehr möglich. Die Rinder aus so hoch gelegenen Betrieben werden im Winter auf tiefergelegene Weideflächen *(invernadas)* getrieben.

Die Schafhaltung dient in erster Linie der Wollproduktion. Die Schafschur *(esquila)* findet im Januar und Februar statt und zieht sich auf den großen Estanzien über mehr als einen Monat hin. Während die kleinen Schafhalter die Schur selbst besorgen, werden von den Großbetrieben darauf spezialisierte *cuadrillas* unter Kontrakt genommen. Dabei handelt es sich, wie in Magallanes und Argentinien, meist um chilotische Wanderarbeiter. Der Wollertrag in Aysén (3,9 kg pro

Schaf in der Saison 1971/72) erreicht zwar nicht die in Magallanes üblichen Werte (4,5 kg), zeigt jedoch steigende Tendenz. Für Mitte der fünfziger Jahre werden 3,2 kg Wolle pro Schaf angegeben, 1964/65 bereits 3,6 kg. Die größeren Betriebe erwirtschaften in der Regel höhere Wollerträge. Bei einem Provinzdurchschnitt von 3,6 kg ermittelte der Agrarzensus 1964/65 für Betriebe von über 5000 ha einen Durchschnittsertrag von 4,1 kg. Die gegenwärtige (1971/72) Wollproduktion in Aysén erreicht mit 3044 t ein knappes Drittel der Erzeugung in Magallanes. 1948 belief sich die erzielte Menge noch auf 1666 t. Da die Produkte der Schafhaltung leichter zu vermarkten sind als die der Rindviehzucht, werden in abgelegenen Betrieben auch bei weniger günstigen Voraussetzungen vorwiegend Schafe gehalten.

In der Rindviehhaltung Ayséns dominiert bis heute die Mastwirtschaft. Von den im Agrarzensus 1964/65 angegebenen 102 243 Stück Rindvieh waren nur 8896 (= 8,7 %) für die Milchproduktion bestimmt (entsprechende Zahlen für 1935/36: 1708; 1955: 4926). Darüber hinaus hat die Milcherzeugung einen durchaus saisonalen Charakter. Nur 10 % der 1027 Abmelkbetriebe waren 1964/65 *lecherías permanentes,* alle übrigen *lecherías de temporada.* Die gesamte Milchproduktion dient praktisch nur der Eigenversorgung der Provinz und beschränkt sich auf die Umgebung der beiden größten Orte Coyhaique und Puerto Aysén. In den gleichnamigen Kommunen werden allein 60 % der Milchkühe der Provinz gehalten.

Um die Milchproduktion zu steigern und die Versorgung der rasch gewachsenen Städte sicherzustellen, wurde von der Corfo* 1969 in Coyhaique eine Molkerei eröffnet (Photo 19). Allerdings haben sich die damit verbundenen Hoffnungen bisher nur in geringem Maße erfüllt. Wenn sich nur wenige der kleinen Landwirte in der Umgebung der Stadt (Tab. 7) zu einer Belieferung der Molkerei entschlossen haben, dann nicht zuletzt aufgrund einer unrealistischen staatlichen Preispolitik.

Tab. 7: Milchanlieferung in der Molkerei von Coyhaique *(temporada* 1971/72)

Monat	Zahl der Lieferanten	Menge in Liter	% Fettgehalt
Oktober	2	261	2,5
November	9	15,667	2,33
Dezember	39	91,738	2,28
Januar	58	144,372	2,4
Februar	63	149,038	2,55
März	45	83,991	2,61
April	2	3,541	3,25
insgesamt	—	488,608	2,52

Die staatlich festgesetzten Preise für einen Liter Milch betrugen im Februar 1973 in Aysén 4,25 Escudos (bei 3 % Fettgehalt) bei Ablieferung in der Molkerei (Verbraucherpreis 9,20 Escudos). Ganz abgesehen davon, daß dieser politische

---

* Die Corfo (Corporación de Fomento de la Producción) ist eine 1941 gegründete halbstaatliche Organisation zur Wirtschaftsförderung, die dem Wirtschaftsministerium untersteht.

Preis (5 Escudos entsprachen damals etwa 20 Pfg.) in keinem Verhältnis zu den Produktionskosten steht, verleitet der für einzelne Milchprodukte (Käse) ebenfalls vom Staat festgelegte Preis die Landwirte dazu, die erzeugte Milch nicht an die Molkerei zu liefern, sondern selbst zu Käse zu verarbeiten und diesen direkt an den Verbraucher zu verkaufen. Diese Haltung der Landwirte läßt sich mit einer einfachen „Milchmädchenrechnung" erklären. Für 3500 Liter Milch wurden von der Molkerei 14 875 Escudos bezahlt (bei Direktverkauf an den Verbraucher würde sich diese Summe auf 32200 Escudos erhöhen). Für die aus 3500 Litern Milch hergestellten 320 kg Käse hingegen konnte der Landwirt beim Verkauf an Einzelhändler 41 920 Escudos und bei direktem Verkauf an den Verbraucher 49 920 Escudos erzielen. Dabei ist zu berücksichtigen, daß die geringe Arbeitsleistung des Landwirtes für die Käseherstellung vernachlässigt werden kann. Das Resultat einer derartigen Preispolitik zeigt sich darin, daß etwa im Februar 1973, auf dem Höhepunkt der Melksaison, in dem inmitten eines Viehzuchtgebietes gelegenen Coyhaique keine Milch erhältlich war, während es Käse wie überall in Chile im Überfluß gab. Noch ungünstiger als für die Milch selbst lagen die Preise für Butter. Der Erlös für 1 kg Butter lag mit 114 Escudos noch unter derjenigen Summe (184 Escudos), die der Landwirt bei direktem Verkauf der dafür notwendigen 20 Liter Milch erhalten konnte. In der *temporada* 1971/72 (Tab. 7) wurden in der Molkerei von Coyhaique, die — obwohl in staatlichem Besitz — ebenfalls hauptsächlich Käse produzierte, 488 608 Liter Milch angeliefert. Das entspricht weniger als einem Promille der gesamten in der milchverarbeitenden Industrie Chiles abgelieferten Menge.

Die seit 1973 regierende Militärjunta hat eine realistische Preispolitik eingeleitet und zielt — abgesehen von Weizen, Mais und Zuckerrüben — auf eine völlige Freigabe der Preise für Agrarprodukte. Bei Milch und Rindfleisch soll erst dann durch verstärkte Importe eingegriffen werden, wenn das internationale Preisniveau überschritten wird.

Die Abgelegenheit der Provinz und ihre unzureichende Verkehrserschließung sind die Ursache der einseitigen Ausrichtung auf die Mastviehhaltung (Photo 20). Aber auch die Vermarktung des Schlachtviehs war, zumindest bis 1970, als in Puerto Chacabuco eine moderne Kühlhausschlachterei *(matadero frigorífico)* eröffnet wurde (Photo 21), mit erheblichem Aufwand verbunden. Bis zu diesem Jahre wurde das schlachtreife Vieh nach Puerto Aysén getrieben *(arreos)* oder auf dem Wasserwege dorthin geschafft. Von Puerto Aysén aus gelangte es *(en pie)* mit einem Spezialschiff (Lago General Carrera) nach Puerto Montt, um dort entweder auf dem Viehmarkt *(feria)* versteigert oder direkt per Bahn in die Zentralzone verschickt zu werden (Tab. 8). Allein die 1000 km lange Bahnfahrt Puerto Montt—Santiago ist für die Tiere mit einem Gewichtsverlust von 15 % verbunden.

Der Standort des *matadero frigorífico* Puerto Chacabuco (Fig. 5) wurde mit Bedacht am Ausgang des Valle Simpson gewählt, welches den Hafen mit dem Hauptviehzuchtgebiet um Coyhaique verbindet. Die 1970 eingerichtete Kühlhausschlachterei arbeitet nur während der Monate Februar bis Juni. Entsprechend dem Futterangebot auf den Weiden beginnt die Mastsaison im November, und erst von Mitte Februar an lohnt sich ein Verkauf des Viehs, das im übrigen vom April an

Tab. 8: Transport vieh- und waldwirtschaftlicher Produkte aus Häfen der Provinz Aysén nach Puerto Montt im Jahre 1967 (aufgrund einer Auswertung der Frachtlisten der Agencia Marítima, Puerto Montt).

Art	Menge
Rinder	3 305 Stück
Schafe	14 567 Stück
Schaffelle	32 Tonnen
Pfähle aus Ciprés-Holz	153 500 Stück

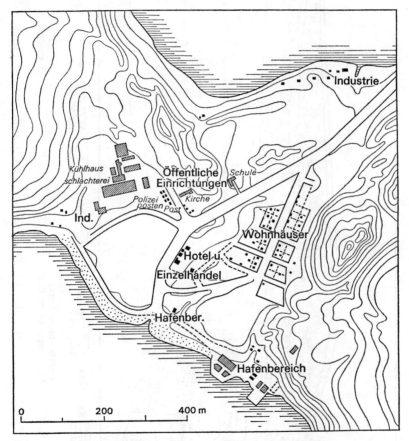

Fig. 5: Funktionale Gliederung von Puerto Chacabuco.

auch zur Entlastung der Weiden verkauft werden muß. Die Kapazität der Schlachterei von (1973) 120 bis 180 Rindern und 800 Schafen pro Tag ist zur Zeit noch nicht voll ausgelastet. In den drei Jahren ihres Bestehens wurden jährlich 6000 Rinder und 20 000—25 000 Schafe geschlachtet. Das entsprach 58 bzw. 35 % der gesamten Schlachtungen in der Provinz. Bis zum Abtransport wird das Fleisch bei —24° C

108 Entwicklung und Stand der Agrarkolonisation unter dem Einfluß der Verstädterung

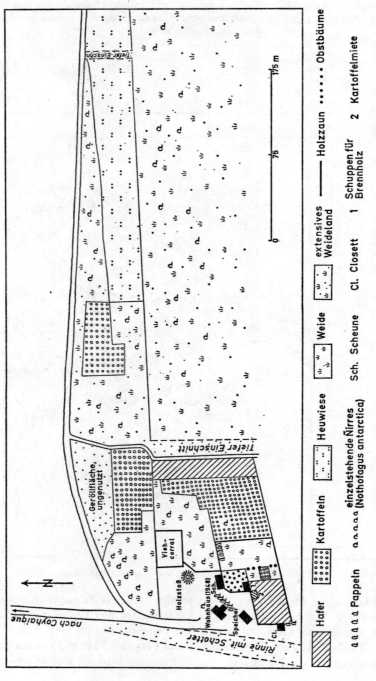

Fig. 6: Chacra eines stadtnahen Kleinbauern bei Coyhaique (aufgenommen im Februar 1973).

gelagert. Von den erzeugten 2900 t Fleisch kamen in der Saison 1972 in der Provinz 800 t zum Verkauf, der Rest gelangte mit einem Kühlschiff nach Valparaiso bzw. San Antonio. Der *matadero frigorífico* beschäftigt 70—80 ständige und etwa 200 Saisonarbeiter. Durch die Einrichtung der Kühlhausschlachterei nahm der vorher unbedeutende Hafenort rasch an Einwohnerzahl zu (1960: 130; 1970: 657). 90 % seiner Einwohner sind chilotischer Herkunft.

Die derzeitige Situation von Landwirtschaft und Kolonisation in Aysén wird am besten am Beispiel zweier Betriebe verdeutlicht, die sich nach unseren Befragungen als repräsentativ erwiesen haben.

Bei dem ersten der vorgestellten Betriebe handelt es sich um einen unmittelbar südöstlich von Coyhaique gelegenen Hof von 17 ha (Fig. 6 u. Photo 22). Das Land bildete ursprünglich einen Teil der der Sociedad Industrial del Aysén erteilten Konzession. Sein jetziger Besitzer war 1932 von Puerto Montt gekommen, hatte anschließend sieben Jahre auf argentinischen Estanzien in der Schafschur gearbeitet, bevor er als *peón* bei der Industrial del Aysén seinen Lebensunterhalt verdiente. Als 1947 ein großer Teil der Ländereien der Gesellschaft an den Fiskus zurückfielen und parzelliert wurden, konnte er sich mit dem Erwerb der 17 ha (für 8000 Pesos) selbständig machen.

Die angebauten Kartoffeln (1 ha) werden von seiner achtköpfigen Familie verbraucht, während der Hafer (1 ha) zur Hälfte an das Geflügel verfüttert und zur anderen Hälfte in Coyhaique verkauft wird. Begünstigt durch seine stadtnahe Lage hat sich der Bauer ganz auf den Verkauf von Frischmilch und die Herstellung von Käse verlegt. Bezeichnenderweise werden diese Produkte nicht an die erwähnte Molkerei bzw. staatliche Ankaufstellen, sondern direkt an Verbraucher abgesetzt.

Aufgrund der Nähe des Absatzmarktes hat es der ehemalige Landarbeiter zu einem im Vergleich mit anderen Kolonisten bescheidenen Wohlstand gebracht. Er konnte in größerer Entfernung (34 km) noch 350 ha Weideland erwerben, wo ein Teil seiner insgesamt 50 Rinder (davon 20 Milchkühe) im Sommer gehalten wird. Während des Winters wird die Mehrzahl des Viehs auf eine tiefergelegene, gepachtete *invernada* gegeben.

Besonders stolz ist der Besitzer auf sein eben gebautes neues Wohnhaus, zu dessen Einrichtung er für 25 000 Escudos — was dem Erlös von 2700 Liter Milch entspricht — einen Küchenherd erwerben konnte.

Behandelte das vorgenannte Beispiel den Typ eines ortsnahen, bereits seit Jahrzehnten bewirtschafteten Betriebes, so wird im folgenden der Betrieb eines echten Kolonisten und Siedlungspioniers vorgestellt (Fig. 7, Photo 23). Der Betrieb liegt nahe dem Lago Frío etwa 30 km südöstlich von Coyhaique. Er umfaßt 100 ha, von denen allerdings nur 5 ha als vollständig „sauber" anzusehen sind. Der Rest ist, wie das Photo zeigt, mehr oder weniger weitgehend gerodet und gibt Zeugnis einer ausgedehnten Waldvernichtung durch Feuer. Das Bild stehengebliebener und umherliegender, vom Brand geschwärzter Baumstämme vermittelt den Eindruck der noch im Gang befindlichen Rodung.

Die Familie des Kolonisten besteht aus dem Ehepaar und vier Kindern, von denen allerdings die beiden älteren als *internos* in einer Primarschule von Coyhai-

110 Entwicklung und Stand der Agrarkolonisation unter dem Einfluß der Verstädterung

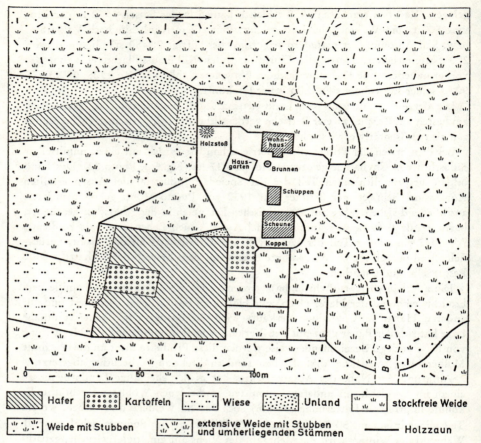

Fig. 7: Gehöft eines Kolonisten am Lago Frío (aufgenommen im März 1973).

que untergebracht sind. Der Kolonist kam vor acht Jahren hierher, nachdem der Vorbesitzer 12 Jahre vorher mit der Rodung des dichten *lenga*-Waldes (Nothofagus pumilio) begonnen hatte. Er selbst ist bereits in Aysén geboren, wohin seine Eltern aus der *Frontera* eingewandert waren. Die Errichtung des Wohnwirtschaftsgebäudes (Photo 24) war ihm nur dadurch möglich, daß er nahezu sein gesamtes mitgebrachtes Vieh verkaufte und das Land während der ersten Jahre verpachtete. Entsprechend der Höhenlage (650 m) ist Anbau nur unter großem Risiko möglich und wird lediglich zur Selbstversorgung betrieben. Selbst die hier einzig möglichen Anbaufrüchte, Hafer und Kartoffeln, leiden unter den auch im Frühsommer (Nov./Dez.) noch häufigen Frösten. Frühzeitige Schneefälle (März/April) können kurz vor der Ernte den Hafer gefährden. Im Februar 1973 hatte der Kolonist 1 ha Hafer und 0,5 ha Kartoffeln ausgesät. Beide geben etwa 20faches Ertrag. Während die Kartoffeln der Ernährung der Familie dienen, wird der Hafer an Pferde und

Geflügel verfüttert. Bareinnahmen zieht der Kolonist ausschließlich aus seinem Viehstapel von 200 Schafen und 10 Rindern, wobei der größere Teil aus dem Verkauf von Wolle, der kleinere aus dem Erlös von Käse stammt. Die im Januar und Februar von ihm selbst besorgte Schafschur erbringt 500 kg Wolle. Bei einem Wollpreis von 35 Escudos/kg (Anfang 1973) errechnet sich daraus eine Bruttoeinnahme von 17 500 Escudos. Abgesehen davon, daß das gesamte verdiente Geld voll zum Unterhalt der Familie benötigt wird, wäre also der Kolonist nicht einmal mit der gesamten Bruttoeinnahme eines Jahres, die durch die künstlich niedriggehaltenen Agrarpreise beschränkt ist, in der Lage, sich — wie der vorgenannte Bauer — einen Küchenherd anzuschaffen. Kennzeichnend für die ungünstige Situation, in der der Kolonist wirtschaftete, ist auch die Tatsache, daß er wegen der schlechten Versorgungslage des Landes (Anfang 1973) mindestens einmal pro Woche — und nicht wie früher höchstens einmal im Monat — nach Coyhaique reiten mußte, um sich mit Gütern des täglichen Bedarfs einzudecken.

2. Kolonisation und Verstädterung

Die angeführten Beispiele haben bereits die Schwierigkeiten gezeigt, die einer weiteren Entwicklung der Kolonisation im Wege stehen. Die unzureichende Verkehrserschließung in Aysén im Inneren und nach außen, die mangelnde Kaufkraft in der Provinz selbst, die hohen Transportkosten und die staatlich festgesetzten niedrigen Preise für Agrarprodukte haben bei von Natur aus sehr schwierigen Bedingungen dazu geführt, daß **sowohl die Erschließung neuen Siedlungslandes, als auch der innere Ausbau der vorhandenen Betriebe ins Stocken geraten sind**. Letzteres kommt z. B. darin zum Ausdruck, daß 1973 von sämtlichen Lieferanten der Molkerei in Coyhaique (vgl. Tab. 7) nur zwei über Melkmaschinen verfügten. Als Folge dieser Situation ist das Bevölkerungswachstum der Provinz seit etwa 1960 einseitig zu Lasten des städtischen Anteils gegangen. Davon sind besonders die beiden größten Siedlungen, Coyhaique und Puerto Aysén, betroffen (Tab. 9).

Tab. 9: Bevölkerungsentwicklung ausgewählter Siedlungen in Aysén (1930—1970)

	1930	1940	1952	1960	1970
Coyhaique	154	2 577	5 870	8 782	16 069
Puerto Aysén	1 944	3 767	3 920	5 488	7 140
Chile Chico	150			1 926	2 025
Balmaceda	290			735	1 029
Puerto Chacabuco				130	657
Puerto Cisnes				369	768

Allein in Coyhaique lebt ein Drittel der gesamten Bevölkerung der Provinz. Diese 1929 in einem weiten, von den Tälern der Flüsse Simpson und Coyhaique gebildeten Becken gegründete Siedlung (Photo 22 und 25) hat sich seit 1940 immer stärker vergrößert und das ehemals bedeutendere Puerto Aysén überflügelt. Allein im vergangenen Jahrzehnt ist Coyhaique um 83 % gewachsen. Legt man die für das gesamte Land ermittelte vegetative Vermehrungsrate von 19,7 % zugrunde, dann bedeutet dies, daß mindestens 60 % des Wachstums der Stadt während der sechziger Jahre auf Wanderungsgewinne zurückgehen müssen.

Wesentliche Aufschlüsse gibt eine Untersuchung der Herkunftsgebiete der Zuwanderer. In den fünfziger Jahren, als die Provinz sich noch in voller Entwicklung der Agrarkolonisation befand, dominierten die Zuwanderer aus Chiloé und dem Seengebiet (Tab. 1 u. 2). Diese überwiegend der ärmlichen Landbevölkerung entstammenden Zuwanderer fanden sowohl als kleine Kolonisten, als auch als landwirtschaftliche Arbeiter Aufnahme. Mit der Stagnation der Agrarkolonisation und dem einseitigen Wachstum der Städte geht ein auffälliger Wandel in der Zusammensetzung der zugewanderten Bevölkerung einher. Da, wie bereits oben angeführt, der Wanderungsgewinn der Provinz in den sechziger Jahren fast ausschließlich dem städtischen Sektor zugute gekommen ist, empfiehlt es sich, besonders die Zuwanderung nach Coyhaique, welches am stärksten gewachsen ist, zu betrachten (Tab. 10). Daß tatsächlich die Wanderung überwiegend Land-Stadt

Tab. 10: Herkunftsprovinzen der nach Coyhaique Zugewanderten (1965—70)

Herkunfts-Provinz bzw. Land	Anzahl	% ohne Ausland und Provinz Aysén
Tarapacá-Valparaiso	105	4,2
Santiago	843	33,7
O'Higgins-Linares	114	4,6
Ñuble-Malleco	198	7,9
Cautín	105	4,2
Valdivia	132	5,3
Osorno	177	7,1
Llanquihue	498	19,9
Chiloé	264	10,6
Aysén	813	—
Magallanes	63	2,5
Argentinien	240	—
übr. Ausland	9	—
	3 561	100,0

Quelle: 33,3 % — Stichprobe aus den Originalerhebungsbögen des Zensus 1970

gerichtet ist, geht schon daraus hervor, daß 22,8 % (813) der in Coyhaique Zugewanderten aus der Provinz selbst stammen. Der größte Teil der Migranten jedoch kommt aus anderen Provinzen des Landes. Dabei fällt auf, daß Chiloé und das Seengebiet nur noch einen relativ geringen Anteil haben, während die 1500 km entfernte Provinz Santiago, m. a. W. die Landeshauptstadt, bei weitem an der Spitze steht (33,7 %). Worauf ist diese einseitige Entwicklung zurückzuführen?

Der funktionalen Kartierung (Beilage 3) ist zu entnehmen, daß das überproportionale Wachstum Coyhaiques nicht auf dem Aufbau einer die Produkte des Umlandes verarbeitenden Industrie beruhen kann, denn außer von der 1969 in

Betrieb genommenen Molkerei „Calaysén" wird der sekundäre Sektor ausschließlich von kleineren Handwerksbetrieben und Reparaturwerkstätten bestimmt. Sehr ausgedehnt ist hingegen der tertiäre Sektor. Neben einigen Woll- und Fellhändlern und dem — wie in ganz Chile — weit verbreiteten Kleinhandel fällt vor allem die große Zahl staatlicher und halbstaatlicher Dienststellen auf.

Tab. 11: Die Beschäftigung nach Wirtschaftszweigen in der Provinz Aysén bzw. der Comuna Coyhaique in %

Wirtschaftszweig	Provinz Aysén		Comuna Coyhaique		Comuna Coyhaique 1970	
	1940	1970	1960	1970	Stadt	Land
Primär	49,4	41,1	39,7	31,0	11,3	75,2
Sekundär	18,5	18,8	14,4	20,6	24,7	11,2
Tertiär	32,1	40,1	45,9	48,4	64,0	13,6

Quelle: Instituto Nacional de Estadísticas

Die aus Tab. 11 ersichtliche Hypertrophie des tertiären Sektors, speziell der staatlichen Bürokratie, ist das Ergebnis einer verfehlten Entwicklungspolitik. Die Zuwanderung nach Coyhaique aus der Landeshauptstadt wird wesentlich getragen von Angehörigen der städtischen Mittelschicht, die im Staatsdienst tätig sind. Aufgrund der zentralistischen Struktur des Landes werden alle gehobenen Positionen von Santiago aus besetzt. Die besser gestellten Verwaltungsbeamten sind finanziell in der Lage, sich Hausangestellte zu leisten. Damit wird wiederum der tertiäre Sektor gefördert. Die in Fig. 8 dargestellte Bevölkerungspyramide der Stadt Coyhaique spiegelt diese Situation wieder und unterscheidet sich grundsätzlich

Fig. 8: Bevölkerungspyramiden der Provinz Aysén und von Coyhaique (Quelle: Censo de Población 1940, 1960 und 1970).

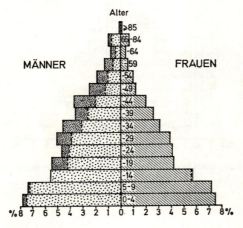

a: Provinz Aysén 1940

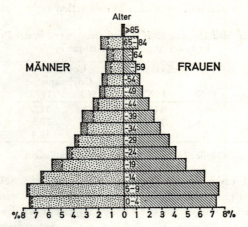

b: Provinz Aysén 1970

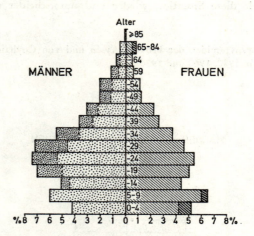

c: Zuwanderung zwischen 1956 und 1960 in die Provinz Aysén

Die jüngste Wirtschafts- und Bevölkerungsentwicklung in Aysén

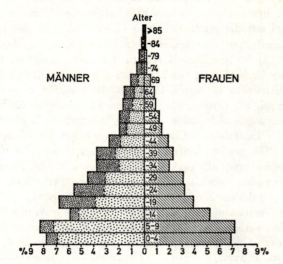

d: Comuna Coyhaique (ländlich) 1970

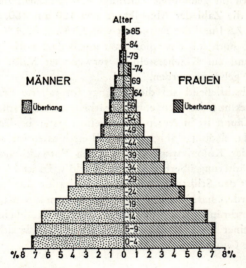

e: Comuna Coyhaique (städtisch) 1970

nicht von derjenigen der Hauptstadt Santiago (vgl. BÄHR & GOLTE 1974). Der ausgeprägte Frauenüberschuß innerhalb bestimmter Altersstufen ist zu einem wesentlichen Teil auf die große Zahl von Hausmädchen in den besser gestellten Familien zurückzuführen und findet seine Entsprechung in dem Männerüberschuß auf dem Lande. Bezeichnend für die Überbewertung des Dienstleistungsbereiches ist etwa die Äußerung von MANSILLA (1946), derzufolge der erste Impuls für das Wirtschaftsleben in Aysén 1929 mit der *creación de servicios públicos* gegeben worden sei. Wie einseitig die staatlichen Förderungsmaßnahmen für Aysén die im Dienstleistungsbereich tätige städtische Mittelschicht begünstigen, zeigt das Beispiel der 69 (!) Taxifahrer in Coyhaique. Diese haben gemäß der Tatsache, daß für Aysén seit 1958 gewisse Einfuhrerleichterungen *(zona libre de importación)* gelten, die Vergünstigung, alle drei Jahre einen neuen Wagen zu importieren, für dessen Kaufpreis zudem noch ein völlig unrealistischer Wechselkurs zugrundegelegt wird (1973 etwa 1/5 des der Kaufkraft entsprechenden Kurses).

Das fehlende Verständnis der staatlichen Planungsbürokratie für die mit der Agrarkolonisation verbundenen Probleme wird auch aus dem umfangreichen Entwicklungsplan der „Oficina de Planificación de la Presidencia de la República" (ODEPLAN) für die Provinz Aysén (1971) deutlich. Die darin enthaltenen Prognosen für die Jahre 1971—1976 beruhen auf linearer Fortschreibung von Bestandszahlen und Erträgen, die ohne Rücksicht auf die reale Situation und die erkennbare Stagnation der Landerschließung vorgenommen wurden. Die Zahl der Milchkühe etwa soll sich im genannten Zeitraum verdreifachen, darüber hinaus aber sollen gleichzeitig die Zahl der Abmelktage von 120 auf 180, die tägliche Milchleistung von 5 auf 7,5 l und der Fettgehalt von 2,6 % auf 3,4 % gesteigert werden. Zu allem Überfluß noch soll das schon jetzt am Bedarf vorbeigehende Verhältnis von Frischmilch und zur Käseherstellung verwendeter Milch von 1:4 (1971/72) auf 1:12 (1976/77) gebracht werden.

Wir kommen abschließend auf die eingangs formulierte Fragestellung zurück. Das an der Entwicklung des Seengebietes erarbeitete Ablaufschema einer Erschließung peripherer Räume ist in Aysén nur in seinen ersten beiden Phasen zu erkennen. Noch bevor das siedlungsfähige Land voll erschlossen ist, wird die immanente Gesetzmäßigkeit der Kolonisation vom äußeren Entwicklungsfaktor einer fortschreitenden Verstädterung überlagert bzw. abgelöst. Es ist besonders verhängnisvoll, daß der Staat den Stillstand der Agrarkolonisation durch verschiedene Maßnahmen noch gefördert hat. Was für Aysén im kleinen zutrifft, ist auch für Chile als Ganzes uneingeschränkt gültig: nur durch eine völlige Abkehr von dieser Politik und den Aufbau einer leistungsfähigen Landwirtschaft läßt sich auf längere Sicht eine wirtschaftliche Gesundung des Landes erreichen.

LITERATUR

Bähr, J. und W. Golte: Eine wirtschafts- und bevölkerungsgeographische Gliederung Chiles. Geoforum 17, 1974, S. 25—42.
Berninger, O.: Die chilenische Frontera als Landschafts- und Kulturscheide. Geogr. Zeitschrift., Jg. 39, 1933, S. 412—20.
Butland, G. J.: The Human Geography of Southern Chile. Inst. of British Geographers, Publ. No. 24, London, Liverpool 1957.
Chonchol, J. et alii: La explotación ganadera de la provincia de Aysén. Geochile, Vol. I., No. 2, Santiago 1952, S. 68—84.
Cunill, G. P.: Geografía de Chile. Santiago 1970.
Dirección de Estadística y Censos: Entidades de población. Censo de población 1960. Aysén. Santiago o. J.
Dirección de Estadística y Censos: IV Censo nacional de agropecuario. Año Agrícola 1964—1965. Tomo No. 25, Aysén. Santiago 1969.
Eriksen, W.: Kolonisation und Tourismus in Ostpatagonien. Ein Beitrag zum Problem kulturgeogr. Entwicklungsprozesse am Rande der Ökumene. Bonner Geogr. Abh., H. 43, Bonn 1970.
Estatutos de la Sociedad Industrial del Aysén. Valparaiso 1942.
Golte, W.: Das südchilenische Seengebiet. Besiedlung und wirtschaftl. Erschließung seit dem 18. Jh. Bonner Geogr. Abh., H. 47, Bonn 1973.
Grosse, J. A.: Visión de Aisén. Santiago 1955.
Hartwig, F.: Landschaftswandel und Wirtschaftswandel in der chilenischen Frontera. Mitt. d. Bundesforschungsanstalt f. Forst- und Holzwirtsch. Nr. 61, Hamburg 1966.
Herrera, J. L.: Tendencias del poblamiento en Chile desde 1940 a 1960. Santiago 1969.
Hueck, K.: Die Wälder Südamerikas. Stuttgart 1966.
Husen, Chr. van: Klimagliederung in Chile auf der Basis von Häufigkeitsverteilungen der Niederschlagssummen. Freiburger Geogr. H., 4, Freiburg 1967.
Ibañez Santa Maria, A.: La incorporación de Aisén a la vida nacional, 1902—1936. Historia, 11, Univ. Católica de Chile, 1972/73, S. 259—378.
Inst. Nacional de Estadísticas: Comercio interior y comunicaciones. Año 1969. Santiago 1971.
Instituto Nacional de Estadísticas: XIV Censo nacional de población y III de vivienda 1970. Entidades de población. Aysén. Santiago, o. J.
Instituto Nacional de Estadísticas: Existencia de ganado vacuno. Períodos 1970, 1971 y 1972. Santiago 1972.
Keller, C.: La región del hielo continental de Aysén. Santiago 1949.
Krüger, P.: Verlauf und Ergebnisse von sechs Reisen in Patagonien. Danzig 1916.
Kühn, F.: Die argentinische Estancia. Weltwirtschaftl. Archiv. Institut f. Weltwirtsch. Kiel, Bd. 47, 1938.
Lauer, W.: Wandlungen im Landschaftsbild des südchilenischen Seengebietes seit Ende der spanischen Kolonialzeit. In: Beiträge zur Geographie der Neuen Welt (Schmieder-Festschrift), Schr. d. Geogr. Inst. d. Univ. Kiel, Bd. 20, Kiel 1961, S. 227—76.
Mansilla, R. A.: Chile Austral (Aysén). Santiago 1946.
Moraleda, J. de: Esploraciones jeográficas e hidrográficas. Santiago 1888.
Muñoz, M. G.: Breve reseña de la exploración de Aysén. Geochile, Vol. I, No. 2. Santiago 1952, S. 55—57.
Oberdorfer, E.: Pflanzensoziologische Studien in Chile. Flora et vegetatio mundi, Bd. 2. Weinheim 1960.
Oficina de Planificación Nacional: Plan de la económica nacional. Plan de desarrollo de la provincia de Aysén 1971—76, Coyhaique 1971.
Ovalle R., L.: Ocupación y desarrollo de la provincia de Aysén. Informaciones Geográficas. Año IV, 1954. Santiago 1958.

Palma V., I.: Visión y esperanza de Aysén. Geochile, Vol. I, No. 2. Santiago 1952, S. 58—67.

Pomar, J. M.: La concesión del Aysén y el valle Simpson. Revista Chilena de Historia y Geografía, 45, 46 y 48, Santiago 1923.

Quelle, O.: Die Siedlungsgebiete der Deutschen in Südamerika. Ibero-Amerik. Archiv, Jg. 7, 1933/34, S. 195—200.

Rother, K.: Stand, Auswirkungen und Aufgaben der chilenischen Agrarreform. Beob. in der nördl. Längssenke Mittelchiles. Erdkunde, Bd. 27, 1973, S. 307—322.

Schmithüsen, J.: Die räumliche Ordnung der chilenischen Vegetation. In: Schmithüsen et alii: Forschungen in Chile. Bonner Geogr. Abh., H. 17, Bonn 1956, S. 1—86.

Skottsberg, C.: Botanische Ergebnisse der Schwedischen Expedition nach Patagonien und dem Feuerland. 1907—1909. Kungl. Svenska Vetenskaps Akad. Handlinger LVI, Nr. 5. Stockholm 1916.

Steffen, H.: Der Anteil der Deutschen an der geographischen und geologischen Erforschung der Republik Chile. In: Dt. Arbeit in Chile. Festschr. d. Dt. Wiss. Vereins zu Santiago z. Centenarfeier d. Rep. Chile, Bd. 1, Santiago 1910, S. 188—245.

Steffen, H.: Westpatagonien. Bd. 1. 2. Berlin 1919.

Universidad Católica de Valparaíso: Aysén. Trabajo de Verano 1970 de la Feuc. Valparaiso o. J.

Weischet, W.: Die thermische Ungunst der südhemisphärischen hohen Mittelbreiten im Sommer im Lichte neuer dynamisch-klimatologischer Untersuchungen. Regio Basiliensis, H. IX/1, 1968, S. 170—89.

Weischet, W.: Chile. Seine länderkundl. Individualität und Struktur. Wiss. Länderkunden, Bd. 2/3. Darmstadt 1970.

Wilhelmy, H. und W. Rohmeder: Die La Plata-Länder. Braunschweig 1963.

Ziche, J.: Agrarreform in Chile 1965—1970. Zeitschr. f. ausl. Landwirtschaft 10, 1971, S. 4—23.

URBANIZACION EN CHILE
RESUMEN Y CONCLUSIONES

Jürgen Bähr, Winfried Golte, Wilhelm Lauer[*]

I. URBANIZACION EN AMÉRICA LATINA

La urbanización de la tierra es expresión de un proceso imposible de detener y que va desde "el autoabastecimiento rural hacia el mundo urbano con su entrelazada economía de mercado" (Otremba 1967). Se desenvuelve de manera óptima, cuando el desarrollo de la población y el crecimiento económico son sincrónicos y el proceso de urbanización no causa un vacío ocupacional en la economía urbana con su división del trabajo, y cuando la agricultura mecanizada ofrece posibilidades de ingreso comparables con las de las diversificadas ramas de la economía dentro de la ciudad.

América Latina, la región con la actualmente más alta intensidad de urbanización, no muestra casi en ninguna parte estas relaciones óptimas. Se observa aquí, en especial desde 1930, un intensivo crecimiento demográfico con una fuerte orientación hacia los grandes centros de aglomeración, sin que el crecimiento económico lograra mantener ese ritmo y menos aún que provocara dicha migración. Con seguridad la urbanización en América Latina se vincula estrechamente a la explosión demográfica, que aquí alcanza actualmente, y en comparación con otras regiones de la tierra, las más altas proporciones; sin embargo no puede considerársele en ningún caso como única causa.

Para hacer notar los aspectos específicos de esta problemática en Chile, a la que nos referiremos aquí, se presentarán a continuación algunas consideraciones generales.

A vuelta de siglo vivían en América Latina 63 millones de habitantes, en 1925 eran escasos 100 millones, en 1970 283 millones y para mediados de 1973 la ONU calculó 309 millones. Las proyecciones de las Naciones Unidas (variante media), estiman que en 1980 serán 377 millones y en el año 2.000 652 millones (Demographic Yearbook). El porcentaje de la población mundial que le corresponde a América Latina subirá con ello del 8,0% actual (1973) al 10,1% El

---

[*] Traducción de Ursula Friebel de Eilers.

crecimiento anual de la población ha aumentado permanentemente en los últimos años. Mientras alrededor de 1920 aún correspondía al 1,8%, en el período 1965—1973 ya era del 2,9%, y con ello estaba muy por encima del promedio mundial (2,0%). Esto significa que el número de habitantes de América Latina, que entre 1920 y 1930 sólo había aumentado en 17 millones, entre 1970 y 1980 aumentará en 94 millones.

Al desarrollo demográfico natural se agrega la urbanización, o sea la redistribución de la población del campo a la ciudad. Mientras que en 1950 el 60% de los habitantes de América Latina vivían en el campo, y en 1960 la población urbana y rural casi se equiparaban, en 1970, y según datos de las Naciones Unidas, la población urbana superó con 56% por primera vez a la población rural (en cada caso según definiciones censales nacionales). Exactamente un tercio de los latinoamericanos vivía en ciudades sobre 20.000 habitantes. Para el período comprendido entre 1970 y 1980 se cuenta con un crecimiento de la población de 80 millones de seres humanos en el sector urbano, sector en el que vivirán entonces casi dos tercios de todos los latinoamericanos. A fines del siglo la mitad vivirá finalmente en las grandes ciudades con más de 100.000 habitantes. Con esto la gradiente entre la ciudad y el campo va aumentando cada vez más. La magnitud de la urbanización también se puede apreciar en la tasa anual de crecimiento de la población urbana, que es igual al 4,5%. Esta supera en la mitad al ya desmesurado crecimiento del total de la población.

A vuelta de siglo muchas ciudades latinoamericanas crecieron por inmigración de ultramar. En la más reciente y más problemática ola de urbanización participa sin embargo, casi exclusivamente, la migración interna. Las ciudades rurales van absorbiendo la población rural del Hinterland, las grandes ciudades y las metrópolis reciben la inmigración tanto de su propio Hinterland, como también de los centros más pequeños. Debido a esta reorientación de la población, el número de habitantes de las ciudades más pequeñas va aumentando poco por lo general. Desproporcionadamente más grande es la concentración en las pocas y realmente grandes ciudades, y entre las cuales la capital ocupa generalmente una posición especial. En esto se diferencia el desarrollo de América Latina del de Europa, donde durante la fase de desarrollo industrial también participaron del crecimiento en forma eficaz las ciudades más pequeñas.

Naturalmente que hay fuertes diferenciaciones espaciales. En Argentina, Chile, Uruguay y también en Venezuela el proceso de urbanización ha avanzado más. La población urbana alcanza aquí al 70%. El permanente éxodo rural ha conducido en estos países — con excepción de Venezuela, donde la población rural se ha estancado — incluso a una disminución en cifras absolutas de los habitantes rurales. Con ello alcanzaron un grado de urbanización como el que tuvo Gran Bretaña alrededor de 1910, sin lograr ni aproximadamente su grado de industrialización (LICHTENBERGER 1972).

En los estados de México, Brasil, Perú y Colombia comenzó el verdadero proceso de urbanización aceleradamente recién durante la Segunda Guerra Mundial. El grado de urbanización fluctúa entre el 50 y el 60%. En un tercer grupo, al que pertenecen los restantes estados andinos y América Central, más de la mitad de los habitantes se cuentan aún entre la población rural. Pero también aquí la urbanización progresa rápidamente.

La urbanización se explica por lo general como un cambio estructural en el sistema de relaciones urbano-rurales. Así la industrialización de las ciudades de Europa Central y Occidental en el siglo XIX, desencadenó una migración del campo a la ciudad. Ella estaba vinculada asimismo con un cambio estructural en la agricultura. En América Latina sin embargo, se inició una fuerte migración, sin que se preparase un cambio estructural en el campo, o que las ciudades hubiesen mostrado una significativa necesidad de población por un déficit de fuerzas de trabajo. Ellas crecieron y siguen creciendo sin ligarse a ninguna ley en el sentido de los factores "push" y "pull". En todo caso su crecimiento poblacional no corresponde al actual nivel de producción en el sector agrario y no agrario, y no va acompañado de una rápida industrialización. La pregunta, del porqué a pesar de ello se inició una migración masiva hacia las ciudades, no puede ser respondida con claridad. Se van mezclando múltiples causas, que por una parte tienen raíces históricas y que por otra deben buscarse en un "proceso de modernización" general. En América Latina la ciudad y el campo contrastan fuertemente desde el comienzo de la Conquista. No hay una continuidad entre la ciudad y el campo, como es típico para Europa Central. Ya en tiempos de la Colonia, una administración centralista había preferido casi exclusivamente la capital o algunos centros regionales, incorporándolas en una red de tráfico y abastecimiento. Las ciudades rurales en cambio, que tenían sobre todo las características de ciudades de labradores, se encontraban en desventaja. En su orientación cultural y económica las ciudades coloniales de importancia miraban más a la metrópoli de ultramar, que al medio en el que estaban enraizadas. Este desequilibrio entre la ciudad y el campo se ha ido intensificando aún más después de la Independencia. La economía de los nuevos estados era determinada menos por la aristocracia rural establecida desde hace mucho, que por comerciantes, empresarios y artesanos inmigrantes. La obtención de productos para el comercio mundial, que derivaban de la minería y la agricultura, tenían prioridad sobre la explotación del propio Hinterland. La falta de integración entre la ciudad y el campo se acentuó, y ha seguido acentuándose hasta el día de hoy, por las enormes distancias que existen en el continente. aún poco habitado en su conjunto. Regiones de altas densidades y espacios no habitados limitan entre si estrechamente. En las zonas de concentración, las ciudades son superpoderosas, en cambio la extensión de los espacios rurales ha sido desde siempre difícil de organizar.

Hace tiempo que se reconoció, que el crecimiento desmesurado de algunos pocos centros de concentración no puede ser simplemente explicado a través del insuficiente desarrollo económico del espacio rural y el atractivo económico de la ciudad. Este esquema resulta demasiado simple para América Latina, porque sólo se captan con el dos componentes de un campo de fuerzas muy complejo. Es interesante observar, que en ninguna parte de América Latina haya habido hasta ahora una significativa migración de retorno a las regiones agrarias, después que se lograron los correspondientes cambios estructurales y con ello un mayor atractivo del medio rural.

La mayor parte de las investigaciones empíricas conducentes a aclarar la motivación de la migración señalan en primerísimo lugar las razones económicas (Matos 1967 para Lima, Germani 1971 para Buenos Aires, Browning y Feindt 1970 para Monterrey, Elizaga 1970 para Santiago y Critto 1969 para Córdoba).

La búsqueda de un primer o mejor lugar de trabajo ocupa en todas las encuestas el primer lugar como causa de la migración (60 a 80%). Le siguen motivaciones sociales con el 10 al 25% de las respuestas, y que deben ser entendidas sobre todo como necesidad de educación, en especial de los hijos, mejores condiciones de vivienda y ascenso en el status económico y social.

Pero los autores también destacan, que tras los factores económicos mencionados en primer lugar puede haber motivaciones más bien psicológicas, que se manifiestan a menudo inconscientemente para la persona dispuesta a migrar a través de la imagen de formas de vida urbanas más atractivas, lo que quiere decir que en realidad el motivo permanece poco claro y no puede incorporarse a una cadena causal. A pesar de que no se ignoran las dificultades que implica una inmigración a la ciudad, se da este paso. Así los motivos de la migración, que le confieren a la vida en la ciudad mayores posibilidades frente a una permanencia en el medio rural, siguen siendo inponderables y aún no bien aclarados; es una "moda" a la que se somete el hombre.

La "modernización de la vida" en general, que corresponde en especial a la ciudad, pero también se trasmite a los medios rurales, junto a la presión demográfica de orden físico, que se expresa en las altas tasas de natalidad, ha acelerado notoriamente el proceso de migración. El mejoramiento de la infraestructura (líneas férreas, carreteras, tráfico aéreo), la intensificación de las comunicaciones (radio, televisión, periódicos y diarios) crean contactos y estímulos cada vez nuevos para migrar a las áreas urbanas que se presentan tan atractivas. La disminución del analfabetismo en el campo y el fomento general de la educación han contribuido a que las formas de vida urbanas aumenten constantemente en importancia dentro de la escala de valores de la población rural. A pesar de que en Chile, por ejemplo, cualquier campesino es capaz de referirse al difícil desarrollo económico de su país y a la miseria en la ciudad conforme a las realidades, este hecho no le impide tentar su propia suerte en la ciudad. En la imaginación del habitante rural el ir a la ciudad y ascender socialmente están íntimamente vinculados.

Chile es un buen ejemplo para mostrar como la alfabetización general y el mejoramiento del sistema escolar y universitario fomentan decisivamente, junto a razones económicas, el movimiento migratorio. El número de escolares se elevó en Chile entre 1960 y 1970 de 1,4 a 2,4 millones. El 95% de cada promoción que debe ir a la escuela es matriculado realmente. La tasa de analfabetismo ha bajado hasta 1970 a un escaso 12%. En el grupo de edad de 15 a 19 años ha bajado al casi insignificante 4,8%.

La visita de la escuela conduce a menudo al hecho, de que se aspire a tener una profesión que sólo puede ser desempeñada en la ciudad. En la misma dirección va el crecimiento desproporcionado del número de estudiantes, que entre 1965 y 1969 fué alrededor del 69 %, mientras que el crecimiento del número de escolares en total fué de sólo 22%. Aquí se alcanzan tasas de crecimiento parecidas a las de Europa. Lugares de trabajo para profesiones académicas, sin embargo, existen especialmente sólo en las grandes ciudades y corrientemente sólo en la misma capital.

La Reforma Agraria, que por lo general no pretende tecnificar la agricultura, sino en primer lugar mejorar las condiciones de vida generales de la gente sin tierra, no ha contribuído mucho hasta ahora en poner coto a la pérdida por migración en el campo.

El análisis de los movimientos migratorios también debe tomar en cuenta, de que determinados grupos de población son más "móviles" que otros. Una clasificación de las corrientes migratorias según sexo, edad, estado civil y grado educacional y según su localización geográfica señala con claridad la diversidad del problema.

El estudio de las Naciones Unidas (HAUSER 1967), así como las investigaciones de otros autores (por ej. DUCOFF 1966, GERMANI 1967, ZEMELMAN 1971, ELIZAGA 1970, MERCADO 1970, HERRICK 1965 y BÄHR 1971) muestran que el grupo de migrantes se destaca del resto de la población por las siguientes características:

1. La migración es llevada a cabo, sobre todo en determinados grupos de edad, por el sector femenino de la población. Aquí se diferencia América Latina de los países subdesarrollados de Africa y Asia, donde predomina el sector masculino en la oferta migratoria.

2. Las pirámides de población de todas las grandes ciudades latinoamericanas muestran un predominio de los habitantes de 15 a 39 años, porque aquí se ubica el máximo de inmigrantes.

3. El porcentaje de no casados (solteros, divorciados, separados y convivientes) es superior al promedio.

4. Los migrantes por término medio muestran menor calificación que los nacidos en el lugar. El aspecto fisionómico y social de la ciudad es reorientado por inmigrantes sin calificación ni medios.

5. Los inmigrantes se concentran en algunos pocos grupos profesionales. Sus lugares de trabajo son muy inestables. Como el grado de industrialización en los estados latinoamericanos no va conforme al contingente de inmigrantes, sólo el sector terciario ofrece mayores posibilidades de ocupación. En correspondencia él se encuentra abultado. En la composición porcentual de los sectores ocupacionales, las ciudades latinoamericanas se asemejan en mucho a las europeas. Sin embargo no pueden compararse en relación a la escala de valores que los originó. Pero precisamente aquí se encuentra el núcleo del problema.

Para formarse una idea de los mecanismos que efectivamente manejan el proceso de urbanización, son necesarios estudios regionales en los diversos países. El análisis de la movilidad en regiones particulares puede llegar a explicar la diferen-

Fig. 1: Regiones naturales de Chile (según LAUER 1961/62).

ciada trama de causas. Chile se presta especialmente bien para ser presentado como ejemplo, ya que el país posee particularidades históricas y geográficas, que pueden documentar la amplitud y diversidad del problema.

La selección regional de los siguientes estudios monográficos corresponde al área de concentración de Santiago y a sus alrededores rurales, al Norte Grande desértico con sus centros mineros y puertos, a la región de colonización más antigua en el Sur (Región de los Lagos) y a la joven región agraria en Aysén patagónico (fig. 1).

II. EL DESARROLLO DE LA POBLACIÓN DEL GRAN SANTIAGO, BAJO LA INFLUENCIA DE PROCESOS DE MOVILIDAD REGIONALES

En el crecimiento de la población urbana participan en forma desproporcionada en Chile — como en toda la América Latina — las pocas ciudades grandes del país y en especial Santiago, la capital. En 1970 vivían en los cinco complejos urbanos con más de 100.000 habitantes, el Gran Santiago, Valparaíso-Viña de Mar, Concepción-Talcahuano, Antofagasta y Temuco, algo más de 3,5 millones de habitantes. Esto corresponde al 40% de la población chilena. Solamente en la capital, con sus 2,8 millones de habitantes, vive casi un tercio de los chilenos.

Cuadro 1: Desarrollo poblacional del Gran Santiago

Año	Habitantes en millones	Porcentaje del total de la población
1920	0,51	13,7
1940	0,99	19,8
1952	1,44	24,3
1960	2,06	28,0
1970	2,82	31,9

Más de un tercio del crecimiento de la población de Santiago se debe a excedentes por inmigración. Sólo en los últimos 10 años (1960—1970) 650.000 personas trasladaron su asiento, dirigiéndose hacia la capital (BÄHR y GOLTE 1974a)*.

La migración al Gran Santiago será analizada bajo tres puntos de vista:
1. ¿De dónde provienen los migrantes?
2. ¿Muestra el desarrollo de la migración determinadas regularidades?
3. ¿En qué medida modifica la inmigración la composición de la población de la ciudad?

---

* Sobre la migración al Gran-Santiago estamos bastante bien informados a través de estudios recientes. HERRICK (1965), ELIZAGA (1970) y MERCADO et alii (1970) trabajaron en parte en extensas encuestas. Para una estadística sobre migraciones también se puede extraer un importante material en relación al lugar de nacimiento o el lugar de residencia (1965) de los trabajos del Instituto Nacional de Estadísticas.

Cuadro 2:
Población de la provincia de Santiago (1970) según provincia de nacimiento
(Instituto Nacional de Estadísticas 1974)

Provincia	Porcentaje total	sin Santiago y exterior	Provincia	Porcentaje total	sin Santiago y exterior
Tarapacá	0,9	2,8	Ñuble	2,8	8,6
Antofagasta	1,1	3,6	Concepción	2,1	6,6
Atacama	0,5	1,5	Arauco	0,4	1,2
Coquimbo	1,6	5,0	Bío-Bío	1,1	3,4
Aconcagua	1,2	3,8	Malleco	1,3	4,1
Valparaíso	3,0	9,3	Cautín	3,1	9,5
Santiago	66,0	—	Valdivia	1,3	4,2
O'Higgins	2,9	9,0	Osorno	0,6	1,8
Colchagua	2,1	6,6	Llanquihue	0,5	1,4
Curicó	1,1	3,6	Chiloé	0,2	0,5
Talca	1,7	5,3	Aysén	0,0	0,1
Maule	0,9	2,7	Magallanes	0,2	0,6
Linares	1,6	4,9	Exterior	1,8	—

Si se analiza la población de la provincia de Santiago según su provincia de nacimiento (cuadro 2), se observa que el 60% de los inmigrantes de otras provincias provienen de la zona central, comprendida entre las provincias de Aconcagua y Concepción. Tanto el Norte (provincias de Tarapacá a Coquimbo), como el Sur del país (provincias de Arauco a Magallanes), están comparativamente poco representadas (12,9% y 26,8%).

Solamente las provincias sureñas de Cautín (9,5%) y Valdivia (4,2%) se salen un poco de este marco general. Por una parte se alcanza en estas provincias, por la existencia de comunidades indígenas y colonias fiscales, una alta densidad rural, y por otra, han sido justo las ciudades de aquellas provincias (Temuco y Valdivia), los que han crecido mucho (Temuco entre 1960 y 1970 en un 53% y Valdivia en un 35%), convirtiéndose a su vez en puntos de partida para la migración a Santiago.

De que sólo una reducida parte de los migrantes se haya ido directamente del campo a la capital, se deduce claramente de la encuesta de ELIZAGA (1970). Según ella, el 42% de los inmigrantes habrían venido de pueblos con más de 20.000 habitantes. Este hecho puede apoyar la hipótesis de un desarrollo migratorio en diferentes etapas (stepwise-migration). No siempre ocurre sin embargo, que el inmigrante de Santiago haya sido el mismo que hubiera migrado hacia un centro regional más cercano; a menudo la migración iniciada por los padres es continuada recién por la siguiente generación. Esto también lo señalan las cifras indicadas por ELIZAGA (1970). El comprobó que sólo una buena mitad de los mayores de 14 años se había trasladado directamente desde el lugar de nacimiento a Santiago, y que a medida que aumenta la edad, aumenta también el número de los migrantes por etapas: entre los comprendidos entre 14 y 29 años, el 80% no poseía un "pasado migratorio", en cambio en los comprendidos entre 30 y 60 años, este porcentaje bajaba al 40%. Otro hecho que confirma la "step-wise-migration" es el hecho de que los migrantes nacidos en el campo a menudo recorren más etapas antes de llegar a Santiago, que aquellos que nacieron en una comuna con más de 20.000 habitantes. En especial las migrantes femeninas, que a menudo ya a la edad de sólo 14 a 16 años buscan una ocupación como domésticas, prefieren en primera instancia una ciudad como lugar de trabajo, que no esté demasiado lejos de su lugar de origen. Recién en una fase de vida posterior se trasladan luego a Santiago.

Dentro del total de la población de las regiones de origen, los migrantes representan una selección unilateral. De ahí, que a través de la inmigración también se vaya cambiando esencialmente la composición de la población de los lugares de destino.

Sobre todo en determinados grupos de edad la migración hacia Santiago es sustentada mayoritariamente por el sector femenino de la población (fig. 2) ELIZAGA (1970) comprobó que del total de migrantes al Gran Santiago, por cada 100 mujeres sólo hay 72 hombres. Mientras que el excedente de mujeres es

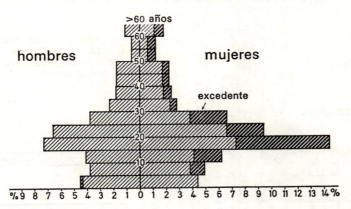

Fig. 2: Estructura de edad de los inmigrantes en el Gran Santiago 1952–62 (Fuente: ELIZAGA 1970).

comparativamente bajo en las menores de 15 años (100: 85) y las comprendidas entre 30 y 49 años (100: 75), este excedente llega a ser de 100: 62 en las mujeres comprendidas entre 25 y 29 años y de 100: 57 en las mujeres mayores de 50 años. Esta última cifra puede expresar al mismo tiempo la mayor esperanza de vida de las mujeres.

La interrogante en relación a las causas de este fenómeno desconocido en los países subdesarrollados de Africa o Asia, lleva al análisis de la situación ocupacional de los inmigrantes. En los migrantes femeninos (provincia de Santiago) se reconoce una clara concentración en el campo de los servicios personales (56,4% de los ocupados, frente a 29,4% en los no migrantes). La fuerte demanda de empleadas domésticas, que es tradicional en Chile, les permite a los migrantes del sexo femenino encontrar, por lo general sin mayores dificultades, una ocupación aún a temprana edad, mientras que para el sector de la población masculina faltan grupos profesionales que sean comparables con éste. Mientras que el 80% de las mujeres provenientes de la zona rural encontraron en Santiago una adecuada ocupación en los primeros tres meses desde su llegada, entre los hombres eran sólo el 67%. Entre los inmigrantes rurales la proporción de los activos en el ámbito de los servicios inferiores como resultado de una menor calificación escolar o profesional, es especialmente alta. Como prueba de ello se puede nuevamente recurrir a la encuesta de ELIZAGA: 51,8% de las mujeres inmigrantes del campo y 38,0% de los hombres habían visitado una escuela por menos de tres años; entre los inmigrantes de ciudades más grandes en cambio, este porcentaje bajaba a 21,2% y 13,4% respectivamente. Entre las mujeres inmigrantes del campo, el 96% desempeñaba en Santiago una actividad manual, mientras que de las inmigrantes de ciudades con más de 20.000 habitantes, sólo lo hacían el 69,7%. La comparación de "pirámides migratorias" para lugares de partida con menos de 900 habitantes y mayores de 20.000 habitantes, muestra que en la migración directa del campo a la ciudad dominan claramente los migrantes de sexo femenino

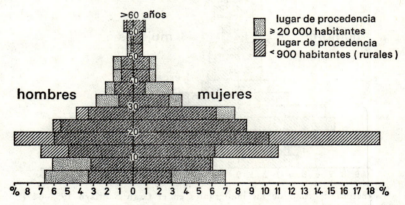

Fig. 3: Estructura de edad (edad de llegada) de los inmigrantes en el Gran Santiago 1952-62 según tamaño del lugar de procedencia (Fuente: ELIZAGA 1970).

aún muy jóvenes (fig. 3). La composición por edad del Gran Santiago es determinada por consiguiente por un claro excedente de mujeres en todos los grupos de edad y especialmente por una alta proporción de las comprendidas entre 15 y 34 años. El porcentaje de niños es relativamente bajo en las grandes ciudades, si lo comparamos con las tasas de natalidad del campo. Si se representa separadamente la composición por edades de aquellos, que en 1965 ya vivían en la provincia de Santiago, y de aquellos que en los últimos 5 años inmigraron de alguna otra provincia chilena (fig. 4), se aclara aún más lo que se acaba de decir: en los grupos de edad de 15 a 29 años dominan los inmigrantes, mientras que en los de más de 35 años, están más fuertemente representados los residentes de más tiempo

El desarrollo de la población del Gran Santiago

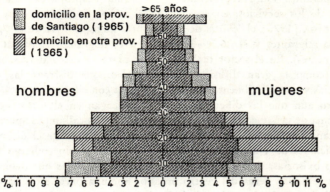

Fig. 4: Estructura de edad de la población del Gran Santiago en 1970 (Fuente: Instituto Nacional de Estadísticas).

Todas las investigaciones empíricas que se ocupan de la motivación de los movimientos migratorios, han demostrado para América del Sur — por lo menos en primer término — la importancia de los factores económicos. Es decir, la búsqueda de trabajo es para las generaciones jóvenes un factor especialmente determinante en su decisión de partir. Otras razones más bien psicológicas, como el "atractivo de formas de vida urbanas", sólo aparecen reforzando los primeros. El 62% de los hombres encuestados por ELIZAGA y el 55,9% de las mujeres señalaron como motivo de migración más importante la búsqueda de trabajo. Las mujeres indicaron en segundo lugar motivos familiares: 14,9% (éstos correspondieron al 7,6% entre los hombres); los hombres, las mejores posibilidades educacionales, especialmente para los niños (9,5%); entre las mujeres el 10,4% respondió en tal sentido. Como para la pregunta sobre el motivo de la migración no se habían indicado posibles respuestas, el porcentaje de aquellos que señaló "otros" o no señaló motivos, es bastante alto: 20,9% entre los hombres y 18,8% entre las mujeres.

Esta corriente de inmigrantes en busca de trabajo le plantea graves problemas al gobierno chileno. Como en todos los centros de aglomeración sudamericanos, la presión hacia la ciudad es mayor que las posibilidades de trabajo que allí se ofrezcan. Por una parte el estado se ve obligado a fomentar nuevas instalaciones de industrias en los alrededores de la capital por la gran demanda de lugares de trabajo, y por otra se refuerza con ello aún más la ventaja de la metrópoli y se acelera la migración. Este proceso está sujeto con ello al principio del autoreforzamiento. Hoy en día ya se encuentran en Santiago y la zona metropolitana el 48% de las industrias del país (1967) con el 64% de los ocupados en la industria. Frente al abultado sector terciario, la importancia relativa de la industria ha disminuido sin embargo permanentemente. La clasificación de los activos según ramas de la actividad muestra que el sector terciario ocupa un porcentaje mucho mayor de trabajadores y empleados (64,5%, de los cuales 16,9% están ocupados en el comercio) que el sector industrial (34,6%, de los cuales 6,8% están ocupados en la rama de la construcción).

Los inmigrantes están representados en forma desproporcionadamente alta en el área de los servicios, en especial en el sector de los servicios personales (según Elizaga [1970] el 39,0% de los hombres migrantes frente al 7,7% de los hombres no migrantes y el 86,7% de las mujeres migrantes frente al 21,3% de las no migrantes). En el sector terciario no es tanto la cuota de cesantes, la que sorprende, como la gran difusión del subempleo, que disfraza las verdaderas circunstancias y que difícilmente puede ser captada con cifras.

Más claro aún que las dificultades que se observan en el sector ocupacional, es el problema de la vivienda. El número de poblaciones callampas aparecidas en la periferia, también aumentó notablemente en Santiago durante el último decenio. Estas condiciones de vida subhumanas no se encuentran sin embargo sólo en las viviendas provisionales, sino que también en muchas viviendas que debieran demolerse y que se hallan cerca del centro urbano. Por una parte estos barrios pobres y superpoblados en el sector viejo de la ciudad se remontan a los antiguos conventillos de los trabajadores del comienzo de siglo, y por otra hay barrios socialmente degradados en los cuales antes vivían los miembros de la clase media y alta; casas que antes eran ocupadas por una familia, se arriendan hoy en día por piezas. En 1970 vivían según el "Censo de la Vivienda" en total 410.940 personas (el 16% de la población) en "viviendas no permanentes" y "conventillos". Esta cifra sin embargo parece ser más bien baja que alta, ya que bajo los restantes rubros indicados en el censo por "casa" y "departamento", se oculta todo un conjunto de viviendas que están en mal estado o debieran ser demolidas.

Entre la inmigración y el grado educacional, así como la existencia de callampas en la periferia, existe sin lugar a dudas una relación. Corrobora lo anterior el hecho de que el número de habitaciones formadas por primitivas moradas, que a menudo son erigidas durante la noche, hayan aumentado especialmente en los últimos 20 años en forma más o menos paralela al crecimiento de las ciudades. Sin embargo es discutible si efectivamente son los inmigrantes los que mayoritariamente se concentran en estas poblaciones callampas. Investigaciones en otras ciudades latinoamericanas (Eyre [1972], Willems [1971], Bähr [1975]) indican más bien que los migrantes prefieren por de pronto barrios residenciales cercanos al centro, y que recién en una fase posterior de la vida se trasladan al margen de la ciudad.

Elizaga (1970) y Mercado (1970) pudieron comprobar que los migrantes (entendiéndose por tal a cada persona no nacida en el lugar) no prefieren en Santiago ningún barrio en especial. Si se clasifica a los inmigrantes de tres tipos de viviendas correspondientes a los estratos sociales inferiores, se obtiene que el 32,5% corresponde a las "callampas", un 32,4% a las "áreas centrales en deterioro" y un 28,1% solamente a las "poblaciones" que fueron erigidas en primer lugar para los socialmente necesitados. La proporción de migrantes en el total de la población se calcula en aproximadamente un 35%. La hipótesis, de que las poblaciones callampas constituyen para los inmigrantes, por regla general, recién la segunda estación de una migración interurbana, es corroborada por el hecho, de que sólo el 34% de los habitantes de estas poblaciones habían vivido desde su llegada a Santiago en este tipo de vivienda. Por otra parte el 25% vivió primero en habitaciones miserables cercanas al centro y el 33% en barrios residenciales normales (MERCADO 1970). Continuando con la clasificación aún por sexo, se pueden extraer otras conclusiones más:

Cuadro 3:
Clasificación de los migrantes que viven en callampas según barrios residenciales a su llegada

Tipo de vivienda a la llegada	Hombres %	Mujeres %	Total %
Casas centrales en deterioro	33,3	17,5	25,4
Callampas	28,1	40,4	34,2
Poblaciones	8,8	3,5	6,1
Barrios residenciales normales	26,3	38,6	32,5
Sin respuesta	3,5	0,0	1,8

(Fuente: MERCADO et alii [1970])

Especialmente los inmigrantes masculinos que viven solos prefieren a su llegada a la ciudad habitaciones cercanas al centro, que les permiten encontrar trabajos ocasionales con mayor facilidad. Las migrantes jóvenes del sexo femenino en cambio, se van a vivir a menudo en primera instancia como empleadas domésticas a barrios residenciales normales, ya que el empleador por lo general les concede una pieza como parte del sueldo. Un traslado a las poblaciones callampas en el margen de la ciudad, se produce recién en una etapa más avanzada de la vida: después del casamiento y el nacimiento de los hijos, cuando las moradas anteriores ya no se pueden conservar.

Estas migraciones interurbanas, que se producen en un determinado ciclo de la vida, se expresan en forma notable en la composición por edades de algunos sectores de la ciudad. Para ilustrar esto, se han comparado las pirámides poblacionales del elegante barrio residencial de Providencia (al este del centro) y de la comuna de La Florida (en el borde sudeste de la ciudad), que en gran medida está formada por poblaciones callampas (fig. 5). La estructura de la población de

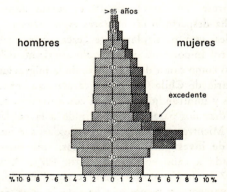

Fig. 5 a: Estructura de edad de la población del barrio residencial de Providencia en 1970.

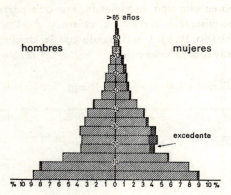

Fig. 5 b: Estructura de edad de la comuna La Florida en 1970 (Fuente: Instituto Nacional de Estadísticas).

Providencia está caracterizada, y fijándonos solamente en la componente masculina, por un predominio de familias más antiguas con hijos ya mayores. En la población femenina este hecho es trastocado absolutamente por el hecho de que en casi cada una de las familias trabajan una a dos empleadas domésticas, y éstas **se ubiquen especialmente en el grupo de edad entre 15 y 25 años.** Al contrario en **La Florida dominan familias jóvenes con relativamente muchos hijos; también el excedente de mujeres ya no es tan pronunciado.**

III. EL MINIFUNDIO Y SU IMPORTANCIA PARA EL ÉXODO RURAL EN CHILE CENTRAL

Ya se señaló más arriba, de que el 60% de todos los inmigrantes que se registraban en el Gran Santiago, procedían de Chile Central, o sea de los alrededores más o menos inmediatos de la capital. La decisión de abandonar el círculo al cual se pertenece (compárese con ZEMELMAN 1971) cuesta naturalmente menos allí **donde la meta que ha despertado las mayores esperanzas y que promete las más variadas posibilidades, está particularmente cerca.** Aún cuando el atractivo de la capital juega un rol importante en el éxodo rural, no debe ser descuidada la situación en el campo como causa determinante de la migración.

La estructura agraria de Chile Central se caracteriza tradicionalmente por los dos polos: latifundio y minifundio. Ambos, a consecuencia del crecimiento demográfico, durante los decenios pasados han incitado a la población a migrar hacia los centros urbanos. Mientras que el latifundio desde hace mucho no sólo ha sido el principal objeto de investigaciones geográficas, sino que también de la Reforma Agraria llevada a cabo en Chile (ZICHE 1971; AMMON 1971; ROTHER 1973; WEISCHET 1974), el minifundio como foco del éxodo rural, ha sido poco estudiado comparativamente, y menos aún ha sido la meta de reformas prácticas. Junto al estudio del Comité Interamericano de Desarrollo Agrícola (CIDA 1966), que trata de toda la estructura socio-agraria de Chile, se dispone hasta ahora de los siguientes trabajos que se ocupan del minifundio en especial; de Campos (1957), Martin (1960), Alaluf (1961), Smole (1963, 1965), Garcia y Thayer (1971) y de Concha (1973/74). El estudio sobre el problema del minifundio (1970), elaborado por el Instituto de Desarrollo Agropecuario, muestra que en el curso de la Reforma Agraria, que tuvo lugar bajo el gobierno de Frei, las autoridades comenzaron a considerar más de cerca el minifundio. Estos inicios sucumbieron totalmente a comienzos de los años 70 en los disturbios originados por la campaña de expropiación, motivada fundamentalmente por causas político-propagandísticas, y que estuvo controlada sólo en parte.

La ley chilena de Reforma Agraria (Nr. 16.640) del 28. VI. 1967, define como "minifundio" toda propiedad agrícola que no alcanza el tamaño necesario para una "unidad agrícola familiar", es decir, que sea demasiado pequeña para alimentar suficientemente a una familia que viva en ella. La desventaja de una definición de esta índole reside sin embargo en el hecho, de que aparenta ofrecer la posibilidad de una fijación cuantitativa, que sin embargo no es realizable, ya que para ella sería necesario considerar no sólo el potencial físico de uso, sino que también características variables como el tamaño familiar, la localización del mercado, el nivel general de entradas y precios, las esperanzas socio-económicas, etc. Para llegar a una definición, en cuanto al contenido, del concepto de minifundio y comprender en base a un ejemplo su importancia como reserva del éxodo rural, se llevaron a cabo investigaciones en 1972/73, en la llamada Isla de Briones, aproximadamente 140 km al sur de Santiago en el sector precordillerano de la provincia de Colchagua (Golte 1976). Se trata de una región ubicada entre los ríos Tinguiririca y Claro, de un total de 248 has, de las cuales sin embargo sólo 184 has, repartidas por mitades entre "campo de regadío" y "campo de rulo", corresponden a minifundistas del lugar. En estas 184 has vivían en el momento de la encuesta 385 personas en 75 hogares, lo que corresponde a una densidad de 209 habitantes por km^2 y a propiedades de 2,5 has por término medio. Más cercano a la realidad que esta cifra, es la clasificación de la propiedad por tamaño (cuadro 4).

Cuadro 4: Tamaño de las propiedades en Isla de Briones

Clase	Número de hogares
1 ha	29
1—1,9 has	15
2—4,9 has	19
5—9,9 has	8
10 has y más	2
	73

No es necesario entrar a detallar aquí la especial evolución de las formas de tenencia en el sector de Isla de Briones, además de que no pudo ser concebida numéricamente. Un cuadro comparable de la creciente subdivisión de la tenencia nos lo proporciona la región de Llallauquén, para la que se había confeccionado con anterioridad una vez, y por razones especiales, un plano catastral (ALALUF 1961). En el año 1900 se dividieron 24 campesinos en esta región un terreno de 362 has. Con un promedio de 15 has por familia, la mayoría disponía aún de suficiente alimentación. En 1959 vivían en la misma región 119 minifundistas con predios, que por término medio medían sólo 3 has. En esta forma las antiguas explotaciones de pequeños agricultores habían dado origen a un gran número de minifundios.

En la Isla de Briones se constató que solamente 3 de los 73 hogares vivían exclusivamente de las entradas de la propia agricultura. Solamente a ellos se les puede denominar en un sentido estricto aún como pequeños campesinos. En el otro extremo se encuentran 24 hogares, que ya no utilizan su tierra ni siquiera para el autoconsumo. Es cierto que se trataba principalmente de pequeños sitios de sólo unos pocos metros cuadrados, pero también se encontraban entre ellos algunas parcelas más grandes y absolutamente sin uso. Entre estos dos extremos se sitúan los restantes 46 pequeños propietarios, cuyas familias se costean su sustento con trabajos de afuera u otras fuentes de entrada, pero las que al mismo tiempo dependen en grado diverso de la complementación que les proporciona la propia agricultura. El cultivo realizado por los habitantes de Isla de Briones sirve prácticamente sólo al autoconsumo; la ganadería en cambio, a menudo también a una complementación de las entradas.

Si dejamos a un lado el número desproporcionadamente alto de personas que perciben rentas y montepíos como resultado de la emigración de personas más jóvenes, tenemos que 25 de las 60 personas activas que trabajan afuera, están ocupadas en explotaciones agrícolas, tanto como fuerza de trabajo permanente o estacional en los fundos cercanos, así como trabajadores ocasionales de otros pequeños propietarios o como cuidadores del ganado en la cordillera. Otras 5 personas obtienen sus entradas adicionales o exclusivas como carboneros o leñadores. Todas las restantes 30 personas activas trabajan en forma permanente, estacional u ocasional en las más diversas ocupaciones artesanales o servicios de los alrededores: como albañiles, comerciantes en ganado, empleadas domésticas etc.

El gran número de pequeños propietarios que se ganan su sustento entera o parcialmente a través de ingresos que no provienen de su propia agricultura, ya muestra la extraordinaria discrepancia que hay entre la base agraria y la densidad de la población. La encuesta dió por resultado, que no menos de un tercio de los 73 hogares estaban formados por 7 a 12 personas. Ello es expresión sobre todo del alto promedio de hijos. Por otra parte también hay un alto porcentaje de hogares constituidos por 1 a 3 personas; ellos también suman aproximadamente un tercio (26) del total. Esta cifra refleja los numerosos casos, en los cuales sólo unos pocos miembros de más edad, tanto de familias como de sucesiones, han permanecido en el campo.

Ambos hechos, el alto número de hijos, así como la permanencia en el campo especialmente de personas más ancianas, llaman la atención sobre la importancia de la emigración en el área minifundiaria investigada. Como resultado de ella, la pirámide de edades (fig. 6) muestra una proporción muy elevada de personas

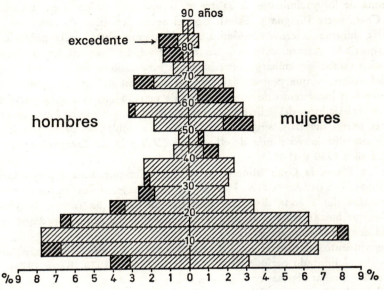

Fig. 6: Estructura de edad de la zona de minifundio Isla de Briones (según encuesta de GOLTE en 1972/73).

de avanzada edad, así como vacíos muy marcados en las edades económicamente activas, los que a su vez ya han producido un fuerte retroceso de los nacimientos. Obtener cifras sobre migración en la región de emigración es, por su misma naturaleza, sólo posible en parte. De todas maneras sobre la base de un cálculo cuidadoso se puede contar con que por lo menos 200 personas abandonaron la región minifundiaria de Isla de Briones entre 1950 y 1973. Con certeza se contabilizaron 158 emigrantes. De éstos, 115, es decir dos tercios, se habían dirigido directamente a Santiago, mientras que el resto se había ido a ciudades más cercanas (San Fernando, Rancagua, etc.).

IV. EL MOVIMIENTO MIGRATORIO A LOS CENTROS MINEROS Y A LAS CIUDADES COSTERAS DEL NORTE GRANDE

En base al ejemplo del Norte Grande se puede demostrar en forma muy clara, de que espacios situados en la periferia con respecto a la capital también presentan una marcada movilidad de la población orientada sólo hacia algunas pocas ciudades. Siempre ha habido en la zona desértica del norte de Chile, y como consecuencia del descubrimiento y la explotación de diversos ricos yacimientos mineros, vastos desplazamientos de la población trabajadora. En la segunda mitad del siglo pasado fué primero el borde sur del desierto (yacimientos de plata en Copiapó), la meta de estos movimientos de la población. Con la culminación del boom del salitre poco después de vuelta de siglo, se concentró la inmigración a la zona de los yacimientos de salitre en la pendiente oriental de la Cordillera de la Costa entre Pisagua y Taltal. Con el ocaso definitivo de esta rama de la industria durante la crisis económica mundial, gran parte de la población que había quedado cesante, se volcó hacia las ciudades costeras, cuyo desarrollo económico estaba sin embargo estrechamente vinculado también con la explotación del salitre, y que por consiguiente no pudieron de ningún modo absorber este repentino incremento de la población, de manera que una gran parte de los antiguos trabajadores del salitre tuvieron que buscarse un nuevo lugar de trabajo en otras partes del país, situadas más al sur. La población de la provincia de Antofagasta disminuyó a raíz de ello en un 20% y la de Tarapacá en un 10% entre los años 1930 y 1940.

Hoy en día es la Gran Minería del Cobre (Chuquicamata junto a Calama, Potrerillos–El Salvador en el Hinterland de Chañaral) el factor económico determinante de la zona desértica del norte de Chile. Su fuerza de atracción sobre los que buscan trabajo alcanza mucho más allá del radio inmediato, incluso más allá de toda la zona desértica.

El movimiento migratorio en el Norte Grande se ha estudiado detenidamente en relación al limitado período de 5 años entre 1965 y 1970 (BÄHR 1975). Aquí se pretende entregar algunas conclusiones básicas:

En el cuadro 1 se comprobó, que en Santiago la proporción de inmigrantes de las tres provincias del norte es relativamente baja. Aún la provincia de Coquimbo, que espacialmente ya se encuentra cerca de Santiago — y que a pesar de ser una de las regiones chilenas de emigración más importantes (BÄHR y GOLTE 1974) — sólo aporta el 5% de los migrantes. De ello se deduce, que en el desierto del norte de Chile, la emigración en dirección a la capital del país sólo juega un papel poco importante. Las corrientes migratorias se dirigen aquí más bien en sentido E–W y S–N y menos desde el norte hacia el sur. La fuerza de atracción del Norte Grande, que se basa fundamentalmente en la minería, se percibe hacia el sur hasta el límite meridional de la provincia de Coquimbo. Recién a partir del valle del Aconcagua, la población se orienta enteramente hacia Santiago. Así por ejemplo en Chuquicamata, el 20% de los migrantes (1965 hasta 1970) provienen de la provincia de Coquimbo, pero sólo el 0,5% de la provincia de Aconcagua; en Calama las cifras correspondientes son del orden del 25% y 0,5% asimismo.

La provincia de Coquimbo y la parte sur de la provincia de Atacama, que abarcan el área de transición entre el desierto chileno del norte y la zona central (Norte Chico), constituyen por consiguiente la más importante región de origen de los migrantes en todos los poblados mayores de la zona desértica. Provienen de ella el 29% en Copiapó, el 45% en El Salvador, el 13% en Antofagasta, el 24% en Chuquicamata, el 29% en Calama y aún el 10% en Arica.

La estructura económica de esta región está caracterizada tanto por la minería como por la agricultura. La explotación agrícola se concentra fundamentalmente a los oasis de los ríos entre el Huasco por el norte y el Choapa por el sur. Para el cultivo de secano del trigo y la cebada, que se practica localmente en forma adicional, ya existe un gran riesgo. Pequeñas explotaciones minifundios y la permanencia de comunidades agrícolas apenas capaces de subsistir en las montañas esteparias, con sólo poca o ninguna tierra de regadío y una oferta de trabajo insuficiente en la industria, han obligado desde siempre a gran parte de los habitantes y especialmente en los períodos de sequía, a una emigración por lo menos temporal.

Aunque el Norte Chico es asimismo rico en yacimientos mineros, existen sin embargo sólo pocas explotaciones grandes (con exclusión de la explotación del hierro); en relación al cobre domina la Pequeña Minería, entre la que se cuenta desde la pequeña explotación mecanizada hasta los pirquineros o pequeños mineros equipados con picota. Sobre todo cuando caen los precios en el mercado mundial, estas empresas que trabajan en el límite inferior de rentabilidad, tienen que suspender su producción temporalmente. Una marcada fluctuación de la fuerza de trabajo es la consecuencia inmediata.

Una región absolutamente contraria en su estructura económica al Norte Chico participa en forma desproporcionadamente alta en la migración a todas las ciudades más grandes y asentamientos mineros de la zona desértica: es la "zona metropolitana" y de ella especialmente la capital. Sobre todo en las capitales de provincia más de la cuarta parte de los inmigrantes correspondientes a los 5 años comprendidos entre 1965 y 1970, son originarios de este espacio geográfico (en Antofagasta el 25%, en Iquique el 30%). Pero también en las grandes minas de explotación del cobre y salitre se alcanzan aún porcentajes de más de 10% (Chuquicamata 15%, El Salvador 12%, María Elena 18%). Estas cifras reflejan el centralismo extraordinariamente fuerte de la administración chilena. Una parte significativa de los puestos elevados en el servicio fiscal, pero también en las minas, es ocupada desde la capital.

En el Norte Grande, las corrientes migratorias más fuertes se desplazan de este a oeste. Se pueden clasificar en 4 grupos: 1. una migración que traspasa la frontera y que se dirige desde el Altiplano boliviano a los oasis cordilleranos de Chile y las ciudades de Arica y Calama, 2. migraciones relativamente insignificantes numéricamente, que van desde pequeños oasis alejados hacia oasis más grandes, 3. la emigración que se produce desde los oasis principalmente hacia los centros de actividad minera y Arica, así como 4. los movimientos migratorios que se dirigen desde los yacimientos de explotación del cobre y del salitre a las ciudades costeras. En sentido inverso sólo se orientan las corrientes migratorias que van desde las oficinas salitreras y las ciudades costeras hacia la Gran Minería de Chuquicamata y sus alrededores más inmediatos.

De que una parte importante de migrantes siga migrando desde los yacimientos del cobre hacia la costa, se debe en lo fundamental a dos factores:

1. Las posibilidades de ocupación en la minería del cobre como una rama económica intensiva desde el punto de vista de la inversión del capital, pero no en cuanto a trabajo, se sobreestiman a menudo. En la mina de Chuquicamata por

ejemplo, el número de las plazas de trabajo permanecía constante a pesar de la expansión de la producción de algo más de 150.000 t a comienzo de los años 50 a escasas 300.000 t alrededor de 1970.

2. Trabajadores que durante muchos años han estado ocupados en la minería del cobre prefieren después de su retiro del trabajo y a menudo aún antes, la vida de mayor distracción en algunas de las ciudades de la costa. La composición por edad de los inmigrantes de Antofagasta se diferencia por lo tanto bastante de aquella de los de un asentamiento minero (fig. 7).

La última observación ya permite apreciar de que la población móvil no es un grupo social ni aproximadamente homogéneo, sino que las diferencias dentro

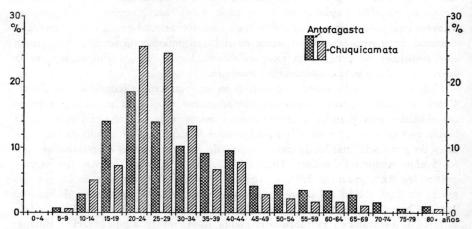

Fig. 7: Estructura de edad de la población inmigrante de Antofagasta y Chuquicamata (basada en personas solas y jefes de familia; según BÄHR 1975).

del grupo de migrantes a menudo son mayores que las diferencias medias entre migrantes y residentes de más tiempo. Así por ejemplo, y a diferencia de las observaciones hechas en Santiago y otras concentraciones urbanas de América Latina, el nivel medio educacional de los migrantes está por encima del de los ya residentes en 1965 en el lugar. Este hecho sin embargo sólo describe de manera muy imprecisa la verdadera situación, ya que dos niveles educacionales extremadamente diferenciados de la población móvil están sobrerepresentados. Por una parte el porcentaje de migrantes del nivel inferior (sin formación educacional o con una formación insuficiente) es extremadamente alto, y por otra, desproporcionadamente muchos han visitado escuelas de continuación o incluso la universidad. Al primer grupo deben atribuirse las corrientes migratorias que parten del Altiplano boliviano y los oasis cordilleranos de Chile y el Norte Chico, mientras que el segundo grupo está formado sobre todo por la ya mencionada inmigración desde la capital y otras ciudades más grandes de Chile.

Incluso para el Norte Grande, caracterizado por la minería, vale aquello que ya se ilustró en base al ejemplo de Santiago: el sector terciario ha evolucionado hasta constituir la rama económica más importante. Así por ejemplo en 1970, el 68,7% de los activos del puerto de Antofagasta estaban ocupados en el sector de los servicios; incluso en la comuna de Calama (población urbana), a la que también pertenece la Gran Mina de cobre de Chuquicamata, trabajaba el 41% en esta rama de la economía (en la minería sólo el 29%) Visto en forma relativa, los migrantes dominan en los servicios inferiores (especialmente sirvientes personales del sexo femenino), así como en los puestos elevados de la administración. Los emigrantes del campo (oasis y Norte Chico) son los que por su bajo nivel educacional tienen mayores dificultades para encontrar un lugar de trabajo. El porcentaje de cesantes en este grupo de migrantes está por encima de lo normal. Junto a los empleados domésticos, se concentran en ramas profesionales que pueden resumirse bajo el concepto de "trabajador por cuenta propia". Sobre todo ex-trabajadores rurales que emigraron, aspiran a tener tal profesión "independiente", para poder llevar una vida "libre", comparable con la del propietario agrícola independiente. En los poblados de los oasis, la composición de la población se caracteriza por un marcado envejecimiento y la considerable falta de los grupos de edad económicamente activos como consecuencia de la fuerte emigración. La pirámide poblacional del oasis de Toconao (fig. 8) coincide en sus rasgos fundamentales absolutamente con aquella del área minifundiaria de Isla de Briones (fig. 6) de la Zona Central.

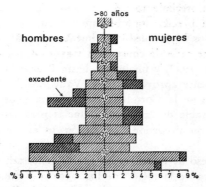

Fig. 8: Estructura de edad en el oasis de Toconao (muestra, según BÄHR 1975).

Así la concentración de los habitantes en sólo unas pocas ciudades grandes, también va progresando en el Norte Grande. En los 10 años comprendidos entre los dos últimos censos, las ciudades costeras de Arica y Antofagasta, así como la ciudad de Calama, que se beneficia de la fuerza de atracción de la minería del cobre, son las que más crecieron (102%, 42% y 75% respectivamente). Los habitantes de la Gran Mina de Chuquicamata disminuyeron algo en forma sintomática en la misma época.

En la provincia de Tarapacá la población urbana fué de un 87% en 1960 y en 1970 incluso de un 93%. En la provincia de Antofagasta, uno de cada dos habitantes vive actualmente en la capital de la provincia (1960: 41%) y en los tres complejos urbanos de Antofagasta, Tocopilla y Calama-Chuquicamata incluso el 85% (1960: 74%).

V. LA COLONIZACIÓN DE ROCE EN LA REGIÓN DE LOS LAGOS EN EL SUR DE CHILE Y SU INFLUENCIA EN EL DESARROLLO DE LA POBLACIÓN

La región de los lagos del sur de Chile, que abarca las provincias de Valdivia, Osorno y Llanquihue, es, al igual que toda la antigua zona de bosques al sur del Bío-Bío, y con la sola excepción de Chiloé, un sector de poblamiento y explotación relativamente reciente del país (LAUER 1961; GOLTE 1973). Si bien hubo justamente aquí unos primeros intentos de colonización por parte de los españoles en los inicios de la Colonia, tanto la persistente resistencia de los araucanos, así como lo inaccesible de la región de bosques siempre húmedos, sólo hicieron posible unos primeros intentos de colonización sistemática por parte de los españoles en la segunda mitad del siglo 18. Mientras que con la fase de toma de posesión así iniciada la mayor parte de la tierra cultivable pasó a manos de europeos, una exitosa colonización agrícola de gran envergadura recién comenzó con el asentamiento de unos 6.000 colonos alemanes entre los años 1846 y 1875. Aún cuando la segunda mitad del siglo 19 ya se había caracterizado por una vasta labor de roce y un importante florecimiento del comercio y la artesanía, la colonización y explotación volvieron a recibir un gran impulso, cuando poco después de vuelta de siglo la región de los lagos quedó totalmente anexada a la Zona Central y con ello al principal mercado de consumo a través de la construcción del ferrocarril sur hasta Osorno (1907) y finalmente hasta Puerto Montt (1912). Aumentó así la tierra agrícolamente aprovechada del Valle Longitudinal, alcanzando sus límites naturales al pie de la Cordillera de la Costa y de la Cordillera de los Andes. La superficie arable de las tres provincias pertenecientes a la región de los lagos se mantiene con alrededor de 1 millón de has., más o menos constante desde los años 50.

Al término del proceso de colonización propiamente tal, y en relación con él, dentro de la agricultura de la región de los lagos se produce un cambio estructural. El uso extensivo de la tierra (praderas naturales, los llamados "potreros", y rotación de cultivos con trigo — pasto), vinculado al roce, cede cada vez más frente al uso intensivo con empastadas permanentes y campos de cultivo separados. Así la región de los lagos, que poco antes de 1850 aún había sido considerada "un miembro muerto del cuerpo estatal chileno", se ha convertido en una importante región de producción agropecuaria, que en primer lugar abastece los núcleos de mayor concentración de la Zona Central.

De acuerdo con el avance de la colonización y explotación, la población de la región de los lagos aumentó en el período de 1865 a 1960, es decir en cerca de un siglo, de 61.000 a 587.000 habitantes, o sea en 9 veces. Su porcentaje dentro del total de la población chilena se ha más que duplicado en este período, pues subió del 3,3% al 7,7%. Queda de manifiesto así, que la región de los lagos pudo registrar aumentos por concepto de inmigraciones durante la colonización de roce y hasta aproximadamente mediados del presente siglo. En el curso de esta etapa de roce y de cultivo de nuevas tierras la región podía absorber fuerza de trabajo adicional. Una parte importante de los inmigrantes es originaria del archipiélago de Chiloé, tradicionalmente superpoblado. La mayoría llegaba anualmente como trabajadores migrantes y muchos de ellos se quedaron luego para siempre en chacras y fundos. Aún hasta aproximadamente 1950 acostumbraban migrar anualmente miles de chilotes para realizar trabajos de roce y cosecha en aquellas provincias.

De la fig. 9 se puede desprender, que el crecimiento de la población en la región de los lagos está relacionada desde comienzos de siglo con una participación creciente del sector urbano. Después de 1940 la población creció incluso casi en forma exclusiva a favor del sector urbano. A la inversa, la población rural se ha ido estancando desde entonces. Aún cuando estos cambios corresponden al desarrollo general de Chile y más allá, al de todo el mundo, la relación que existe

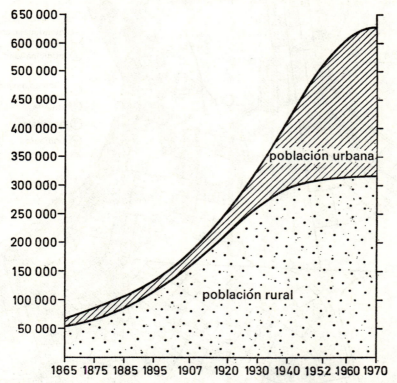

Fig. 9: Desarrollo de la población en la Región de los Lagos (= dentro de los límites actuales de las provincias de Valdivia, Osorno y Llanquihue) 1865–1970 (según GOLTE 1973).

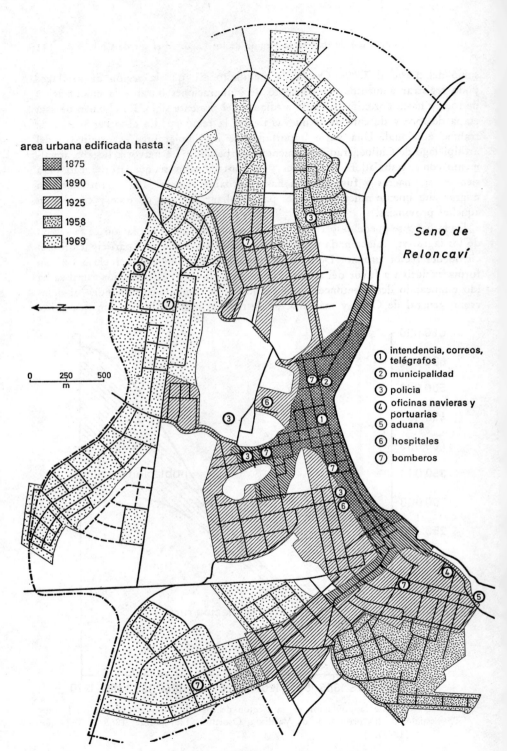

Fig. 10: Desarrollo de la ciudad de Puerto Montt (según GOLTE 1973).

con el término de la colonización de roce no se puede dejar de reconocer. La ausencia de migrantes chilotes a partir de fines de la década del 40, puede ser considerada como un importante indicio para el cambio que se estaba operando.

Junto al término de la colonización de roce, la mecanización de las cosechas de cereales, contribuyó a la disminución de la necesidad de fuerza de trabajo en el campo. Por último, las transformaciones sociales de Chile desde el comienzo de los años 60 provocaron también una aceleración del cambio estructural. Tanto la mejorada legislación social por la introducción de un sueldo mínimo y la asignación familiar a partir de 1964, como la nueva ley sobre Reforma Agraria en 1967 (AMMON 1971; ZICHE 1971), que conllevó tensiones en el campo, notablemente aumentadas por los conflictos de trabajo y las ocupaciones ilegales de fundos, reforzaron la inclinación de los dueños de grandes propiedades de contentarse con un mínimo de fuerza de trabajo.

Las actuales características de la mayoría de las más grandes ciudades de la región de los lagos, especialmente de las capitales de las provincias, Puerto Montt, Valdivia y Osorno, reflejan hoy las consecuencias del éxodo rural. El cuadro 5 muestra el desarrollo del número de habitantes.

Cuadro 5:
Desarrollo del número de habitantes de Valdivia, Osorno y Puerto Montt 1952—1970

	1952	1960	Aumento en %	1970	Aumento en %
Valdivia	45.138	61.334	35,9	82.400	34,3
Osorno	40.120	55.091	37,3	68.815	24,9
Puerto Montt	28.944	41.681	44,0	62.748	50,5

La más afectada ha sido Puerto Montt, cuya población se ha casi duplicado entre 1960 y 1970. Una encuesta aplicada a una muestra de 203 padres de familia en Puerto Montt a mediados de los años 60 dió por resultado, que de todos los miembros de estas familias el 78% había nacido fuera de la ciudad, es decir debe entenderse como población inmigrante (Ministerio de Vivienda y Urbanismo 1968).

Por su fuerte crecimiento, Puerto Montt, que en un comienzo tuvo una original situación de nicho a nivel del mar, fué ocupando sucesivamente las pendientes más pronunciadas de los alrededores a comienzos de siglo y luego la planicie situada por encima de ella (fig. 10). Varias miles de familias se han ido radicando en poblaciones espontáneas más o menos primitivas que rodean la ciudad en forma de arco. La fuerza de atracción de Puerto Montt es tanto más notoria, cuanto que a pesar de su función de puerto (especialmente para las provincias situadas más al sur) y como terminal del ferrocarril Sur y la Panamericana, su base económica es débil. En 1965 y 1973 los ocupados en la ciudad se distribuían como sigue (según Ministerio de Vivienda y Urbanismo 1968 y Encuesta Nacional del Empleo 1973):

	1965	1973
agricultura	3,8%	5,9%

industria	4,5%	13,8%
construcción	21,8%	10,9%
servicios	70,0%	69,4%

La gran importancia del sector construcción en 1965 puede explicarse, aparte de la inmigración misma, como consecuencia del sismo del 22 de mayo de 1960 (WEISCHET 1960). Este originó grandes destrucciones, entre otras también del puerto, el que con ayuda de créditos alemanes ha sido reconstruído en forma moderna. En la atracción que ejerce Puerto Montt también influye una razón etno-psicológica. Muchas personas que abandonaron la tierra en la región de los lagos, son de origen y ascendencia chilota. Puerto Montt, vecina a la Isla Grande de Chiloé, y que en 1853 fué fundada sobre todo con colonos alemanes muestra hoy, en especial con su sector portuario de Angelmó, más que cualquier otra ciudad de la región de los lagos, el ambiente chilote.

Más allá del éxodo a las ciudades, que se puede observar dentro de la región de los lagos, ya se constatan en toda la región notables pérdidas por emigración, especialmente a Santiago, que en el decenio 1960-70 llegó aproximadamente a 50.000 personas, lo que con respecto a 1960, habría correspondido al 9% de la población.

VI. URBANIZACIÓN EN LA REGIÓN DE COLONIZACIÓN RECIENTE DE LA PROVINCIA DE AYSÉN

Mientras que en la región de los lagos la colonización pudo llegar a su término antes de que la urbanización se hiciese muy efectiva, en la provincia de Aysén, como espacio más reciente de colonización, este factor de desarrollo exógeno ya ha provocado un estancamiento de la colonización agraria.

Aysén, situada entre los 44° y los 49° de latitud sur, constituye una parte de Chile Austral, que se caracteriza por el frío y lluvias durante todo el año. Para la colonización no se prestaba acá el flanco occidental demasiado húmedo de los Andes, sino exclusivamente tres regiones precordilleranas, que se extienden más allá de la principal cresta de la cordillera hacia el este. Al espacio anteriormente casi vacío desde el punto de vista humano, penetraron recién después de 1900 chilenos en busca de tierra. Algo más tarde el estado chileno entregó enormes concesiones de tierra a sociedades ricas en capitales, con la misión de asentar colonos en ellas (OVALLE 1958; BUTLAND 1957; BÄHR y GOLTE 1976 b). Esta política de colonización fracasó. Ninguna de las sociedades cumplió totalmente con las obligaciones, y a menudo incluso se dió el caso de que desterraran a colonos ya establecidos. Recién después de 1930 el estado comenzó el mismo a participar en la orientación de la colonización. Entre 1937 y 1950 se entregaron escasos 1.300 títulos de propiedad sobre más de medio millón de has. Sin embargo el terreno capaz de ser colonizado, no se había agotado de ningun modo con ello.

Por su situación cercana al límite polar del cultivo del trigo, Aysén es, en lo fundamental, uno región ganadera. En 1972 se contaron en la provincia 136.000 vacunos y 894.000 ovejunos. Vacunos vivos, carne congelada y lana se transportan por barco a las áreas de consumo ubicadas más al norte, ya que por tierra Aysén sólo puede alcanzarse a través de territorio argentino.

Cuadro 6: Desarrollo de la población en la provincia de Aysén

Año	Habitantes	Tasa anual de crecimiento (%)
1907	187	—
1920	1.660	18,3
1930	9.711	19,3
1940	17.014	5,8
1952	26.202	3,7
1960	37.803	4,7
1970	48.423	2,6

El crecimiento poblacional (cuadro 6), que antes como ahora está por encima de la tasa media de crecimiento vegetativo del país, podría inducir a creer, que en el curso de la colonización, la población rural hubiera podido registrar saldos migratorios positivos. El hecho sin embargo es, que el número de los que viven en la "zona rural", está estancado desde comienzos de los años 60 (1960: 17.889; 1970: 17.260). El crecimiento del total de la población se ha producido por lo tanto unilateralmente a favor del sector urbano. Si en 1960 aún se registraba un 47% de población rural, en 1970, ésta había bajado al 36%. Solamente en Coyhaique (1970: 16.000 habitantes), vive hoy en día un tercio de todos los habitantes de la provincia de Aysén. Entre 1960 y 1970, su número de habitantes se ha casi duplicado.

¿De dónde provienen los inmigrantes? En los años 50, cuando la colonización agraria aún estaba en pleno apogeo, dominaba en toda la provincia la inmigración de la región de los lagos y de la isla de Chiloé. De los nacidos fuera de Aysén, un tercio en cada caso eran aún originarios de allí en 1970. Estos migrantes, provenientes en su mayor parte de la población rural de pocos recursos, encontraron acogida como pequeños colonos y trabajadores agrícolas.

Con el estancamiento de la colonización agraria y el unilateral crecimiento urbano, se produce un cambio notorio en el origen y la composición de la población inmigrante. En el saldo migratorio positivo de Coyhaique (1965—1970), tanto Chiloé como la región de los lagos participan ya en forma relativamente escasa; lejos el primer lugar, con 34%, lo ocupa la provincia de Santiago y con ello la capital, situada a 1500 km de distancia. Esta inmigración desde Santiago corresponde en lo fundamental a las personas de la clase media residente en Coyhaique, que trabaja en el servicio del estado. Incluso en Aysén, con una situación claramente periférica, todos los cargos elevados son ocupados desde Santiago. La fuerte inmigración desde la metrópoli refleja el fomento unilateral del sector terciario, que es característico para todo Chile. En 1970, en la región de colonización de Aysén ya estuvieron ocupadas en la rama de servicios tantas personas activas como en la agricultura (en cada caso un 40%). En la ciudad de Coyhaique trabajaba incluso el 64% en el sector terciario. Cuán unilateral son las medidas estatales de fomento para la rama de servicios en Aysén, se puede observar a través de los 69 taxistas que hay solamente en Coyhaique. Estos están autorizados desde 1958 de importar cada 3 años un coche nuevo por un valor de cambio absolutamente irreal, mientras que un colono, por ejemplo, (con 200 ovejas y 10 vacunos), debería invertir más que las entradas brutas de un año, para poder adquirir una cocina a leña (BÄHR y GOLTE 1976 b).

VII. PERSPECTIVAS

La exposición ha mostrado, que la urbanización — aún cuando se reconoce con mayor claridad en el crecimiento de la capital — se ha apoderado de todas las partes del país, y que incluso se ha hecho efectiva allí, donde como en Aysén, debiera esperarse en verdad un mayor aumento de la población rural por el hecho de que la colonización interior no ha concluído aún.

Si la urbanización en Europa durante el siglo 19 y a comienzos del siglo 20, fué en lo fundamental un fenómeno que acompañó a la industrialización, o sea, a la expansión del sector secundario, este desarrollo en Chile está predominantemente bajo el signo de una hipertrofia del "sector terciario". Se podría denominar el crecimiento desmesurado de esta rama de la economía y la compenetración de todos los aspectos de la vida que parten de allí, como "terciarización". Es verdad, que ésta corresponde a una tendencia de desarrollo universal, y que cada vez se reconoce con mayor claridad también en los países industriales, sin embargo, en éstos se creó con la fase de una industrialización, la base para la formación del sector terciario. En Chile y otros países del Tercer Mundo se salta en parte esta etapa del desarrollo, al producirse una urbanización sobredimensional, independientemente de una industrialización, pero que origina un crecimiento desproporcionado del sector terciario (en Chile este aumentó del 41% en el año 1960 al 48% en 1970), y sin que este proceso tuviera su justificación en comparación a la creación de valores por parte de la industria. Cuando recientemente se comunicó que hasta fines de 1975 se iba a realizar una drástica reducción del aparato administrativo, estatal y comunal, este hecho muestra donde entre otros, la rama de servicios está ocupada en exceso.

Chile pudo darse el lujo de la expansión del sector terciario en el campo social, intelectual y cultural así como de la administración fiscal, sin disponer de una industrialización avanzada y una agricultura altamente desarrollada, sino sólo por un don de la naturaleza.

Las entradas del estado chileno provienen antes como ahora fundamentalmente de las altas ganancias obtenidas por la venta de sus productos mineros, especialmente del cobre, del cual provenía en 1970 el 80% de las entradas de divisas. Este contraseguro impidió de que planes de expansión de la industria y de la agricultura se pusieran en marcha a tiempo y con agilidad. Al contrario, las altas ganancias del cobre casi no alcanzan siquiera para financiar la importación de productos alimenticios necesarios para el abastecimiento de la población. En 1972 se obtuvieron 544 millones de dólares por la exportación del cobre de la gran minería, y se gastaron 538 millones de dólares para la importación de alimentos (EL MERCURIO, 5-VIII-1973). Por otra parte hay que considerar que Chile por sus características físico-naturales y su superficie cultivable en relación con su población, debería en realidad exportar productos alimenticios. WEISCHET (1970) señala que Gran Bretaña en 1960, y con la misma superficie cultivable, podía alimentar 4 veces la población de Chile.

En el área de la minería del cobre trabaja sólo el 2% de los activos. El aumento de los ocupados en la minería del cobre, que se produjo entre 1970 y 1973 no favoreció a los sectores productivos sino exclusivamente al aparato burocrático. Así por ej. en Chuquicamata, la mina de cobre a tajo abierto más grande del mundo, la cantidad de ocupados se elevó de 7.800 en octubre de 1970 a 10.000 a comienzos de 1973, manteniéndose al mismo tiempo constante el número de trabajadores y creándose exclusivamente nuevos puestos administrativos. El número de puestos directivos se elevó incluso en 14 meses de 40 a 506. Porcentualmente mayor fué el crecimiento de la administración central de la "Gran Minería del Cobre" en Santiago (CODELCO), que aumentó su personal de 120 a 450.

En el curso de la urbanización, el estrato de los ocupados en la rama de servicios urbanos, como ser empleados y funcionarios del sector administrativo, técnico y científico, ha ido ganando una influencia política creciente. Esto también vale para los partidos de la Unidad Popular, que desde su fundación pretendían ser los portadores de una reforma progresiva. La exigencia de una reforma agraria y la concepión de su realización no partió de los propios sectores rurales, sino que fué planificada junto a la mesa verde en instituciones, que en parte se hacían la competencia, y sólo pocas veces llevada a la práctica de acuerdo con los requerimientos de la agricultura. Las pérdidas económicas extremadamente altas, relacionadas con la expropiación de la gran propiedad, resultaban a menudo del hecho, que la realización de las reformas era confiada a un grupo de personas, que tenía una formación teórica, pero a la que le era extraña la práctica agrícola (compárese Ley de Reforma Agraria Nr. 16.640). Mirada en su conjunto, la emigración del campo no ha sido frenada por la Reforma Agraria, sino más bien acelerada.

Con la mayor parte de la planificación estatal de desarrollo conducente a una descentralización y disminución de la gradiente ciudad-campo, la clase media urbana se favoreció sólo a si misma. Los problemas surgidos a raíz del éxodo rural y la urbanización no pueden solucionarse sólo en el nivel urbano. A consecuencia de la creciente escaséz de energía y materia prima en el mercado mundial, así como de la competencia superpoderosa de los países industriales, la situación inicial para Chile, así como para países parecidamente estructurados, no es la misma como en la víspera de la revolución industrial en Europa. Para un desarrollo socio-económico equilibrado, el pronóstico para Chile tiene más bien rasgos negativos, ya que va a ser poco posible crear muy rápidamente para el total de la población hasta ahora cesante o subempleada, lugares de trabajo en la industria, aún cuando a la larga sólo una total industrialización podría significar un real alivio.

Por el momento sin embargo, es necesario que la organización de una agricultura eficiente, de primera aún basada en la fuerza de trabajo humana, asegure la base de la alimentación para el país. Esto sólo puede lograrse, si al mismo tiempo se organiza mejor el mundo del trabajo rural y la mecanización se hace efectiva sólo paso a paso, para que la ciudad a su vez reciba los excedentes de población en forma sucesiva.

BIBLIOGRAFIA

ALALUF, D.: Problemas de la propiedad agrícola en Chile. Schr. d. Geogr. Inst. d. Univers. Kiel, Band 19, Heft 2, Kiel 1961.

AMMON, A.: Probleme der Agrarreform in Chile. Übersichtsstudie und Bibliographie. Bonn-Bad Godesberg 1971.

BÄHR, J.: Migration im Großen Norden Chiles. Bonner Geogr. Abhandlungen, Heft 50. Bonn 1975.

BÄHR, J. y W. GOLTE: Una regionalización demográfica y económica de Chile. En el presente volumen, pág. 2—33. 1976.

BÄHR, J. y W. GOLTE: Entwicklung und Stand der Agrarkolonisation in Aysén unter dem Einfluß der Verstädterung. En el presente volumen, pág. 88—118. 1976.

BROWNING, H. L. y W. FEINDT: The Social and Economic Context of Migration to Monterry, Mex. En: Rabinovitz, F. F. y F. M. Trueblood (eds.): Latin American Urban Research, Beverly Hills, 1971, pág. 45—81.

CAMPOS, V. O.: Los núcleos de pequeña propiedad en el valle del Cachapoal. Informaciones Geográficas 1957, pág. 25—72.

Comité Interamericano de Desarrollo Agrícola (CIDA): Tenencia de la tierra y desarrollo socio-económico del sector agrícola. Santiago 1966.

CONCHA, M.: Coyanco: un área de pequeños cultivadores. Estudio de geografía agraria. Terra Australis, Rev. Geogr. de Chile, No. 23/24, Santiago 1973/74, S. 129—74.

CRITTO, A.: Análisis del campo y la ciudad, después de la migración campo-ciudad en Córdoba. En: Hardoy, J. E. y R. P. Schaedel (eds.): El proceso de la urbanización en América desde sus orígenes hasta nuestros días. Buenos Aires 1969, pág. 339—359.

DUCOFF, L. J.: The Migrant Population of a Metropolitan Area in a Developing Country. A preliminary report on an case study of Salvador. En: Jansen, C. J. (eds.): Readings in the Sociology of Migration. Oxford 1966, pág. 387—398.

ELIZAGA, J. C.: Migraciones a las áreas metropolitanas de América Latina. CELADE, Santiago 1970.

EYRE, L. A.: The Shantytown of Montego Bay. Jamaica. Geogr. Review 62, 1972, pág. 394—413.

GARCÍA, G., T. y C. THAYER E.: Reforma agraria y pequeña propiedad. Estudio del área Aconcagua-Putaendo. Informaciones Geográficas 1970, Santiago, pág. 103—139.

GERMANI, G.: Investigaciones sobre los efectos sociales de la urbanización en un área obrera del Gran Buenos Aires. En: Hauser, P. M. (ed.): La urbanización en America Latina, Buenos Aires 1967, pág. 231—262.

Golte, W.: Das südchilenische Seengebiet. Besiedlung und wirtschaftliche Erschließung seit dem 18. Jh. Bonner Geogr. Abh., Heft 47, Bonn 1973.

Golte, W.: Isleños-Briones. Ein Beitrag zum Problem des Minifundio in Mittelchile. En el presente volumen, pág. 59—87. 1976.

Herrick, B. H.: Urban Migration and Economic Development in Chile. M.I.T. Monographs in Economics 6, Cambridge, Mass. 1965.

Instituto Nacional de Estadísticas: Diversos resultados censales publicados y no publicados de diferentes años.

Lauer, W.: Wandlungen im Landschaftsbild des südchilenischen Seengebietes seit Ende der spanischen Kolonialzeit. En: Lauer (ed.): Beiträge zur Geographie der Neuen Welt (Schmieder-Festschrift), Schr. d. Geogr. Inst. d. Univ. Kiel, Tomo 20, Kiel 1961, pág. 227—276.

Lauer, W.: Chile — Geographische Probleme eines lateinamerikanischen Entwicklungslandes. Sitz. Ber. Ges. Beförd. Ges. Naturw. 83/84, Marburg/Lahn. 1961/62. pág. 107—136.

Lichtenberger, E.: Die städtische Explosion in Lateinamerika. Zeitschr. für Lateinamerika, 1972, pág. 1—23.

Martin, G. E.: La división de la tierra en Chile Central. Santiago 1960.

Mercado, V. O. et alii: La marginalidad urbana: Origen, proceso y modo. DESAL, Buenos Aires 1970.

Otremba, E.: Die Bevölkerung der Erde auf dem Wege in die Urbanität. En: Deutscher Geographentag Bad Godesberg 1967, Tagungsbericht u. Wiss. Abhandl., Wiesbaden 1969, pág. 63—68.

Ovalle, R. L.: Ocupación y desarrollo de la provincia de Aysén. Informaciones Geográficas 1954, Santiago 1958, pág. 27—74.

Rosenblüth, L. G.: Problemas socio-económicas de la marginalidad y la integración urbana. Revista Paraguaya de Sociología, 5, Asunción 1968, pág. 11—74.

Rother, K.: Stand, Auswirkungen und Aufgaben der chilenischen Agrarreform. Beobachtungen in der nördlichen Längssenke Mittelchiles. Erdkunde, t. 27, Bonn, 1973, pág. 307—322.

Smole, W.: Owner-cultivatorship in Middle Chile. Univ. of Chicago, Dep. of Geogr., Res. Paper No. 89, Chicago 1963.

Smole, W.: Los dueños-cultivadores de Chile Central. Informaciones Geográficas, 1965, Santiago, pág. 13—43.

Tennekes, J.: Migranten in de volkswijken van Santiago de Chile. Tijdschrift voor Econ. en Soc. Geografie 64, Leiden 1973, pág. 378—385.

Weischet, W.: Die geographischen Auswirkungen des Erdbebens vom 22. Mai 1960 im Kleinen Süden Chiles. Erdkunde, t. 14, Bonn 1960, pág. 273—288.

Weischet, W.: Chile. Seine länderkundliche Individualität und Struktur. Wiss. Länderkunden, 2/3. Darmstadt 1970.

Weischet, W.: Agrarreform und Nationalisierung des Bergbaus in Chile. Darmstadt 1974.

Willems, E.: Barackensiedlung und Urbanisierung in Lateinamerika. Kölner Zeitschrift f. Soziologie u. Sozialpsychologie 23, Köln 1971, pág. 727—744.

Zemelman, H.: El migrante rural. Santiago 1971.

Ziche, J.: Agrarreform in Chile 1965—1970. Zeitschrift f. ausländ. Landwirtschaft 10, Frankfurt/M. 1971, pág. 4—23.

Zsilincsar, W.: Urbanisierungsprobleme Iberoamerikas. Zeitschrift f. Lateinamerika — Wien, 3, Wien 1972, pág. 42—57.

Tafel 1

Bild 1: Vista de Santiago tomada desde el Cerro Santa Lucia. En primer plano la Universidad Católica, al fondo la remodelación San Borja.

Bild 2: Minifundio en la Cordillera de la Costa de la provincia de Valdivia.

Tafel 2

Bild 3: Callampa y población CORVI en el margen norte del Gran Santiago (Recoleta).

Bild 4: Vista aérea de Chuquicamata, la mina de cobre a tajo abierto más grande del mundo. A la derecha la mina, a la izquierda la escombrera y planta de preparación, arriba a la izquierda la población de obreros.

Tafel 3

Bild 5: Callampas am Abfall der Küstenkordillere in Antofagasta (Barackensiedlung „Miramar").

Bild 6: Conventilloartige Wohnungen am Südrand des Zentrums von Santiago.

Tafel 4

Bild 7: Schlecht erhaltene Wohnhäuser unmittelbar westlich der Plaza de Armas in Santiago.

Bild 8: Einfache *población* in Ovalle (Provinz Coquimbo).

Tafel 6

Bild 10: Der Río Tinguiririca zur Zeit des Abflußmaximums im Januar bei Puente Negro, Isla de Briones.

Bild 11: Hof eines Kleinbauern auf dem von *espino* (Acacia caven) bestandenen Llano de Briones.

Tafel 7

Bild 12: Blick in den Bajo de Briones.

Bild 13: Wohnhaus (Adobe mit Wellblechdach) eines Kleinbesitzers auf der Isla de Briones.

Tafel 8

Bild 14: Backofen (*horno campesino*) auf der Isla de Briones.

Bild 15: In den zwanziger Jahren von den Isleños-Briones in gemeinschaftlicher Arbeit errichtete Kapelle.

Tafel 9

Bild 16: Mit Bohnen (*porotos*) bestelltes Feld und Bewässerungskanal im Bajo de Briones.

Bild 17: Kinder beim Schöpfen von Trinkwasser aus dem Hauptbewässerungskanal (La Porcura) auf dem Llano de Briones.

Tafel 10

Bild 18: *Lenga*-Wald am Lago Polux südöstlich von Coyhaique.

Bild 19: Die Molkerei von Coyhaique („Calaysén").

Tafel 11

Bild 20: Extensive Weidewirtschaft in Aysén (Nähe Lago Atravesado).

Bild 21: Der *matadero frigorífico* in Puerto Chacabuco.

Tafel 12

Bild 22: Hof eines Kleinbauern bei Coyhaique.

Bild 23: Hof eines Kleinbauern am Lago Frío.

Tafel 13

Bild 24: Wohnhaus des in Photo 23 gezeigten Kleinbauernhofes.

Bild 25: Wohnhäuser in Coyhaique.

ERDKUNDLICHES WISSEN

Schriftenfolge für Forschung und Praxis

Herausgegeben von E. MEYNEN und E. PLEWE

Die Reihe erscheint ab Heft 14 zugleich als "Beihefte zur Geographischen Zeitschrift"

Heft 1 **Das Eiszeitalter und der Übergang zur Gegenwart**
Von **Rudolf Grahmann** — *1952. 63 Seiten mit 20 Abb., brosch. DM 9,—*

Heft 2 **Erdkunde als Geschehen**
Landschaft als Ausdruck eines Kräftespiels
Von **Otto Lehovec** — *1953. 65 Seiten mit 6 Abb., brosch. DM 3,—*

Heft 3 **Die deutsche Agrarlandschaft**
Von **Erich Otremba** — *2. Aufl. 1961. 72 Seiten, 8 Taf., 2 Ktn., brosch. DM 6,—*
                                                                     vergriffen

Heft 4 **Luftverkehrsgeographie**
Deutschlands Lage im Weltluftverkehr
Von **Heinz Schamp** — *1957. 37 Seiten, 4 Abb., 3 Ktn., brosch. DM 4,80*

Heft 5/6 **Flora und Waldvegetation der deutschen Naturräume**
Von **Arthur Rühl** — *1958. 155 Seiten, 1 mehrfarb. Faltkarte, 8 Kunstdrucktaf., brosch. DM 6,80*

Heft 7 **Individuelle Länderkunde und räumliche Ordnung**
Von **Theodor Kraus** — *1960. 108 Seiten mit 7 Abb., brosch. DM 6,—*

Heft 8 **Die Winde der Erde und ihre Namen**
Regelmäßige, periodische und lokale Winde als Klimaelemente
Ein Katalog von **Heinz Schamp** — *1964. 94 Seiten mit 10 Abb., 1 Kunstdrucktaf., brosch. DM 9,60*

Heft 9 **Was ist eine Landschaft?**
Von **Josef Schmithüsen** — *1964. 24 Seiten mit 1 Abb., brosch. DM 2,80*

Heft 10 **Die Stellung der Viehwirtschaft im Agrarraum der Erde**
Forschungsstand und Forschungsaufgaben. Von **Erich Otremba**
und **Margrit Keßler** — *1965. VIII, 173 Seiten, brosch. DM 19,20*

Heft 11 **Ökologische Landschaftsforschung und vergleichende Hochgebirgsforschung**
Gesammelte Beiträge. Von **Carl Troll** — *1966. VIII, 364 Seiten mit 41 Abb. und 7 Karten im Text, 73 Bilder auf 38 Tafeln, 1 Falttafel und 1 mehrfarbige Faltkarte, brosch. DM 44,—*

Heft 12 **Luftbildforschung und landeskundliche Forschung**
Gesammelte Beiträge. Von **Carl Troll** — *1966. VIII, 164 Seiten mit 15 Abb. und 2 Karten, 39 Bilder auf 28 Tafeln, brosch. DM 22,—*

Heft 13 **Die räumliche Differenzierung der Entwicklungsländer in ihrer Bedeutung für die Entwicklungshilfe**
Von **Carl Troll** — *1966. VIII, 133 Seiten mit 36 Abb., brosch. DM 18,—*

Heft 14 **Evolution und Revolution in der Landschaftsentwicklung Ostafrikas**
Von **Joachim Heinrich Schultze** — *1966. VIII, 46 Seiten, 20 Bilder auf 10 Tafeln und 5 Karten, brosch. DM 16,80*

Heft 15 **Weidewirtschaft im südlichen Afrika**
Standorts- und evolutionstheoretische Studien zur Agrargeographie und Agrarökonomie der Tropen und Subtropen
Von **Bernd Andreae** — *1966. XIV, 49 Seiten, 1 Falttafel, 9 Schaubilder, 7 Übersichten, brosch.* DM 16,—

Heft 16 **Allgemeine Geographie und Länderkunde**
Von **Hans Schrepfer**. Ausgewählte Arbeiten zum Gedenken seines 70. Geburtstages am 21. Mai 1967 in Verbindung mit Erich Otremba
hrsg. von **Hermann Overbeck** — *1967. XLII, 264 Seiten mit 8 Abb., brosch.* DM 32,—

Heft 17 **Die deutschen Städte**
Von **Peter Schöller** — *1967. VIII, 107 Seiten, brosch.* DM 26,—

Heft 18 **Beiträge zur Genese der Siedlungs- und Agrarlandschaft in Europa**
Rundgespräch vom 4.—6. Juli 1966 in Würzburg. Veranstaltet von der Deutschen Forschungsgemeinschaft, unter Leitung von
Helmut Jäger, Anneliese Krenzlin und **Harald Uhlig**
1968. IX, 212 Seiten m. 60 Abb., 12 Karten, 15 Bildern, brosch. DM 44,—

Heft 19 **Zur wissenschaftstheoretischen Grundlegung einer Geographie des Menschen**
Von **Dietrich Bartels** — *1968. VIII, 222 Seiten mit 17 Abb., brosch.* DM 34,—

Heft 20 **Beiträge zur Landeskunde von Peru und Bolivien**
Felix Monheim: Agrarreform und Kolonisation in Peru und Bolivien — **Albrecht Kessler:** Puno am Titicacasee — *1968. VIII, 89 Seiten, 14 Karten, 7 Bilder, brosch.* DM 18,—

Heft 21 **Urban-rural Duality in the Regional Structure of Andhra Pradesh**
A challenge to regional planning and development
By **Brian J. L. Berry** and **V. L. S. Prakasa Rao**. — *1968. VII, 49 Seiten mit 16 Abb., 2 Taf., brosch.* DM 12,—

Heft 22 **Zum letztglazialen Abschmelzmechanismus im Raume des Baltischen Meeres**
Erläuterungen zu einer Karte. Von **Theodor Hurtig** — *1969. VIII, 60 Seiten mit 13 Abb., 1 Farbkarte, 1 Übersichtskarte, brosch.* DM 18,—

Heft 23 **Alexander von Humboldt**
Eigene und neue Wertungen der Reisen, Arbeit und Gedankenwelt
Von **H. Wilhelmy, G. Engelmann** und **G. Hard** — *1970. VIII, 74 Seiten, brosch.* DM 18,—

Heft 24 **Der Agrarwirtschaftsraum der Bundesrepublik Deutschland**
Von **Erich Otremba** — *1970. VIII, 66 Seiten, brosch.* DM 18,—